Vatikan intern

Hieronymus

Vatikan intern

Deutsche Verlags-Anstalt
Stuttgart

Satz und Druck:
Robert Bardtenschlager, Inhaber Julius Kern, Reutlingen
Bindung: Deutsche Verlags-Anstalt GmbH, Stuttgart
Grafischer Großbetrieb
Printed in Germany
ISBN 3 421 01646 1

Inhalt

II Der Apparat

III Wie die Kirche herrscht und beherrscht wird

IV Der Papst

I Alltag im kleinsten Staat der Welt

SCV: Fürstentum auf 44 Hektar

SCV steht auf den Autoschildern des kleinsten Staates der Welt, »Stato della Città del Vaticano« – Staat der Vatikanstadt. Als der 44 Hektar große Zwergstaat, der nicht einmal ein Drittel der Fläche des Fürstentums Monaco umfaßt, 1929 von Kardinalstaatssekretär Gasparri im Namen Seiner Heiligkeit, des Papstes Pius XI., und vom faschistischen Duce Mussolini im Namen seiner königlichen Majestät Vittorio Emanuele III. aus der Taufe gehoben wurde, hatte der römische Volksmund bald eine Deutung der SCV-Autonummern parat. Er übersetzte SCV mit »Se Cristo vedesse« ... (Wenn Christus das sähe). Rückwärts gelesen ergaben die drei Buchstaben die Antwort: »Vi cacciarebbe subito« ... (Würde er euch sofort verjagen).

Die höchsten Würdenträger haben Schilder mit roten Buchstaben und Ziffern. Dem Papst stehen drei Wagen zur Verfügung, beginnend mit der Ziffer 1. Darunter ist ein Mercedes 600, der ihm durch die Vermittlung des deutschen Heiligen-Grab-Ritters und Bankiers Abs geschenkt wurde. Der Wagen ist mit einer hydraulischen Hebevorrichtung ausgestattet, die es dem Papst ermöglicht, bei langsamer Fahrt mühelos im offenen Wagen aufzustehen und, leicht erhöht, nach allen Seiten zu winken und zu segnen. Insgesamt gibt es 15 Wagen mit roten Nummernschildern. Der Rest fährt mit schwarzen. Etwa 500 Wagen, Personenautos, Jeeps und Lastwagen sind registriert, beginnend mit der Nummer 137. Das Auslands-Kennzeichen, entsprechend dem deutschen D, ist ein V.

80 Wagen bilden den staatseigenen Autopark, welcher der Versorgung der Vatikanstadt dient, mit dem Bischöfe zum Konzil oder zur Synode, lateinamerikanische Studenten in die Universität oder Bauern und Siedler vom kirchenarmen Stadtrand und

vom flachen römischen Land, dem »agro romano«, in die Kirchen kutschiert werden.
Nicht jeder der Vatikanangestellten, der eine SCV-Nummer möchte, erhält sie, und nicht jeder, der sie erhalten könnte, möchte sie: So fährt einer der wichtigsten Männer des kleinen Königreiches, der Sekretär des Papstes, Monsignore Pasquale Macchi, nach wie vor mit seiner Mailänder Nummer einen kleinen schwarzen Innocenti Morris.
Schweizergardisten urteilen unterschiedlich über den Nutzen der SCV-Nummer. Die Soldaten des Papstes, die automatisch Staatsbürger der Vatikanstadt und Anwärter für das SCV-Schild sind, können erleben, daß sie der Parkwächter bei der römischen Sommeroper in den Caracalla-Thermen als flotte Monsignori in Zivil verspottet. Von Vorteil kann die SCV-Nummer bei Unfällen in Rom, also im Ausland, sein. Wenn es sich um einen streng papistisch gesonnenen Polizisten handelt, kann es passieren, daß er beide Augen zudrückt. Protokolliert ein laizistischer Polizist, so kann der SCV-Fahrer dennoch entschlüpfen, denn der Strafbefehl wird erst an das Gericht der Vatikanstadt überwiesen. Auf dem Weg von der italienischen zur vatikanischen Bürokratie gewinnt der Sünder manchmal so viel Zeit, daß die Geldstrafe bereits verfallen ist.
Dagegen muß er sich mit oder ohne SCV-Nummer hüten, innerhalb der 44 Hektar des Pontifex Maximus als Verkehrssünder ertappt zu werden. Auf den Straßen und Plätzen des kleinen Staates herrscht manchmal ein reger Autoverkehr. Er wird von einem der strengsten Verkehrsminister der Welt geregelt. Seit dem 1. September 1970 ist ein Gesetz in Kraft, das den Vatikan, ganz im Zug der Zeit, zur fußgängerfreundlichsten Stadt erklärt. Der ehemalige deutsche Bundesverkehrsminister Georg Leber wirkt gegenüber dem Papst mit dem in seiner Amtszeit beschlossenen und seither umstrittenen Tempo 100 wie ein liberaler Rennfahrerfreund. Hinter der leoninischen Mauer herrscht Tempo 30.
Trotz der strengen Bestimmungen standen die zwei bequemen Gefängniszimmer in der ehemaligen Gendarmeriekaserne in

der letzten Zeit fast immer leer. In den verwinkelten Straßen und Plätzen haben Renner und Raser wenig Auslauf. Deshalb schützt vor allem die Natur dieser Stadt ihre Bürger, ihre Angestellten und eigens autorisierte Besucher vor der Übertretung des strengen Gesetzes. Selbst dem Apostolischen Nuntius in Tokio, dem flotten »Porsche«-Bischof Bruno Wüstenberg (einer seiner Spitznamen: »Don Düsenjäger«), dürfte es schwerfallen, bei der Fahrt zum Rapport beim Staatssekretariat die vorgeschriebenen 30 Stundenkilometer wesentlich zu überschreiten.

Geburtshelfer Mussolini

Daß überhaupt SCV-Autonummern registriert und Verkehrssünder bestraft werden, daß der Papst über einen Staat mit allen Rechten verfügt, war 59 Jahre lang in Frage gestellt. Erst seit dem 11. Februar 1929 ist er wieder Staatsoberhaupt, wie er es bis zum Einmarsch der italienischen Truppen war, als unter dem Kanonendonner der Risorgimento-Truppen am Morgen des 20. September 1870 der seit der Französischen Revolution im Todeskampf liegende Kirchenstaat auch in Rom zusammenbrach.

Nach dreißigmonatigen Verhandlungen, nach zähem Feilschen um jedes Wort, jedes Komma, – die Texte wurden zwanzigmal geschrieben – waren die Lateranverträge zustande gekommen, der »Stato della Città del Vaticano« geboren. Der eigentliche Unterhändler des Heiligen Stuhls, Avvocato Professor Francesco Pacelli, Bruder des späteren Papstes Pius XII., hatte 129 Audienzen bei Pius XI., der sich um jede Einzelheit kümmerte. Während eines ganzen Jahres ruhten die offiziellen Besprechungen, weil Differenzen hinsichtlich der Erziehung der Pfadfinder aufgetaucht waren. Nach Vertragsabschluß sagte Pius XI., den Stellvertreter Christi gelüste es nicht nach Land, und er habe nur das äußerst notwendige Territorium verlangt, ohne welches keine jurisdiktionelle Souveränität bestehen könne, »jenes bißchen an Körper, das notwendig sei, um die Seele zusammenzuhalten«. Auf den päpstlichen Wunschtraum, die Leoninische Stadt (der von Mauern umgebene Palast- und Gartenkomplex um die Peterskirche) durch einen Landstreifen mit dem Meer zu verbinden, ließ sich Mussolini nicht ein. Aber lange stritt man sich um das große Parkgebiet der Villa Doria Pamphili und das Verbindungsstück dieser Villa zum Vatikan, das Tal von Gelsomino. Die Unterhändler des Papstes beanspruchten dafür die diplomatische Immunität und wollten alle Delegationen und Gesandtschaften dorthin verlegen. Erst am Vorabend des 11. Februar, in letzter Minute vor der Vertragsunterzeichnung, konnte ein anderer Streit um weitere 500 Quadratmeter beigelegt werden. Pius XI. verzichtete gegenüber Mussolini, dem »eifersüchtigen Verteidiger des italienischen Territoriums«, auf den Palast des Heiligen Offiziums und die umliegenden Gebäude, darunter die älteste deutsche nationale Stiftung in Rom, den »Campo Santo Teutonico«. Das Argument des Duce: eine Häuserfront kann nicht Staatsgrenze sein. Der Ratti-Papst ließ sich umstimmen. Ihm war das deutsche Kolleg auf potentiell vatikanischem Staatsgebiet ein Dorn im Auge. Er fürchtete internationale Verwicklungen. Von ihm soll die bissige Bemerkung stammen, daß die Deutschen nur dann Ruhe und Frieden geben, wenn sie auf dem dortigen kleinen Friedhof liegen.

Das zusammenhängende Staatsgebiet des Vatikans wurde so nur 44 Hektar groß. Der Schein jedoch trügt. Über ganz Rom verstreut liegen die exterritorialen Gebäude, wie Lateransbasilika und Lateranspalast, die Basilika Santa Maria Maggiore und die dazu gehörigen Gebäude, St. Paul vor den Mauern, der Palast der Datarie (unterdessen verkauft), der Cancelleria, der Propaganda Fide in der Nähe der Spanischen Treppe, San Callisto in Trastevere, der Palast dei Convertendi an der Via della Conciliazione, das Heilige Offizium und die umliegenden Gebäude, der Palast des Vikariats, ein großer Teil des Gianicolo (Janiculus)-Hügels, der Papstpalast und die Villa Barberini in Castel Gandolfo. Verschiedene Besitzungen des Vatikans können nicht enteignet werden, und noch müssen dafür keine Steuern bezahlt werden, wie die Universität Gregoriana an der Via del Seminario und an der Piazza della Pilotta, das Bibelinstitut, der Palast der zwölf Apostel, der Palast an der Kirche Sant' Andrea della Valle, der Palast bei der Kirche San Carlo di Catinari, das Archäologische und Orientalische Institut, das Lombardische und Russische Kolleg, der Palast bei Sant' Apollinare, das Exerzitienhaus bei der Kirche Santi Giovanni e Paolo.

Zu diesem nicht unansehnlichen Besitztum ist 1953 nach einem besonderen Vertrag zwischen dem Heiligen Stuhl und der italienischen Republik das Sende-Zentrum des Vatikanradios »Santa Maria di Galeria«, 25 Kilometer nördlich von Rom, hinzugekommen. Dieses Gebiet gehört dem deutsch-ungarischen Priesterkolleg »Germanicum«, welches es dem Vatikan für 99 Jahre überlassen hat. Es genießt die Rechte der Exterritorialität.

Selbst die eigentlichen vatikanischen Staatsgrenzen im Schatten der Peterskuppel sind praktisch vorgeschoben worden. Auf dem 500 Quadratmeter großen exterritorialen Gebiet um das Heilige Offizium hat der Sportpalastarchitekt Nervi mitten auf die Staatsgrenze zwischen dem Vatikan und Italien eine aufwendige päpstliche Audienzhalle gebaut. Der Papst sitzt nun bei Audienzen auf vatikanischem, seine Zuhörer auf italienisch-exterritorialem Staatsgebiet. Faktisch kommt das einer Landnahme für den SCV-Staat gleich, allerdings mit Genehmigung der italienischen Republik. Durch ein 1971 errichtetes Metallgitter ist dieses ehemals allgemein zugängliche exterritoriale Gebiet nur noch mit vatikanischen Eintrittskarten, beispielsweise bei Massenaudienzen, zu betreten. Unter der vatikanhörigen Democrazia Cristiana würde kein Regierungssprecher, ohne rot zu werden, mit Mussolini sagen können: »Zwischen dem Vatikan und Italien gibt es eine Distanz, welche mit Tausenden von Kilometern zu messen ist, auch wenn nur fünf Minuten genügen, um dorthin zu gehen.« Die italienische Nachgiebigkeit hat die Expansionslust des Vatikans geweckt, und schon denkt man in der Kurie daran, bei der bevorstehenden

Neuordnung der Lateranverträge die gesamte Via della Conciliazione dem SCV einzuverleiben, deren Gebäude ja sowieso zum größten Teil bereits dem Vatikan gehören. Das bißchen Körper ist seit 1929 hübsch gewachsen . . .
Das säkulare Postulat der Päpste – »Papa a nemine iudicatur« – (der Papast wird von niemandem gerichtet) – kann im 20. Jahrhundert wieder in einem eigenen Staat erfüllt werden. Den Päpsten und ihren Beratern ist es praktisch ein Dogma, daß der oberste Katholik nur dann seine Mission erfüllen kann, wenn er in jeder Beziehung souverän ist: der Papst ist als Souverän geboren (De Maistre). Auf Jesus kann sich dabei der Stellvertreter Christi allerdings nicht berufen. Er und der »erste Papst« Petrus hatten nicht einmal das römische Bürgerrecht.
Und doch bliebe der Papst auch ohne eigenen Staat »Summus Pontifex«, Oberster Leiter der Universalkirche, Inhaber des Heiligen Stuhls. Es ist zu unterscheiden zwischen dem Heiligen Stuhl und dem Vatikanstaat. Auf den 44 Hektar sitzen zwei Regierungen: die Regierung des Vatikanstaates und die Regierung der Weltkirche, der Heilige Stuhl, mit ihren Organen. Der Heilige Stuhl ist theoretisch nicht auf ein Staatsterritorium angewiesen. In der Zeit von 1870 bis 1929 konnte er sich auf kein eigenes staatliches Territorium stützen, aber dennoch funktionierte seine von den meisten Staaten anerkannte Hoheit, amtierten weiterhin seine Botschafter, die Nuntien. Auch heute sind die Nuntien nicht etwa Botschafter des Vatikanstaates, sondern Botschafter des Heiligen Stuhls, und die Botschafter der verschiedenen Staaten sind beim Heiligen Stuhl, nicht aber beim »Stato della Città del Vaticano« akkreditiert. Die Unterscheidung zwischen Heiligem Stuhl und Vatikanstaat ist in der Praxis schwer durchführbar, da sie durch die Person des alleinigen Souverän sowie durch viele Verwaltungsstränge miteinander verknüpft sind.

Der absolute Monarch

Nach dem Ersten Vatikanischen Konzil (1869–70), das dem römischen Papst neben der Unfehlbarkeit auch den Universaljurisdiktionsprimat, also die richterliche und Verwaltungshoheit über alle Katholiken zusprach, schien die absolute Monarchie die angemessenste Staatsform für ihn zu sein. Damit ist das Oberhaupt der römisch-katholischen Kirche Staatschef und Oberster Richter im SCV-Staat in einer Person. Das Grundgesetz der Vatikanstadt vom 8. Juli 1929 läßt sich in dem Satz zusammenfassen: »Der Summus Pontifex, Souverän des Staates der Vatikanstadt, besitzt die gesetzgebende, vollziehende und richterliche Gewalt.«

Vergeblich sucht man jedoch ein Wort über die bürgerlichen Grundrechte, von einem Stimm- und Wahlrecht der vatikanischen Einwohner schon gar nicht zu reden. Zwar ist der Vatikan als Heiliger Stuhl oder als Vatikanstaat allen möglichen internationalen Verträgen beigetreten wie dem Straßenverkehrsabkommen (New York 1965), dem Schiffahrtsabkommen (Brüssel 1967), dem internationalen Abkommen über den Schutz von Kulturgütern im Kriegsfalle, der Wiener Konvention über diplomatische Beziehungen, dem Abkommen über Anerkennung von Unterhaltsansprüchen im Ausland, dem Abkommen über die Verfolgung der Falschmünzerei, ja sogar dem Abkommen von Barcelona vom 21. April 1921 über die Anerkennung des Flaggenrechts der Schiffe von Staaten, die nicht Meeresanlieger sind. Paradoxerweise aber ist der Vatikanstaat, in dem »die katholische Kirche durch ihre Zentralverwaltung, den Papst und den Apostolischen Stuhl ihre Mission der Wahrheit, der Gerechtigkeit und des Friedens ausübt« (so die neueste römische Propagandaschrift für Touristen: »Der Vatikanstaat«) bis heute nicht der Erklärung der Menschenrechte beigetreten. Dafür hat er den Atomsperrvertrag ratifiziert.

Die Zivilgesetzgebung des Vatikanstaates besteht fast ausschließlich aus einem Strafrecht, das allerdings in der Praxis nicht ausreichte. Es wurde deshalb ein Rekurs auf die 1929 geltende italienische Gesetzgebung für notwendig erachtet, um alle Straftaten ahnden zu können. Ausdrücklich wurde im Gesetzeswerk vom 8. Juni 1929 die Todesstrafe erwähnt. Wer ein Attentat auf den Papst oder ein anderes Staatsoberhaupt beging oder einen bewaffneten Aufstand inszenierte, sollte nach vatikanischem Gesetz hingerichtet werden. Mit dem Zuspruch für die zum Tode Verurteilten war der Kaplan der päpstlichen Polizei beauftragt. Diese gesetzliche Bestimmung wurde erst am 21. Juni 1969 stillschweigend abgeschafft, als in Italien längst (1944) die Todesstrafe nicht mehr bestand. Der letzte zum Tode verurteilte vatikanische Bürger war ein gewisser Paolo Muzzi; er wurde am 18. September 1870 durch den Strang auf dem Platz in Frosinone hingerichtet, kaum zwei Tage bevor die Bersaglieri die Porta Pia in Rom stürmten und damit den letzten Rest des alten Kirchenstaates zerstörten.

Souverän ohne Untertanen

Vatikanbürger wird man nicht durch Geburt, sondern durch ein Privileg des Souveräns, des Heiligen Vaters. Die vatikanische Bürgerschaft ist nicht an den Wohnsitz innerhalb des Vatikans, sondern an ein Amt gebunden und erlischt mit ihm. Deshalb hat der Vatikan stets ein Kontingent Schweizer als Staatsbürger, durch seine Schweizergarde. Vatikanische Bürger erster Klasse sind die Kardinäle der Heiligen Römischen Kirche, sofern sie im Vatikan oder in Rom Residenz haben. Der Papst kann auch nichtbeamteten Klerikern und Laien durch einen besonderen Gunsterweis Wohnsitz und Bürgerrecht im Vatikan schenken. Aus Gründen der öffentlichen Ordnung, der Moral, der Disziplin ist es aber stets möglich, diese Erlaubnis wieder zu entziehen.
Mussolini über Pius XI.: »Der Papst war wenig begierig, Untertanen zu haben, vielleicht weil er glaubte, der ungestörteste Souverän sei derjenige, welcher keine Untertanen hat.« So sind heute kaum noch gewöhnliche Römer, die seit alters her auf va-

tikanischem Gebiet wohnen, Bürger dieser heiligsten absoluten Monarchie der Welt. Von 1970 bis 71 schrumpfte die Bürgerzahl abermals erheblich. Besaßen 1970 noch 500 Personen die vatikanische Staatsbürgerschaft (37 Kardinäle, 144 Diplomaten des Heiligen Stuhls im Ausland, 36 Prälaten und Kleriker, 4 Ordensleute, 47 Schweizergardisten, 145 Gendarmen und 87 Laien), so waren es 1971 nur noch 335, darunter 36 eminente Kardinäle, 135 diplomatische Repräsentanten im Ausland, 34 Prälaten und Kleriker, 4 Ordensleute, 55 Schweizergardisten und 72 Laien. Am deutlichsten schlug in der Bürgerschaftsbilanz die Degradierung des Gendarmeriecorps zu Buche – mit einem Federstrich war der Heilige Vater gleich 145 gewöhnliche sterbliche alte Bürger los. 1972 vermehrte sich die Bürgerzahl wieder auf 358, bedingt durch den Ausbau des vatikanischen diplomatischen Corps und durch das Auffüllen der Reihen der Schweizergarde.

Ob Bürger oder nur Aufenthaltsberechtigte, die Einwohner des Vatikans genießen nicht nur Vorrechte, sie stehen unter einem autokratischen Regiment, das eher an einen Duodezfürsten des 18. Jahrhunderts als an das Reich des Papstes der Sozialenzyklika »Populorum Progressio« (Vom Fortschritt der Völker) erinnert. Auch unter Paul VI. hat sich nichts entscheidend geändert. Souverän Paul hat seine Kompetenzen lediglich delegiert. Das höchste Organ der staatlichen Exekutive führt bezeichnenderweise den Titel »delegato speciale« (spezieller Delegierter). Dieser vertritt den Gouverneur, der seit Pius XII. nicht mehr berufen wurde. Über den »delegato speciale« wacht im Auftrag des Papstes eine Kardinalskommission. An ihrer Spitze stehen der französische Staatssekretär, Kardinal Villot, und als Propräsident, damit als faktischer Chef, der italienische Kurienkardinal Guerri. Zu der Kommission gehören die Kardinäle Traglia, de Fürstenberg, Wright, Paupini und Violardo. Wenn auch Paul VI. den »schwarzen« römischen Adel verärgert hat, indem er die Nobelgarde auflöste und manches blaublütige Hofschranzenamt erlöschen ließ, so ist doch sein kleiner Staat immer noch eine Adelsdomäne. Der Verwaltungschef, der »delegato speciale«, ist Don Giulio aus dem römischen Marchesegeschlecht der Sacchetti. Paul VI., der erste Papst aus dem Großbürgertum, hat seinem Staat einen Rat zur Seite gestellt, die »Consulta dello Stato«, der allerdings mehr dekorativen als parlamentarischen Charakter hat. Unter den Konsultoren fungieren auch zwei Frauen. An der Spitze werden die Exzellenzen aufgeführt, die klangvollen Fürsten- und Grafennamen aus Rom, Colonna, Torlonia, Massimo, del Drago und ein anderer Sacchetti, der Marchese Don Giovanni Battista. Der Rest sind bürgerliche Advokaten und Ingenieure. Zu den fünf nicht in Rom wohnenden Ehrenkonsultoren gehört der deutsche Fürst Karl von Löwenstein, einst Präsident des Zentralkomitees der deutschen Katholiken. Die Verwaltungsspitze, das »Governatorato« regelt das alltägliche Leben, vom Bahnhof bis zur Post, von den Briefmarken bis zum preisgünstigen Warenverkauf, von der Feuerwehr bis zu den Museen, von den Um- und Neubauten, vom Rundfunk bis zum Sanitätswesen, von den eigenen Apotheken zur Wasser- und Stromversorgung, von der Straßenreinigung bis zur Pflege der päpstlichen Gärten und Villen.

Paul VI. bestimmte am 24. Juni 1969 mit einem Gesetz, das das Grundgesetz vom 7. Juli 1929 modifizierte, eine Gliederung des Gouvernatorats in 10 Ämter:

1. Generalsekretariat,
2. Generaldirektion der Denkmäler, Museen und päpstlichen Galerien,
3. Generaldirektion der technischen Dienste,
4. Generaldirektion Radio Vaticana,
5. Wirtschaftsdirektion,
6. Sanitätsdirektion,
7. Direktion der vatikanischen Sternwarte,
8. Direktion der archäologischen Studien und Forschungen,
9. Direktion der päpstlichen Villen,
10. Gendarmeriekorps. (Dieses ist unterdessen aufgelöst und in das »Ufficio Centrale di Vigilanza« umgewandelt worden.)

Diese Ämter beschäftigten 1970 1116 Laien und 127 Kleriker und Ordensleute, 1972 waren es 1334 Laien und 129 Kleriker.

Begehrte Briefmarken

Das Generalsekretariat des Gouvernatorats überwacht den Druck und den Verkauf der vatikanischen Briefmarken, die bei allen Sammlern begehrt sind. 1971 wurden insgesamt 7 Millionen 550 Tausend Briefmarken in fünf Serien gedruckt. Ihre Gültigkeit ist unbegrenzt. Wünscht der Vatikan, daß die Gültigkeit ausläuft, werden sie im Auftrag des Gouverneurs verbrannt. Die Motive der Briefmarken werden mit großem Bedacht gewählt. So wurde aus Anlaß des 50jährigen Priesterjubiläums des regierenden, im Vatikan sagt man des »glücklich regierenden«, Papstes Paul eine Serie herausgegeben, die ihre Krönung in einem Papstportrait fand. Die geringeren Werte dieser Serie zeigten Christusbilder. Diese am 29. Mai 1970 ausgeworfene Serie umfaßte fünf Werte, 15 Lire, 25 Lire, 50 Lire, 90 Lire und 180 Lire. Die ersten vier geringeren Werte zeigten Christusbilder von Simone Marini, van der Weyden, Albrecht Dürer und El Greco, für 180 Lire kann man mit dem Konterfei Seiner Heiligkeit frankieren.

Vatikanische Lire

Bei der italienischen staatlichen Münze läßt ein anderes Amt des Generalsekretärs das vatikanische Geld prägen, das von 1 Lira bis zu 500 Lire reicht. Der Vatikan durfte bis zum 1. Januar 1971 jährlich bis zu 50 Millionen Lire in Umlauf bringen. An diesem Tag trat rückwirkend ein monetäres Abkommen zwischen der Republik Italien und dem Vatikanstaat vom 9. August 1971 in Kraft. Nun kann der Vatikan bis zu 200 Millionen Lire jährlich selbst auflegen. Dieses Limit kann aus bestimmten Anlässen überschritten werden: In der Zeit zwischen dem Tod oder Rücktritt des einen und der Neuwahl des nächsten Papstes, der sogenannten Sedisvakanz, in einem Heiligen Jahr sowie bei der Eröffnung eines Konzils. Der Kurs der vatikanischen Lira ist der italienischen angepaßt. Ausnahmen bestätigen die Regel. Bei der Dollarkrise 1971 hielt die Vatikan-Bank, getarnt als »Institut für die Werke der Religion« (istituto per le opere di religione), den alten Dollarkurs, während die italienischen Banken die amerikanische Währung bereits verbilligten.

Geburt und Tod

Zum Generalsekretariat des Gouverneurs gehört auch das Personalbüro und das Standesamt, die »Anagrafe«. Hier wird die Bürgerschaft verliehen und Buch über den Personenstand geführt. Das Standesamt hat bei der fortschreitenden Klerikalisierung der Einwohner in der Vatikanstadt – aus Sicherheitsgründen möchte die gegenwärtige Regierung möglichst wenige Laien hinter den Mauern der Vatikanstadt wohnen lassen – mehr mit der Bahre als mit der Wiege zu tun, denn nur etwa 60 Laienbürgerinnen werden gezählt. Wer in der Vatikanstadt stirbt, hat wenig Aussicht, innerhalb der heiligen Mauern begraben zu werden, denn der Friedhof der einzigen Pfarrkirche von Sant' Anna ist überfüllt, ebenso der Friedhof der Schweizergarde, S. Pellegrino. Der deutsche Friedhof im Schatten von St. Peter, der »Campo Santo Teutonico«, gehört nicht dem Vatikan, sondern gilt nach wie vor als exterritorial. Dort werden Deutsche, Österreicher, Schweizer, Flamen, die auf einer Pilgerfahrt in Rom sterben, oder die in Rom lebenden Angehörigen der Erzbruderschaft des Campo Santo Teutonico begraben. Von allen Vatikan-Bürgern weiß eigentlich nur der Papst, daß er auf seinem Territorium beerdigt werden kann, in der Krypta des Petersdoms, es sei denn, er wünscht testamentarisch etwas anderes.

Gesund ohne Gynäkologie

Wie Prälaten und römisches Volk miteinander verbunden sind, erfährt man nicht nur in den Kaufläden der Anona, sondern auch auf dem vatikanischen Gesundheitsamt, dem »Fondo Assistenza Sanitaria« (FAS), das seit dem 1. August 1953 besteht. Weit gefehlt, daß hier die Monsignori das Bild bestimmen würden. Aus allen römischen Volksschichten tauchen Leute auf, dicke Matronen, grazile Mädchen, Ordensschwestern in allen möglichen Trachten, Großväter, kleine dicke Römerbuben. Sie alle müssen irgendwelche Beziehungen zum Vatikan haben und lassen sich im vatikanischen Gesundheitsamt hinter der Hauptpost kurieren. Der Andrang ist so groß, daß man oft stundenlang zu warten hat. Für die Monsignori gibt es Vortritt. Die Geduld der Italiener ist begreiflich. Im Vergleich zum miserablen italienischen Gesundheitswesen kann sich der Vatikan immer noch sehen lassen. Mitteleuropäer ziehen bei schwierigen Fällen allerdings ihre Heimat vor. Chef des vatikanischen Gesundheitsamtes und zugleich Leibarzt des Papstes ist Prof. Dr. Mario Fontana. Neben Krankenbrüdern und -schwester stehen ihm zwölf Internisten und 20 andere Spezialisten zur Seite. Der Vatikan führt alle medizinischen Abteilungen, ausgenommen die Gynäkologie. Der Grund dafür dürfte kaum darin liegen, daß die im Vatikan tätigen Frauen nie von Frauenkrankheiten befallen werden, es ist eher einer der antifemininen Komplexe der geistlichen Herren zu vermuten. Die Röntgenabteilung hingegen ist eine der modernsten Italiens. Das Material wird sofort automatisch entwickelt.

Dem Gesundheitsamt ist auch eine Apotheke angegliedert, welche nicht nur für ihre exquisiten Parfüms und Seifen in ganz Rom bekannt ist, sondern auch eine große Zahl von Arzneien führt, die sonst in Rom nirgendwo zu haben sind. Sie wird geleitet von den Krankenbrüdern des Heiligen Johannes von Gott.

Die Feuerwehr

Zum Glück hat es im Vatikan mit seinen unermeßlichen Kunstschätzen, seinen Museen, seit der Einrichtung der päpstlichen Feuerwehr unter Pius XII. im Kriegsjahr 1941 niemals gebrannt, sieht man einmal davon ab, daß vor den Augen der Schweizergarde an einem der Eingänge an der Porta Sant' Anna 1970 ein VW-Bus in Brand geriet. Die Schweizer wurden der brenzligen Lage rasch Herr. Im Ernstfall wäre die »Kommunität« der 14 Feuerwehrleute plus einem Kommandanten plus einem Ingenieur wahrlich zu schwach. Ihre Hauptaufgabe besteht darin, jeden Tag um 17.30 und um 22 Uhr eine wachsame Runde durch alle Winkel und Räume des Vatikans zu unternehmen, die zum Glück für die Männer nicht die 10 000 Räume und 997 Treppen der Legende sind. Außerdem schalten sie jeden Abend um 23 Uhr die beiden Springbrunnen auf dem Petersplatz aus. Jeden Mittwoch sind sie Gäste der Massenaudienz des Papstes. Sie und den Vatikan schützt ein Abkommen mit der römischen Feuerwehr, wenn es einmal wirklich brennen sollte.

Supermarkt Vatikan

Lebhafter als auf dem Standesamt geht es im »Ufficio Merci«, im Handelsbüro, zu. Im Ministaat wird ausgiebig gekauft und verkauft. Die neidischen Nachbarn in Rom, die weder den begehrten Onkel Monsignore in der Familie haben, noch selbst ein Mitglied des Clans in den Diensten des Heiligen Vaters unterbringen konnten, reden deshalb despektierlich vom »Laden des Papstes«. 1971 z. B. registrierte das Büro 3300 Wareneinfuhren aus dem Ausland und 3700 aus dem Ausland eingeführte Postpakete. 1100 Warensendungen wurden als Ausfuhr verzeichnet. Mit der Einfuhr werden die preisgünstigen Verkaufsstellen des Vatikans gespeist, an denen der Bürger und das weit größere Heer der Arbeiter und Angestellten des Vatikans ohne Bürgerrecht durch verbilligten Einkauf den schlechten Lohn etwas ausgleichen können. Bei den Ausfuhren des Vatikanstaates handelt es sich um Hilfeleistungen, aber auch um die Ausstattungen der Nuntiaturen im Ausland.

Die Anona: Dänische Kälber und schottischer Whisky

Das größte Einkaufszentrum ist die »Anona«. Wer dort kaufen will, braucht einen Berechtigungsschein, die begehrte »Tessera«. Im Vatikan herrscht heute noch eine Marken- und Kartenwirtschaft wie in Kriegs- und Notzeiten. Der Handel wird gegenwärtig fast mit schlechtem Gewissen betrieben. Die Verantwortlichen zucken bei der Frage nach der Anona die Schultern. Es hielt sich noch vor kurzem das Gerücht, daß der Laden ganz geschlossen werden solle. Ausgelöst wurde diese Spekulation durch die Schließung der Bäckerei im Sommer 1971. Dort kostete 1 kg Brot 150 Lire gegenüber den 230 Lire in den römischen Läden. Die Bäckerei warf keinen Profit mehr ab. Manche alten Römer vernahmen die Nachricht vom Ende des Bäckerladens mit gemischten Gefühlen. Gerade im Zweiten Weltkrieg während der deutschen Besatzung konnte die SCV-Bäckerei, versehen mit kanadischem oder US-Weizen, die knappe Kriegsration der Römer aufbessern. Die Tessera kann übertragen werden, zum Beispiel vom Prälaten auf die Haushälterin. Dann muß aber der Prälat, falls er seine Perpetua begleitet, selbst vor der Tür warten, denn nur einer darf den Laden betreten. So bilden sich immer wieder Trauben vor der Anona wie einst vor den HO-Läden der DDR. Die Bedienung gilt als schlecht. Da die Geschäftszeit nur von 7.30 bis 11.30 geht, ist der Andrang groß. Priester in Amtskleidung werden bevorzugt von 7.30 bis 8.30 bedient. Da die vatikanischen Ämter ihren Dienst um 8.30 beginnen, können die Priester theoretisch dieses Privileg gut ausnutzen. Vatikanische Beamte, die aber im Missionsministerium der Kurie, der Propaganda Fide oder in einem exterritorialen Palast in der Nähe des Spanischen Platzes, also am anderen Ende der römischen Altstadt, arbeiten – dasselbe gilt für die Angestellten im Palazzo San Callisto in Trastevere –, klagen über die Regelung. »Entweder ich schwänze den Dienst oder ich stehe Schlange«, sagte einer. Sie wandten sich deshalb an den »Ombudsmann« des Vatikans, den ebenfalls in der Propaganda Fide sitzenden Monsignore Mazza. Mazza versprach, für Abhilfe zu sorgen. Nun soll zugunsten der nicht in unmittelbarer Nähe des eigentlichen Vatikanstaates arbeitenden Angestellten wiederum nachmittags an zwei Tagen geöffnet werden. Allein diese zusätzliche Öffnungszeit und der Ausbau der Anona-Magazine – darunter befindet sich ein neues Magazin bei der exterritorialen Basilika S. Paul vor den Mauern – sprechen gegen die Schließung der Anona.

Die Frauen der Vatikanlaien singen ein Klagelied über die verlorene Zeit. Sie sind auch unzufrieden über den Rückgang des Angebots und über die langsamen Preissteigerungen. Während sie vor drei Jahren noch pro Tag einmal ihre bestimmte Ration, zum Beispiel eine Flasche Whisky, einkaufen konnten, sind nun neue Karten ausgegeben, die wie Kärtchen aus einem Computerlochkartensystem aussehen, auf denen die monatliche Ration zugemessen und abgehakt wird.

Auf den Tesseras sind verschiedene Ziffersysteme zu den Buchstaben E, Z, L, M, P, C, B eingetragen. Unter dem Buchstaben E kauft man beim »Economato«, dem Warenlager im Gouverneurspalast der Vatikanstadt. Vier Artikel pro Monat können dort erstanden werden, vornehmlich technische Sachen und Textilien, darunter englische Stoffe sehr guter Qualität.

Die nächste Rubik Z steht für »zucchero« (Zucker). Sie berechtigt zu vier Rationen Zucker à fünf Kilogramm pro Monat.

Von der Ziffer 1 bis 150 reicht die Rubrik L = »liquori«: geistige Getränke für Geistliche und Laien. Konnten sie früher pro Besuch eine Flasche Whisky kaufen, so müssen die Inhaber nun – seien sie Schweizergardist oder Feuerwehrmann, Museumswärter oder Beamter der Glaubenskongregation – sich auf drei Flaschen Whisky pro Monat beschränken, keineswegs 150 im Halbjahr, wie die Ziffernfolge der Rubrik L auf dem Berechtigungsschein nahelegen könnte. Ebenfalls von 1–150 wird unter den Buchstaben M und P gezählt. M steht für »marcelleria« und P für »pizzicheria«, für Fleischerei und Lebensmittel. Diese Abteilung ist bisher keinen Restriktionen unterworfen.

Bei der Spalte C für »café« werden pro Besuch eine Ration von einem halben Kilo zugestanden, durchaus ausreichend für den Wochenbedarf. Zuletzt werden unter dem Buchstaben B sechs Monate aufgezählt und pro Monat fünf Kästchen. B steht für »burro« (Butter), die umstrittenste Handelsware im Vatikan. Einige der begehrtesten Artikel im Deputat tauchen auf der Tessera gar nicht auf, die Tabakwaren. Die Tabakmagazine sollen die Angestellten niemals betreten. Sie werden wie eines der zahlreichen vatikanischen Geheimnisse gehütet. Die Tabakwaren werden einmal im Monat in den Büros oder bei höheren Herren auch in den Wohnungen abgeliefert. Es ist nicht erwünscht, daß die gesamte Stange Zigaretten nach Hause genommen wird, um den Weiterverkauf zu bremsen. Pro Tag soll

höchstens eine Packung – und diese geöffnet – aus den Büroräumen exportiert werden. Diese Zigaretten sollen nicht einmal verschenkt werden. Pro Monat stehen den Angestellten 40 Päckchen ausländische und 15 Schachteln italienische Zigaretten zu. Falls einer Zigarren rauchen will, rechnet das fromme Zigarettendeputat vor, daß eine Zigarre gleich vier Zigaretten sei.
Trotz des schlechter gewordenen Services, der langen Wartezeiten, der strengen Rationen reizt die Anona die schlechtbezahlten Familienväter im Vatikandienst nach wie vor. Auch die Monsignori kaufen dort trotz aller heimlichen Flüche. Denn die Anona kann sich in Rom sehen lassen. Etikettierter Whisky, beispielsweise Black and White kostet im Vatikan 2150 Lire, fast 1000 Lire weniger pro Flasche als im italienischen Laden. Der billige Whisky heißt wie einer der dem Papst teuersten Kardinäle, der amerikanische Chef der Kleruskongregation, John Wright, »Johnny Wright« und kostet nur 1750 Lire, ein Preis der seinesgleichen in Italien sucht. Zigaretten, die in Italien durch den Staat verteuert und deshalb begehrtes Handelsobjekt aller Koffer- und Bauchladenhändler sind, haben im Vatikan folgende Preise: die 20er Packung HB raucht der Monsignore für 290 Lire, der Duft der großen weiten Welt kostet ihn 10 Lire mehr, eine Muratti-Packung 310 Lire. Italiens offizielle Tabakmonopolisten, die »tabaccai«, müssen für HB, Stuyvesant mindestens 450 Lire verlangen, für die Muratti 500 Lire. 5 Kilo Zucker, die Monatsration, kosten in der Anona 900 Lire, in Rom dagegen mindestens 1225 Lire.

Nicht so sehr der Preisunterschied als die Qualität macht vatikanisches Fleisch begehrenswert. Dabei handelt es sich vornehmlich um »lutherische Kälber« aus Dänemark. Allerdingst staut sich gerade an der Fleischtheke die Warteschlange derart, daß manche Anona-Kunden lieber in einer römischen Fleischerei ihren Braten erstehen. Da der Vatikan dank des Lateranvertrages von 1929 gegenüber Italien das Recht der zollfreien Einfuhr hat, kann er sich die günstigsten Sonderangebote, zum Beispiel aus den Nicht-EWG-Ländern, wie Österreich oder früher Dänemark, besorgen.

Versuchung am Butterberg

Hin und wieder erregt der Ministaat die Aufmerksamkeit der EWG-Kommission oder ist Gegenstand kritischer Anfragen eines holländischen Abgeordneten im Europäischen Parlament, des Sozialisten Vredeling. Der Vatikan reagiert auf solche Fragen gereizt. Manchmal erinnern seine Antworten an den Aphorismus des österreichischen Satirikers Karl Kraus: *»Wie ungeschickt das böse Gewissen ist! Wenn nicht mancher den Hut vor mir zöge, dann wüßte ich nicht, daß er Butter auf dem Kopf hat.«* Als damals im Spätherbst die Geschichte mit der Butter im Vatikan aufkam, lüpften seine Sprecher verlegen den Hut und taten zuerst so, als seien die kritischen Bemerkungen des holländischen Sozialisten aus der Luft gegriffen. Der Abgeordnete wollte von der EWG-Kommission wisssen, wieviel Butter in der kleinen Vatikanstadt tatsächlich verbraucht wird. Nach seinen Angaben habe der Vatikanstaat 1969 aus der Bundesrepublik Deutschland 69 200 Kilogramm und aus Frankreich 1 239 000 Kilogramm eingeführt. Da der Vatikan damals nur etwa 900 Bürger und Aufenthaltsberechtigte hatte, müßten die Monsignori und Gendarmen, Exzellenzen und Eminenzen vier Kilo Butter pro Tag verzehrt haben. Da selbst der eßlustigste Vatikanbürger unmöglich pro Tag solch einen Butterberg verzehren kann, und da der Politiker bei seiner Rechnung die Angestellten des Heiligen Stuhls, die nicht SCV-Bürger sind, unberücksichtigt ließ, ergab seine Rechnung, daß ein großer Teil der Butter über die vatikanischen Mauern hinweg auf den italienischen Schwarzen Markt wandere. Dadurch würde die EWG geschädigt.

Die EWG hält nämlich innerhalb ihrer Gemeinschaft einen hohen Butterpreis aufrecht, ermöglicht aber den Mitgliedstaaten um ihrer Konkurrenzfähigkeit auf dem Weltmarkt willen gegenüber dritten Ländern, weit niedrigere Preise für Butter zu verlangen. Ein Deutscher beispielsweise kann die Butter an das Drittland Vatikan viel billiger abgeben als an das EWG-Land Italien oder an die deutschen Verbraucher. So kosteten 100

Gramm deshalb im Vatikan 1969 120 Lire, in Rom aber 180. Den Verlust, den beispielsweise bayerische Butterverkäufer bei der Ausfuhr in Drittländer wie den Vatikan hinnehmen müssen, gleicht ein gemeinsamer EWG-Fonds aus. Aus diesem Fonds erhielten die Deutschen damals 85 214 Dollar, die Franzosen 180 000. Jene EWG-Preisstützen wären freilich nur rechtens, wenn die Butter tatsächlich im Vatikan geblieben wäre.
Kaum hatten solche Nachrichten die vatikanischen Meister in der Kunst des Dementierens aufgeschreckt, verbreiteten sie in ihrem Pressesaal an der Via della Conciliazione am 9. Dezember 1969 eine Erklärung, in der sie abstritten, daß der Vatikan überhaupt Butter in den Ländern der europäischen Wirtschaftsgemeinschaft kaufe. Der Vatikan hole sich seine Butter nur in Österreich und Dänemark.
Den Tag darauf zogen die Herren den Hut schon etwas tiefer und berichtigten. Sie gaben zu, nicht nur aus Österreich, sondern auch vom EWG-Mitglied Deutschland Butter gekauft zu haben. Freilich sei die Menge geringer, als die Journalisten verbreitet hätten, und selbstverständlich komme die Butter nur den Angestellten des Heiligen Stuhls und ihren Familien zugute – kein Sterbenswörtchen über die Menge der Butter und über die Fragen des holländischen Abgeordneten.
Erst eine Woche später erzählten sie im Hofblatt Osservatore Romano vom 16. 12. die genauere Buttergeschichte: Bei den angeblich 1 239 000 Kilogramm Butter aus Frankreich handele es sich in Wirklichkeit um ebensoviel Zucker, und der Butterberg aus Deutschland wiege, der Genauigkeit halber, 60 200 Kilogramm, nicht etwa 69 200 Kilogramm.
Ginge man also von der deutschen Buttermenge aus und nur von den 900 Bürgern des Vatikans, die sich die Zeitungsleser schon genüßlich mit ungeheuren Buttermengen beschäftigt vorstellten, dann ergäbe sich ein schon maßvollerer pro-Kopf-Verbrauch, nicht mehr vier Kilogramm, sondern nur noch 200 Gramm pro Kopf und Tag. Die Bürger der Vatikanstadt erscheinen jedoch weit weniger der Butterleidenschaft verfallen, wenn man bedenkt, daß der Vatikan gemäß den Lateranver-

trägen das Recht hat, auch für seine Angestellten ohne Staatsbürgerschaft, also für Italiener oder andere Ausländer, Waren zu besorgen und zu verkaufen.
Neuere Nachrichten aus Rom besagen, daß die geistlichen Herren dort immer noch nicht gegen Butterversuchungen gefeit sind: billigere Butter, für Waisenhäuser, Krankenhäuser, die Armen- und Altenspeisung bestimmt, wurde von einer gewieften Händlerkette unter Beteiligung von Monsignori auf dem italienischen Schwarzmarkt versilbert. Es erfolgten Festnahmen.

Die Tankstelle des guten Hirten

Gut besucht sind die Benzinzapfsäulen, vier an der Zahl, darunter nur eine innerhalb des von der leoninischen Mauer eingefriedeten Kernterritoriums der Vatikanstadt beim Palazzo San Carlo, drei andere auf exterritorialem Gelände in Rom, an der Via delle Mura Aurelie am Fuße des Janiculus-Hügels, die andere im Palazzo San Callisto im Volks- und Eßviertel Trastevere, die dritte im exterritorialen Lateranspalast. Normalbenzin kostet im Vatikan 80 Lire, im übrigen Italien mindestens 60 Lire mehr, das Super 110 Lire, an weltlichen Zapfsäulen etwa 160 Lire. Allerdings ist nach Meinung vatikanischer Motorisierter nach normalen Maßstäben höchstens das vatikanische Superbenzin normal, während das normale Benzin nur Benzinersatz sei. Nach der römischen Fama fahren die Monsignori samt ihren weltlichen Bediensteten zwar BP, Buon Pastore (guter Hirt), doch hat man in der letzten Zeit niemals BP-Tankwagen an vatikanischen Zapfstellen vorfahren sehen, jedoch dagegen AGIP-Wagen. Es wird jetzt außerdem von billigen italienischen Raffinerien geredet, die neben den verschiedensten italienischen »Enti« (halb- und ganzstaatlichen Gesellschaften), die das italienische wirtschaftliche und gesellschaftliche Leben unentwirrbar verfilzen, auch die wichtigste »Ente« der Halbinsel, den »Stato della Città del Vaticano«, mit Kraftstoff versorgen. Der züngelnde Drache von AGIP, dieses allen

Touristen vertraute Reklamebild der bedeutendsten italienischen Benzingesellschaft, könnte auch an den vatikanischen Zapfstellen angebracht werden.

Der Bahnhof des Heiligen Petrus

Einer der bedeutendsten Umschlagplätze für den vatikanischen Handel ist der vatikanische Bahnhof, dessen zweigleisige Streckenführung auf vatikanischem Gebiet nur 264,25 Meter beträgt. Er ist mit der Station St. Peter (Strecke Rom-Viterbo) der italienischen Staatsbahnen verbunden. Von St. Peter aus führt neuerdings die Eisenbahnverbindung in nördlicher Richtung zu der exterritorialen Enklave des Vatikanstaates in der offenen Campagna, der riesigen Sendeanlage des Rundfunks, »Santa Maria di Galeria«. Der Personenverkehr ist eine Rarität. Von hier aus reiste lediglich Papst Johannes nach Assisi und Loreto vor der Eröffnung des Zweiten Vatikanischen Konzils. Sein Nachfolger Paul »jettet« lieber.

Das goldene und das graue Telefon

Im Vatikan wird viel telefoniert. Der altväterliche Staat hat ein gut ausgebautes Kommunikationssystem, zu dem auch die pneumatische Rohrpost gehört. Nach und nach werden alle außerhalb der Staatsmauern liegenden exterritorialen Gebäude in Rom mit der Telefonzentrale in der Vatikanstadt verbunden. Dieser »interno«-Telefonverkehr ist kostenlos und wird automatisch vermittelt. Bereits 1886 wurde unter Leo XIII. durch den römischen Fernmeldeingenieur Marconi das erste automatische Telefon der Welt installiert. Erst 1892 wurde die zweite automatische Telefonzentrale in den USA gebaut. Gegenwärtig umfaßt die Anlage etwa 4000 Apparate. Während Pius XII. noch ein verschnörkeltes goldenes Telefon mit dem Christus-Monogramm, später ein weißes Gerät benutzte, telefoniert sein Nachfolger Paul mit einem einfachen grauen Apparat, wie er auch im Zimmer eines Mailänder Managers stehen könnte. Wenn man von außerhalb des Vatikans anruft und die Interno-Nummer seines Gesprächspartners bereits kennt, braucht man nur 698 zu wählen und die meist vierstellige Hausnummer hinzuzufügen. Dies gilt jedoch nicht für Anrufe beim Papst. Hier ist der Vorgang komplizierter. Anzurufen hat nur für den Sinn, der im Vorzimmer bekannt ist. Er muß die gesamte Telefonnummer des Vatikans, 6982, wählen. Die Zentrale fragt dann nach Namen und Wunsch und verspricht einen eventuellen Rückruf. Gleichzeitig erkundigt sie sich bei Don Macchi, ob der Anrufer telefonisch »vorzulassen« ist. Unkomplizierter ist der telefonische Kontakt mit den anderen hohen Herrschaften der Vatikanhierarchie. Nur die am meisten Beschäftigten wie zum Beispiel Erzbischof Benelli, der Stellvertreter des Staatssekretärs, lassen sich abschirmen. Der Papst ist mit seinen wichtigsten Mitarbeitern wie Kardinalstaatssekretär Villot, dessen Stellvertreter Benelli und seinem »Außenminister« Casaroli durch eine Sonderleitung verbunden, die von der Zentrale nicht angezapft werden kann, über die aber der Papst nach außen sprechen kann. Diese Telefonzentrale, die unter Pius XI. errichtet wurde, ist 1958 modernisiert worden. Ordensmänner der »Pia Società di San Paolo di Alba« unter der Leitung von Pater Manfredi bedienen sie mit weiblichem Beistand. Mit dem 1. März 1971 wurden »Telefonschwestern« eingestellt, zwölf Damen von der »Kongregation der frommen Schülerinnen des göttlichen Meisters«, die ihre Vorgängerinnen vor allem an Sprachgewandtheit übertreffen.

Das vatikanische Telefonnetz bewältigt durchschnittlich pro Tag etwa 18–20 000 Anrufe. Auch heute will sich der ehemalige Pionier der Telefontechnik nicht technisch überrunden lassen. Um die Vatikanstadt mit dem exterritorialen Palazzo von San Callisto in Trastevere zu verbinden, wurde eine Radiobrücke eingerichtet. Da zwischen dem Vatikan und San Callisto die Hügelkette des Janiculus liegt und schwerlich die Peterskuppel als Antennenträger mißbraucht werden konnte, war dafür einige technische Akrobatik notwendig. Die vatikanischen Gärten wirken deshalb heute wie ein technischer Zauberwald. Antennen und Sendemasten konkurrieren mit Palmen, Pinien und Rosen.

Pauls Bauboom

Wie keiner seiner letzten Vorgänger, eher wie sein barocker Namensvetter Paul V. (regierte von 1605 bis 1621) aus dem römischen Fürstengeschlecht der Borghese, prägt der Montini-Papst Paul VI. als Bauherr sein Reich. Bauboom herrscht »im Himmel, auf der Erde und unter der Erde«, wie der römische Mönchswitz weiß. Tatsächlich erreicht die Bauleidenschaft den höchsten First des Apostolischen Palastes ebenso wie die geheimsten Schächte und Gänge, die Besitzungen in Rom bis nach Damaskus. Routinereparaturen und -Restaurationen, Ein- und Umbauten, Toiletten, Klimaanlagen und Aufzüge, Heizungen und Altäre der neuen Liturgie, Straßen, Kanalanschlüsse oder eine Turnhalle für das vatikanische Knabenseminar stehen neben den großen Immobilienprojekten auf dem Plan. Mit seinen Bauwerken hat Paul VI. sich schon heute in die Baugeschichte des Vatikans eingetragen. Trotz angeblich knapper Kasse wird unter seiner Regierung gebaut wie nie zuvor.

Nervis Riesenhalle und die Obdachlosen

Das bisher teuerste Projekt war die Audienzhalle, für die der römische Stararchitekt Pierluigi Nervi verantwortlich ist. Ein etwas müder Nachfahre von Nervis Konstruktionen, wie der »Stazione Termini«, der römische Bahnhof, oder der Sportpalast, der »Palazzo dello Sport«, breitet sich nun im Schatten der Kuppel Michelangelos aus. Eine Mischung aus moderner Show-Hall, Sportpalast und Parteitagsgebäude. Der Plan wurde schon in der Anfangszeit der Regierung von Paul VI. 1964 gefaßt und seither vor allem vom kunst- und bauversessenen Geheimsekretär des Papstes, Pasquale Macchi, gefördert. 1966 wurde mit der Ausführung begonnen. Zum erstenmal erwähnte der in Finanzdingen sonst so geheimnisvolle Vatikan bei der Einweihung der Halle aus Anlaß des päpstlichen Namenstages an Peter und Paul 1971 eine stolze Summe. Am 25. Juni 1971, bei der Präsentation des Projekts vor internationalen Journalisten, wurden »ca. 6 Milliarden Lire« genannt. In Rom, »wo es den Geheimnissen heiß wird, so daß sie ausschwitzen«, wie der französische Diplomat François Poncet einmal sagte, sprach man bald von 13 Milliarden. Angesichts dieser Zahlen und der dazu im Widerspruch stehenden Beteuerungen, daß die Kirche nicht nur arm sei, sondern auch arm erscheinen müsse, drückte Paul das Gewissen. Deshalb sprach er ausgerechnet bei der Eröffnungsfeier davon, daß die Leistungen für die Armen darunter nicht leiden sollten. Er werde deshalb einen neuen sozialen Rat (Cor Unum) schaffen. Darüber hinaus wolle er ein konkretes Beispiel kirchlicher Hilfe geben. Die 7000 Gäste bei der Eröffnungsfeier, darunter mancherlei Prominenz, spendeten viel Beifall, als der Papst sagte, er wolle am Stadtrand von Rom einige Wohnungen für die Barackenbewohner bauen, derentwegen man Rom die »Stadt der barraccati« nenne. Der Papst sagte freilich nicht, daß der Vatikan dafür einen seiner architektonisch nichtssagenden Paläste in der römischen Altstadt verkaufte, an der Via dell' Umiltà. Dafür erzielte er nach römischen Zeitungsmeldungen etwa 400 Millionen Lire. Von der Stadt Rom ließ er sich bei Ostia Land schenken. Eine Mustersiedlung für etwa 100 Familien soll dort entstehen – ein Tropfen auf den heißen Stein des Elends in Europas größter Barackenstadt. Der *Osservatore Romano* bezifferte die Zahl der Bewohner von Slums und Elendsquartieren einmal mit 10–12 000 Familien. Während schon längst einzelne Priester und Nonnen auf ihre Karriere verzichteten und als Arme unter den Armen an der Via Prenestina leben oder wie Don Roberto im größten römischen Slum an der alten Wasserleitung Aquadotto Felice arbeiten oder der von seinen Oberen verstoßene belgische Salesianer Professor Lutte sich für die Elendsbewohner des Prato Rotondo einsetzt, – während also diese Priester und Nonnen schon längst für die Kirche im Slum geradegestanden sind, verspricht der Vatikan Hilfe im Augenblick der Einweihung einer teuren Audienzhalle, wo jedermann Preis- und Leistungsvergleiche anstellen kann. Ein Leistungsvergleich: Der Einzelkämpfer Don Lutte erreichte, daß die römische Stadtverwaltung für die Leute von Prato Rotondo Sozialwohnungen für 400 Familien baut. Wie klein wirkt dagegen die Mustersiedlung der 100 Vatikanwohnungen.

Die Halle Nervis ist deshalb auch bis in die höchsten Ränge der roten und grauen Eminenzen des Vatikans umstritten. Der mächtigste Mann im Staatssekretariat, der Stellvertreter von Kardinalstaatssekretär Villot, der italienische Erzbischof Benelli, kritisiert sie intern. Geheimsekretär Macchi ist ihr Promotor. Die Aula soll nicht nur jeden Mittwoch, insofern sie benutzt wird, den Rahmen für die Massenaudienzen Pauls VI. abgeben, sie dient auch als Konzertsaal. Eines Tages sollen dort sogar Kino- oder Theateraufführungen stattfinden. Sie hat 6300 Sitzplätze; wenn diese entfernt werden, haben 12 000 Besucher Pauls VI. Stehplatz. Die Akustik ist perfekt, die Halle wird von einer großen Klimaanlage versorgt. Der Papst sitzt wie auf einer Bühne, er ist von allen Seiten gut zu sehen und aus einer besonderen Kabine von den Fernsehleuten zu filmen. Von einem Kontrollraum aus halten acht Monitor-Geräte den Hauptraum samt seinen Nebenräumen im Blick. Die Zukunft im Vatikan hat begonnen. Das Bauwerk birgt ebenfalls den neuen Raum für die Bischofssynode, einen wie ein Amphitheater aufsteigenden Kinosaal mit bequemen Sesseln, in denen während der vergangenen Synode nicht nur Kardinal Wright mit dem Schlaf kämpfte. Die Schweizergardisten in ihrer Renaissance-Uniform wirken in diese vollklimatisierte Papst-Paul-Superstar-Stimmung hineingeborgt, die Atmosphäre einer Papstaudienz im Petersdom ist dahin. Nun herrscht ein Mischstil aus alter höfischer Audienz, aus der Volksfrömmigkeit der Massen im Petersdom und einer kühl auf Effekt berechneten Show.

Stilcocktail

Im Lauf der Baugeschichte wurde das Projekt vom Vatikan verwässert. Nervis Deckenkonstruktion – das Beste an Nervis Bauwerken sind die kühn gespannten Decken – blieb erhalten. Sie sollte von rauhen Betonmauern gestützt werden. Nun hören die kargen, kraftvollen Betonmauern kurz hinter der Papstbühne auf, eine breite Holzverschalung verdeckt sie. Ein Stilcocktail aus Beton-Strenge und Holz-Gemütlichkeit und zwei große ovale Fenster, kitschig-bunt, sollen etwas Sakralität in einen profanen, nüchternen Bau bringen. Ursprünglich sollte Marc Chagall die Fenster gestalten, doch dann zerschlug sich Don Macchis Traum. Ein unbekannter Ungar wurde beauftragt.

Vor der Aula Nervis wurde ein großer Aufmarschplatz aus dem Boden gestampft. Er liegt auf ursprünglich exterritorialem Gebiet, zwischen dem ockerfarbenen, aber dennoch etwas griesgrämigen Palazzo des Heiligen Offiziums, der alten deutschen Nationalstiftung »Campo Santo Teutonico« und dem Gebäudeflügel, der die linke Seite des Petersdoms und die Colonnaden miteinander verbindet, dem sogenannten »Braccio di Carlo Magno« (Flügel Karls des Großen). Für diesen Platz wurden ältere, allerdings architektonisch nichtssagende Gebäude niedergerissen. In der Glaubenskongregation, im Palast des Heiligen Offiziums, erzählt man sich, daß auch dieses ehemalige Inquisitionsgebäude beinahe niedergerissen worden wäre, um noch mehr Platz zu erhalten. Der alte Chef jener Inquisitionsbehörde der katholischen Kirche, Kardinal Ottaviani, verhinderte dies. Der Platz wurde auch so 5 km^2 groß. Unter dem Aufmarschgelände ist ein riesiges Souterrain. Es dient als unterirdische Garage, als Magazin, und beherbergt die technischen Versorgungseinrichtungen der Audienzhalle. Die unterirdische Anlage hat eine Ausdehnung von etwa 3250 m^2 und ruht auf kraftvollen Pfeilern.

Von weltlichen Experten beneidet wird der Vatikan um den Neubau des Archäologischen Museums des Vatikans, in dem nun die Schätze aus dem Lateran-Museum ausgestellt sind. Mit diesem Gebäude hielt eine maßvolle Moderne Einzug auf das von der Tradition geprägte Vatikanterritorium. Im Vergleich mit der Audienzhalle, seinem Riesenspielzeug, scheint Paul dieses Museum jedoch eher als ein illegitimes Kind seiner Bauleidenschaft zu betrachten. Er weihte es offiziell gar nicht erst ein. Fast nebenbei wurde es 1970 dem Publikum zugänglich gemacht.

Splendid Isolation

Beinahe unsichtbar für den beflissenen Rom-Besucher bleibt ein aufwendiges Bauwerk, Pauls Dachterasse. Für teures Geld setzte er sich einen Klosterkreuzgang auf das Dach des Apostolischen Palastes. Von dort hat Paul wohl den schönsten Ausblick auf die Altstadt, über die Ebene zum Meer bis hin zu den Vorbergen der Abruzzen, auf denen auch sein Sommersitz Castel Gandolfo liegt. Seine Vorgänger begnügten sich mit den Vatikanischen Gärten, die eines Papstes wahrhaft würdige Freizeitlandschaft. Paul wollte ungestörter sein. Der Dachgarten beschützt ihn vor neugierigen Blicken, er ist von der oberhalb liegenden Zinne der Peterskuppel nicht einzusehen. Er wäre höchstens mit einem Hubschrauber zu beobachten, Flugzeugen ist jedoch gemäß Lateranvertrag das Überfliegen des vatikanischen Staatsgebietes verboten. Dennoch steht Paul selten auf seines Daches Zinnen.

Ein Haus für Paulus in Damaskus

Wie der Apostel Paulus so hat auch sein Namensvetter, Papst Paul, sein Damaskus. Über der Nervi-Show – Paul küßte den Großmeister der italienischen Architekten zur Einweihung – wurde ein für seinen Stil typisches Projekt kaum beachtet: die Gedenkstätte für den Apostel Paulus, dort wo er sich vom Christenfresser Saulus zum Christenführer Paulus gemausert haben soll. Dieses Memorial wurde 1971 als weiteres Angebinde für den baulustigen Paul vom belgischen Kurienkardinal de Fürstenberg, der damals für die Ostkirchen zuständig war, eingeweiht. Er gab es der streng lateinisch-römisch gesonnenen »Custodia di terra santa« in Obhut. Das Haus in Damaskus soll ein internationales Zentrum für Studien der Theologie des Apostels Paulus und eine Erinnerungsstätte an den Papst Paul sein. Auch hier oben baute der angeblich arme Vatikan ein Bauvolumen von 10 000 m^3 auf einem Gebiet von über $3^1/_2$ km^2. Im dreistöckigen Studienhaus können etwa 30 Gäste in Einzelzimmern mit eigener Toilette und eigenem Bad wohnen.

Die Liste der kleineren Umbauten und Renovierungen ließe sich fast endlos fortsetzen. Besonders eifrig wurde in der letzten Zeit im Apostolischen Palast gebuddelt. Wände wurden versetzt, festigende Strukturen eingezogen. Baulärm, das Dröhnen von Mischmaschinen und Preßlufthämmern erfüllte das sonst so stille Haus. In der ersten Loggia des Apostolischen Palastes wurde 1971 an den Mauerstrukturen gearbeitet, die auch für die darunterliegenden Stockwerke statisch bedeutend waren, da die Stabilität des gesamten Gebäudes gefährdet war. An der festen Burg des Papstes hatten sich Risse gezeigt. In der zweiten Loggia, in den Räumen der ehemaligen Ehrengarde des Papstes fügte man die Büroräume des Kardinalstaatssekretärs ein. Gleichzeitig wurden neue elektrische Heizungsanlagen und eine Klimaanlage installiert. Auch die Räume der aufgelösten Palatin-Garde wurden renoviert. Sie wurden für die »Floreria Apostolica« bestimmt. Die »Floreria« ist ein Betrieb, der sowohl die Räume bei Feierlichkeiten dekoriert, der aber auch eine Art

Rumpelkammer der Päpste ist. Dorthin wandert alles, was zu wertvoll zum Wegwerfen und zu wenig wertvoll für die Museen oder den persönlichen Bedarf des Papstes ist: ein gigantisches, zum Teil unterirdisches Kunst- und Kitschmagazin, ein absurdes Raritätenkabinett.
Die Borgia-Säle, die unter dem berüchtigten Papst Alexander VI. ausgemalt worden waren, sind dem Publikum trotz jahrelanger Renovierungsarbeit immer noch nicht zugänglich. Geheimsekretär Macchi läßt hier seit Jahren renovieren. In dem nach Sixtus V. benannten Hof wurden ebenfalls Restaurationen zur Stabilisierung der Statik vorgenommen. Damit diente man auch der Vatikan-Bank, die den scheinheiligen Namen »Institut für die Werke der Religion« führt. In der Bank selbst wurde eine komplette Klimaanlage installiert. Außerdem wurden elektrische Leitungen, die Tapeten, die Möbel und Fußbodenbeläge erneuert.

Risse im Apostolischen Palast

Unterhalb der berühmten Sixtinischen Kapelle sind, wie der Vatikan sich auszudrücken beliebt, »bemerkenswerte Werke der Neuordnung im Gange, um diese Räume neuen Zwecken zuzuführen«. Auch hier stellte es sich heraus, daß durch die verschiedensten Bauherren im Vatikan die Statik angeschlagen worden war. Die die Kapelle tragenden Strukturen mußten verstärkt werden. In dieser Zone des Palastes sind die Borgia-Säle und die Räume, welche früher der Floreria gehörten, mittels einer Eisenkonstruktion miteinander verbunden worden. Darunter, in den ehemaligen Magazinen des Vatikanischen Museums, also im ältesten Teil des Apostolischen Palastes, wo einfache Ziegelstrukturen der Bischofssynode einen würdigen Rahmen gaben, will Don Macchi seinen Traum vom modernen Museum des Vatikans verwirklichen. Die Vorarbeiten sind schon sehr weit gediehen. Die ersten Bilder sind bereits an Ort und Stelle, darunter auch das moderne Papstporträt des deutschen Malers Ernst

Günter Hansing. Wo Don Macchi wühlen läßt, scheppern die Fensterscheiben, zittern die Wände. Ängstliche Touristen auf dem Weg zur Sixtinischen Kapelle fragen die Custoden, ob es sich dabei um ein Erdbeben handle. Die Custoden sind daran gewöhnt und beruhigen die Leute.

Pauls Bauboom erschüttert die alten Palazzi bis in die Grundfesten. Der Untergrund, zum Teil verschüttete, zum Teil zugängliche unterirdische Gräberfelder, ist keineswegs so beschaffen, daß er weitere zusätzliche Belastungen vom Gewicht der Audienzhalle Nervis oder dem Dachgarten Paul VI. auf dem Apostolischen Palast trüge. So mußte im historischen Schuttuntergrund mit tiefen Bohrungen und Zementspritzen der Nervi-Halle erst eine Basis verschafft werden. Beim Bau der Audienzhalle und ihres unter- und oberirdischen Vorplatzes zeigten sich bedrohliche Risse im benachbarten deutschen »Campo Santo Teutonico«. Der angrenzende Gebäudeflügel »Braccio di Carlo Magno« senkte sich und mußte ebenfalls statisch stabilisiert werden. Für diese Kosten kam der Vatikan selbst auf. Bei der notwendig werdenden Fundamentsicherung der deutschen Stiftung wusch sich der baulustige Nachbar die Hände in Unschuld. Dafür wurden die deutschen Bischöfe und Brandts Bundesregierung zur Kasse gebeten.

Der Dachterrassenbau gefährdete die Wohnung des Papstes und den gesamten Apostolischen Palast. Die Risse reichten bis hinunter in das Erdgeschoß, in die Vatikan-Bank. Unterdessen gilt die Gefahr als beseitigt. Doch die vatikanischen Bauherren übersehen nun den Balken im eigenen Auge und suchen den Splitter im Auge eines Mannes, der sich nicht mehr wehren kann. Der Schuldige ist gefunden: Im offiziösen Bild- und Berichtsband *L'Attivitá della Sante Cede* wird die Schuld einem Renaissance-Menschen in die Schuhe geschoben. Auf Seite 856 des Bandes von 1971 heißt es: »Die heutigen Arbeiten dienten wesentlich der statischen Konsolidierung der Mauern und tragenden Strukturen des Palastes, die eilig oder schlecht vom Architekten D. Fontana unter dem Pontifikat des Papstes Sixtus V. ausgeführt worden waren. (Sixtus V. regierte von 1585–1590.)

Für diese ständige Bauaktivität besitzt der Vatikan einen eigenen Stamm von Technikern, Ingenieuren, Maurern und Bauarbeitern. Außerdem engagiert er von Fall zu Fall italienische Firmen.
Von den 1400 Angestellten des Vatikanstaates machen die Angestellten für die Bauten, der technischen Direktion, die größte Gruppe aus: 470 Laien und 25 Kleriker. An ihrer Spitze befindet sich ein neuer energischer Direktor namens Cherubini. Romdeutsche meinen deshalb nun, Paul VI. baue nicht nur mit Geld, sondern auch mit Cherubim und Seraphim und allen Mächten droben – frei nach einem deutschen Kirchenlied.

Hoffähige Straßennamen

Im Staat des Papstes wird fast nichts dem Zufall überlassen. Drei Jahre lang suchte eine Kommission nach passenden Namen für Winkel, Plätze und Parkalleen. Im März 1972 wurden die ersten Travertin-Schilder angebracht, 10 Straßen wurden umgetauft, 23 Lokalitäten, bislang namenlos, von der päpstlichen Bürokratie erfaßt. Es müßte sich nicht um die 44 Hektar eines absolutistischen Kleinstaates handeln, wenn nicht die Namen der Monarchen gebührend berücksichtigt würden. Die in diesem Jahrhundert regierenden Päpste wurden zu Ehren des eigenen Straßenschildes erhoben: Pius X., nach dem schon eine Straße benannt war, bevor er heilig wurde, erhielt nun ein Schild seiner vollen Würde: Via *San* Pio X. Nach Benedikt XV. wurde ein Weg der vatikanischen Gärten benannt, der zu einer Madonnenkapelle führt, für die dieser Papst eine besondere Verehrung hegte. Pius XI. stand Pate für einen Gartenweg, der zu einer Nische der »Heiligen Therese vom Kinde Jesu« führt, die er heilig sprach. Pius XII., eifriger Nachmittagsspaziergänger zu den vatikanischen Gärten, erhielt deshalb den Parkweg zubenannt, der von der Johannesbastion zum Johannesturm führt, sein häufigster Spazierweg. Nach Papst Johannes ist der Platz vor dem Johannesturm benannt, es war sein Lieblingsort. Er ließ ihn 1961 renovieren. Dort wollte er seine letzten Sommerferien verbringen, statt in die päpstliche Sommerresidenz nach Castel Gandolfo in den Albaner Bergen zu fahren. Später wohnten Ehrengäste des Vatikans im Turm, zum Beispiel der orthodoxe Patriarch Athenagoros. Verschwunden ist ein populärer Name, die »Via della Zitella«. Diese Straße erinnerte an eine antike Frauengestalt. Sie erschien den frommen Namensgebern nun als ungeeignet, da es sich erstens um eine Frau und zweitens nicht einmal um eine Heilige handelte.

Nicht nur Päpste, auch Heilige sind Namensgeber: Don Bosco, Patron der Typographen und Handwerker, für einen Platz vor dem Sitz der Vatikanzeitung. Der Platz vor dem Gebäude des Radio Vatikan ist nach der Heiligen Clara von Assisi benannt, die wegen ihrer im Mittelalter erwiesenen Visionsgabe dem Fernsehen als Schutzheilige zugeteilt wurde. Gleich daneben wurde eine Gasse nach San Venerio, dem Patron der Funker, beschildert. Der Evangelist Lukas, Schutzherr der Ärzte, hat seine Straße bei der Sanitätsdirektion. Der Evangelist Matthäus, im bürgerlichen Leben Steuereintreiber, gab seinen Namen der Wirtschaftsdirektion des Gouverneurs. Da der Vatikan sein eigenes Geld bei der italienischen Münze prägen läßt, verschwand der Name der »Zecca«, der Münze. Die »Salita della Zecca« heißt nun »Rampa dell' Archeologia«. Und da die Ulme vor der Kaserne der Schweizergarde schon längst verdorrt ist, erschien den hohen Taufpaten der Name des Kasernenplatzes (Piazza dell' Olmo) nicht mehr sinnvoll. Sie ehrten die Schweizer mit ihrem Schutzheiligen Nicolaus von der Flüe. Es wurden außerdem zwei Bereiche auf den Straßenschildern verewigt, die man hinter den Mauern der Heiligen Stadt nicht vermuten würde: der Sport und die Fliegerei. Die »Viale dello Sport« führt zu den Sportplätzen, die unter Johannes gebaut wurden, damit sich Pförtner und Gendarmen genausogut wie Prälaten bei Tennis, Boccia oder Basketball ertüchtigen können. Da Korbball oder Tennis der durchschnittlichen Leibesfülle von Kardinälen abträglich sind, sieht man die höchsten SCV-Bürger dort selten. Häufiger Boccia-Gast, und damit dem Sport des ehemaligen Bundeskanzlers Adenauer verbunden, war der verstorbene Freund des Papstes Johannes, Kardinal Gustavo Testa. Damit die Verbindung zum Himmel nicht abreißt, wurde die »Bastione dell' Eliporto« für den selten benutzten Hubschrauberplatz erfunden, den »flying Paul« persönlich einweihte, indem er dort für seinen Ausflug nach Orvieto startete und landete. Ein anderer prominenter Fluggast war der amerikanische Präsident Johnson. Sein Nachfolger Nixon zog die Landung vor dem werbewirksameren Hintergrund des Petersplatzes vor.

Wieviel Divisionen hat der Papst?

So schwach seine Feuerwehr ist, so stark waren bis 1970 die bewaffneten Streitkräfte des Papstes. Sie machten den Vatikan, gemessen an der Zahl seiner Bürger, zum bewaffnetsten Staat der Welt. Etwa 70 Prozent der Einwohner waren Waffenträger. Am Anfang seiner Regierung standen Paul noch vier mehr oder weniger dekorativ bewaffnete Korps zur Verfügung. Zuerst stutzte Paul am 28. März 1968 die aus dem Adel rekrutierte Nobel- oder Ehrengarde. Er schränkte ihren farbenprächtigen Ehrendienst auf einige Zeremonien ein. Am 14. September 1970 rüstete Papst Paul in einem Brief an seinen Kardinalstaatssekretär Villot fast vollständig ab. Danach konnte keiner der 50 Männer aus den adeligen Familien Roms mehr die große Uniform für die Ehrenwache anlegen, den roten Mantel und die weißen Hosen mit goldenen Biesen, die schwarzen napoleonischen Stiefel, die goldenen Epauletten mit den großen Fransen und den Helm mit Samtfederbusch. Diese Garde war 1801 von Pius VII. zum persönlichen Schutz des Papstes begründet worden.

Die fast 500 Männer der palatinischen Ehrengarde, zum guten Teil bürgerlicher Herkunft, mußten ebenfalls die bunten Röcke an den Nagel hängen; den schwarzen Rock mit dem roten Kragen, die blauen Hosen mit den roten Streifen, den Tschako mit der roten Feder. Die palatinische Ehrengarde wurde 1850 aus der Bürgermiliz des Kirchenstaates gebildet. Einer der letzten prominenten Papstbesucher, zu dessen Ehre sie im Damaskushof antrat, war im heißen Sommer 1970 der deutsche Bundeskanzler Willy Brandt. Ein Rest dieser Garde wurde zur Musikkapelle des Vatikans.

Unerwartet kam der Auflösungsbefehl für die päpstlichen Gendarmen, die in ihrer Sommeruniform an französische Flicks und

in ihrer großen Uniform an italienische Carabinieri erinnerten, wenn sie im schwarzen Rock mit rotem Kragen, blauer Hose mit roten Streifen und goldenen Litzen und Dreispitz mit roter Feder Dienst taten. Die Gendarmerie wurde 1816 als »Carabinieri Pontifici« eingerichtet, einige Jahre später erhielten sie ihren späteren Namen »Gendarmerie«. Die fast 150 Mann, darunter 7 Offiziere, waren in der Regel zuvor italienische Carabinieri oder Polizisten. Heute sind sie Wächter des Vatikans, angetan mit blauen Mänteln und blauen Hütchen. Sie selbst kommen sich nun etwas »ausgezogen« vor.
Mit der Auflösung der bewaffneten Korps erlosch viel Farbenpracht im Vatikan. Übrig blieben allein die kaum weniger farbenprächtigen Schweizergardisten.

Die letzten Schweizer Landsknechte

Trotz intensiver Werbung der 1970 mit 10 000 Franken ausgestatteten Propagandazentrale Wettingen in der Schweiz wollen immer weniger Schweizer Jünglinge für den Heiligen Vater stramm stehen, und dies obwohl »die päpstliche Schweizergarde als einziges militärisches Korps in Organisation, Umfang und Aufgabe voll erhalten« geblieben ist, wie ihr vormaliger Kommandant Oberst Nünlist stolz ins Tagebuch der Garde eintrug. Die Aufrufe des Obersten, dem im Vatikan der Rang eines Generals zugedacht ist, die katholische Jugend und das Schweizer Volk möge darin einen »außerordentlichen Beweis des Vertrauens und Wohlwollens des Heiligen Vaters« sehen, verhallten weithin ungehört. Die katholische Jungmannschaft der Schweiz hat nach und nach die bestehenden Lücken nur sehr zögernd gefüllt, denn die Schweizer Jünglinge, welche sich vom Mythos und der Romantik ihrer fernen Vorfahren, den Schweizer Söldnern, angesprochen fühlen, sind dünn gesät. Die Schweizergarde versteht sich als eine streng militärische Organisation. Je weniger sie das ist, um so mehr hat sie es den neuen Hellebardieren mit ihrer Devise »Acriter et fideliter« – tapfer

und treu – einzuhämmern. Ihre blau-rot-gelben Kartoffelkäferuniformen sind angeblich von Michelangelo entworfen. Ihre bizarren Hellebarden erinnern an die gewalttätige Zeit der Renaissance, und wenn auch der Uniformschneider Michelangelo vielleicht eine legendäre Figur ist, so steht doch fest, daß »il terribile«, der mächtige Papst Giuliano delle Rovere, Julius II., am 21. Januar 1506 sie als älteste noch heute diensttuende Landsknechtstruppe begründete. Alljährlich am 6. Mai schwören die neuen Rekruten dem Papst die Treue und die Bereitschaft, ihn im Notfall unter Einsatz des eigenen Lebens zu verteidigen. Die Vereidigung erinnert an den »sacco di Roma«, als sich die Eidgenossen am 6. Mai 1527 den mordenden Landsknechtshaufen Kaiser Karls V. entgegenwarfen; 147 Gardisten fielen, nur 20 konnten den Papst Clemens VII. auf dem Fluchtweg in die Engelsburg beschützen. Heute erwartet niemand mehr von ihnen Heldentaten. Die in der letzten Zeit immer wieder auftretenden Zeichen der Störung des Selbstbewußtseins dürften auch daher rühren, daß ihr Dienst im wesentlichen aus der Wache besteht, dem bei allen Soldaten der Welt unbeliebtesten Dienst. Fotoamateure und geistliche Würdenträger lockern ihn allerdings etwas auf. Geht ein Priester vorbei, hat der Schweizergardist stramm zu stehen, bei einem Bischof oder Kardinal schultert er die Hellebarde; erscheint Seine Heiligkeit selbst, kniet er mit seiner Waffe nieder. Laien werden nicht gegrüßt.
Voraussetzung für den Eintritt in die Schweizergarde ist, daß der Freiwillige die Rekrutenschule seines Heimatlandes absolviert hat. Darüber hinaus muß er mindestens 174 cm groß, Besitzer des schweizerischen Bürgerrechts, katholisch, ledig, gesund und von tadellosem Leumund sein. Bei seinem Eintritt verpflichtet er sich auf mindestens zwei Jahre. Die Grundbesoldung für den Hellebardier, den untersten Dienstgrad, beträgt seit kurzem 120 000 Lire pro Monat. Zuvor waren es 100 000, ca. 650 DM. Dieser Sold übertrifft vergleichsweise italienische Bezahlungen, wenn man bedenkt, daß die Schweizergardisten – wenigstens auf dem Papier – in drei Gruppen eingeteilt sind, die einen Tag Dienst und zwei Tage frei haben. Da sie

aber in den vergangenen Jahren unter Personalmangel litten, mußten sie in der Regel einen Rhythmus von zwei Tagen Dienst und einem freien Tag antreten. Jedes Einspringen an einem freien Tag wird nur mit 2000 Lire entlohnt, handelt es sich um 10 Minuten oder 5 Stunden. Außerdem kommt zu Weihnachten ein 13. Monatsgehalt hinzu. Von seinem Sold hat der Schweizergardist das Essen zu bezahlen. Für die Unterkunft, neuerdings in Einzelzimmern, für Heizung, Strom, für die Uniform und die Waffen sorgt der Vatikan.

Aus dem Tagebuch der Garde

In der Regel haben die Gardisten nichts Besonderes zu bewältigen. Es kann allerdings etwa folgendes passieren: »Um 7.40 Uhr erscheint, vom Lift herkommend, eine junge Frau im Clementinensaal und verlangt dringend, zum Papst geführt zu werden. Dem diensttuenden Unteroffizier Korporal Brülhart gelingt es, die Widersetzliche ohne Lärm zu entfernen. Es scheint, daß die Überwachung des Liftes durch die Gendarmen nicht mehr sicher gestellt ist.« (Gardechronik vom 10. 12. 1970.) Unter dem 24. des gleichen Monats berichtet Oberst Nünlist: »Gegen Mittag verschanzen sich wieder zwei Protestierer auf der Fassade der Peterskirche und drohen, sich in die Tiefe zu stürzen. Es ist äußerst bedauerlich, daß diese Demonstrationen nicht verhindert werden können.« Unter dem 15. August 1971 heißt es im Tagebuch: »Mariae Himmelfahrt. Der Hl. Vater begibt sich in die Pfarrkirche von Castel-Gandolfo, wo Er die Hl. Messe feiert ... Wie der Hl. Vater zu Fuß den Palast verläßt, stürzen sich einige Leute aus der wartenden Menge auf ihn. Vkpl. Zingg reagiert sofort und stellt sich mit quergehaltener Hellebarde vor den Hl. Vater, bis die ital. Polizei eingreifen konnte ... Der Hl. Vater spendet der Castellimannschaft 100 000 Lire. Es wird sofort ein Dankesbrief aufgesetzt und von allen unterschrieben. Das habt Ihr gut gemacht.«

Trotz ihrer malerischen Uniformen ist die Garde nicht nur dekorativ. Sie verfügt über Schweizer Karabiner mit aufgepflanztem Bajonett. Im Ernstfall stehen ihr Maschinenpistolen zur Verfügung, und alle Unteroffiziere tragen verdeckt unter ihrer Uniform Revolver. Droht Gefahr, hat die Garde sofort alle Tore zum Vatikanstaat zu schließen.

Der heutige Kirchenstaat unterrichtet seine jungen Rekruten nicht mehr im Kriegshandwerk. Er setzt voraus, daß die Schweiz ihm die Mühe abgenommen hat, jungen Männern zu erklären, wie man einen anderen erschießt oder mit einem Bajonettstich umbringt. Seit einiger Zeit gibt es für die Garde auch kein Scharfschießen in Santa Severa mehr, einem italienischen Truppenübungsplatz.

Niemand rechnet trotz der unsicheren politischen Lage in Rom mit dem Opfertod der Gardisten. So verlegt sich der Kampf in den Aufrufen des Obersten auf das geistige und geistliche Gebiet. Wie das verstanden wird, zeigt die Notiz zur Pillenenzyklika Pauls VI.: »Das Kommando hat Wert darauf gelegt, sofort beim Erscheinen dieses Rundschreibens jedem Gardisten ein Exemplar gratis abzugeben mit der Einladung, es zu studieren, die gesunde Lehre anzunehmen und nach Kräften zu befolgen. Es war erfreulich, wie dankbar so viele waren nach einer Zeit der Diskussion und Unsicherheit, die feste Hand des Steuermanns zu spüren. Das habt ihr gut gemacht.«

Die Garde ist gleichsam die Stellvertretung des Schweizer Volkes beim Papst. So gibt sie sich denn auch bewußt schweizerisch. In der Chronik zum 1. August steht: »Der Bundesbrief wurde durch einen Gardisten gelesen, worauf der Kommandant einige besinnliche Worte beifügte. Die Landeshymne wurde mit Begleitung am Klavier mit bemerkenswerter Sicherheit und Kraft gesungen.«

Trotz dieser festen Grundlagen fühlt sich die Garde von innen und außen verunsichert. Die Gardeberichte sprechen von inneren Wühlereien und Streitigkeiten und von einer »psychologischen Kriegführung gegen Ordnung, Disziplin und Selbstvertrauen.« Bedauerliche Vorkommnisse sind zu registrieren: »Leider sind in der Nacht vom 15./16. August mehrere Gardisten nicht zeitgerecht eingerückt, wobei zum Teil in lügnerischer Weise ein gesicherter Tatbestand abgestritten wird und der diensthabende Gardist das verspätete Einrücken nicht meldete, sondern das rechtzeitige Einrücken fälschlicherweise auf der Wachliste vermerkte. Leider kann ein solches Verhalten nicht ohne Strafe bleiben.« Oder noch schlimmer die Notiz unter dem 25. Februar: »Heute nachmittag hat wiederum ein Gardist eigenmächtig den Dienst beim Heiligen Vater verlassen.« Nicht verwunderlich, daß sich die Parolen des Kommandos wiederholen: »Bekämpft die Kritiksucht, pflegt die echten soldatischen und Mannestugenden der Zufriedenheit, Bescheidenheit, Zähigkeit, Pflichttreue, Zuverlässigkeit, Einsatzfreude und Hilfsbereitschaft.«

Schweizergardisten werden geistlich so intensiv betreut wie sonst niemand. Für 66 Mann steht ein Kaplan, der ehemalige Walliser Pfarrer Monsignore Paul Grichting, zur Verfügung. Sonntäglicher Messebesuch und jährliche Exerzitien werden dienstlich vorgeschrieben. Zeitungen und Zeitschriften sind sorgfältig ausgewählt, neutrale Blätter verpönt. Nur ab und zu verirrt sich so etwas Ketzerisches wie »Jasmin« in die Schublade eines Wachtpostens. Am 8. Oktober 1971 weiß die Gardechronik zu berichten: »Durch ein Telefon des Governatorato wird das Kommando informiert, daß ein Hellebardier unziemliche Literatur abonniert habe und dieselbe in den Vatikan einführe. Das wird sofort abgestellt und der Garde bekanntgegeben.« Dennoch bleibt der Gardekaplan nicht ohne Sorgen. Locken nicht die Illustrierten, so doch Tausende von Mädchen, die zum Vatikan pilgern und die strammen Schweizer bewundern. An Bekanntschaften und Gelegenheiten fehlt es keinem. Sobald sie dienstfrei haben, schlüpfen sie aus der Landsknechttracht in die Kleider des 20. Jahrhunderts, posieren sie nicht mehr für Bilder, wie sie Rembrandt beim Aufzug einer Scharwache hätte malen können, sondern setzen sich in ihr Auto und treffen sich mit einer Freundin.

Kleider machen Leute

In das von italienischer Polizei, vatikanischen Vigili und Schweizergardisten wohlbewachte Stadtgebiet einzudringen, ist nicht einfach, für den gewöhnlichen Touristen unmöglich. Er hat zwar die Grenze des Vatikanstaates in der Regel überschritten, ohne es zu merken, nämlich am Travertinstreifen, der die Endpunkte der beiden Colonnadenarme miteinander verbindet. Doch der Petersplatz ist laut Lateranvertrag in der Regel dem öffentlichen Verkehr freigegeben. Ohne besondere Formalität kann man sich für 500 Lire Eintrittsgeld in das Millionenheer der Besucher der vatikanischen Museen einreihen. Auch diese führen tief ins vatikanische Staatsgebiet hinein, bis zu seinem Herzen, in die Sixtinische Kapelle. Allein vom 1. November 1970 bis 31. Oktober 1971 besuchten 1 231 000 Gäste auf diese Art den Vatikanstaat.

Ebenfalls ohne besondere Formalitäten geht ein Besuch der Basilika St. Peter ab. Der gewöhnliche Sterbliche scheitert aber, wenn er an einem der drei offiziellen Zugänge hinter die prächtigen Fassaden der Colonnaden Berninis und der Kuppel Michelangelos, hinter die Kulissen dieses Zwergstaates, blicken will. (Der Zugang an der linken Seite des Petersdoms vom Petersplatz her, der unter dem »Arco delle Campane«, dem Glockenturm, hindurchführt, ist vor allem für Autofahrer gedacht.) Der Neugierige müßte zunächst die Beharrlichkeit zweier höflicher, aber bestimmter Schweizergardisten überwinden. Einige Schritte weiter liefe er bereits den italienischen Wächtern des Vatikans, den ehemaligen Gendarmen des Papstes, in die Hände. Dennoch ist dieser schweizerisch-italienische Doppelposten im Dienste des Vatikans nicht unüberwindbar. Zumindest jeder Deutsche, Österreicher, Flame oder Schweizer, jeder Abkomme des Heiligen Römischen Reiches Deutscher

Nation, kann dort – gelegentlich unter unfreundlichem Gemurmel zurückgewiesener Touristen anderer Nationen – passieren, wenn er die richtige Parole ausgibt und den Wachen »Campo Santo Teutonico« zuruft. Unbehelligt kann er dann linker Hand in den kleinen exterritorialen Friedhof und die auf Karl den Großen zurückgehende Stiftung eintreten.
Eher als die Fußgänger werden Autofahrer in Pauls kleines Reich eingelassen. Hilfreich sind dann römische Nummernschilder und Ortskenntnis des Autofahrers. Sie müssen mit dem nötigen Selbstbewußtsein bei der Wache vorfahren und mit blasierter Gelassenheit ihr Ziel angeben; ein mitfahrender Priester in Amtskleidung ist dann besonders wirkungsvoll. Ein Ziel, das man ohne weiteres erreicht, ist beispielsweise die Bibliothek. Für Journalisten empfiehlt es sich, das Propagandaministerium, die »Comunicazioni Sociali« zu nennen. Mit ihren vatikanischen Presseausweisen kämen sie hingegen nicht weit.

Mit dem Laufzettel zum Staatssekretariat

Ist man nämlich erst einmal drin, wird man kaum noch kontrolliert. Ähnliches gilt für den anderen Straßenzugang, der ins Industrie-, Zeitungs-, Kaufhaus- und Postviertel des kleinen Staates führt, die »Porta Angelica«, hinter den Colonnaden rechts, in Richtung zu dem Eingang der vatikanischen Museen gelegen. Dieser Eingang wird auch nach der naheliegenden Pfarrkirche des Vatikans »Porta Anna« genannt. Weit strenger bewacht ist der nur für Fußgänger bestimmte dritte Zugang, der im rechten Colonnadenbogen unmittelbar in den Apostolischen Palast, also zum Papst und zum Staatssekretariat führt, das antike Bronzetor, das als Metapher für den geheimnisvollen Vatikan herhalten muß: »Hinter dem Bronzetor ...« Wenn der Besucher den Schweizergardisten einen plausiblen Grund nennen kann, beispielsweise die Verabredung mit diesem oder jenem Monsignore, wird er ins »Ufficio Permessi« komplimentiert, ein Sicherheits- und Zulassungsbüro. Dort nimmt ihn ein vatikanischer Sicherheitsbeamter in Zivil unter die Lupe. Zuerst erkundigt er sich beim angegebenen Monsignore telefonisch, ob die Verabredung tatsächlich getroffen worden sei. Diese Bestätigung genügt nicht. Nun werden die Personalien samt Beruf und Paßnummer des Besuchers, Namen und Amt des Besuchten sowie die Uhrzeit notiert. Damit werden die Kontakte der Angestellten des Staatssekretariats innerhalb ihrer Büroräume aktenkundig. Journalisten schreiben deshalb oft lieber »Angestellte«, was nicht gelogen ist und dem Besuchten eventuell Ärger erspart. Der Beschnüffelte erhält nun einen blaugrünen Laufzettel, sein »Sesam-öffne-dich«. Auf dem Weg vom Bronzetor über die Treppe zum zentralen Hof des Papstpalastes, dem Damasus-Hof, bis zum Lift, der ihn in die Loggia des Staatssekretärs trägt, wird der Gast mindestens noch zweimal angehalten, im Hof von Schweizergardisten, im Aufzug von den Liftbeamten, die sich gelegentlich noch einmal telefonisch erkundigen, ob der Eindringling tatsächlich vorzulassen sei. Bereits in der zweiten Loggia, dem prächtigen Flur, der zum Staatssekretariat und zur Papstwohnung führt, angekommen, ist nochmals ein Hindernis zu überwinden, ein Posten der Schweizergarde, schließlich noch der interne Pförtner des Amtes, es sei denn ein höflicher Gastgeber-Monsignore stehe bereits an der Schwelle.

Wer sich gut auskennt, schlüpft auch gelegentlich durch ein offiziell nicht bestehendes Tor herein, das von der Straße Gregorio VII. herein- oder hinausführt. Dieses Tor ist als Ausfahrt für die Kunden der dort am Palazzo San Carlo errichteten vatikanischen Tankstelle gedacht.

Nur mit Beziehungen und Empfehlungen und besonderen Einlaßkarten sind sehenswerte Teile des Kleinstaates zu besichtigen, die dem durchschnittlichen Touristen in der Regel verborgen bleiben: die vatikanische Bibliothek, die vatikanischen Gärten und die Ausgrabungen im spätrömischen Gräberviertel unter der Peters-Basilika, dort wo das Grab des Petrus angenommen wird. Vermittler solcher Besuche und Besichtigungen gibt es in Rom genug: vatikanische Angestellte oder Studenten nationaler Priesterkollegien, wie des »Germanicum« in Rom, Nationalkirchen wie die deutsche »Anima« oder Stiftungen wie der »Campo Santo Teutonico«, Schweizergardisten, fromme Fremdenheime oder beim Heiligen Stuhl akkreditierte Diplomaten. Unerwartete Hindernisse türmen sich vor manchen Besuchern vor allem in der Sommerszeit am Eingang des Petersdomes auf. Dann gleicht die Basilika einer belagerten Festung. Es müssen nicht einmal hot pants, transparente Blusen oder Superminis sein, die Zerberusse an den Pforten des Tempels gebieten ihr unwiderrufliches Halt selbst bei langweiligsten Halsausschnitten und in Mitteleuropa oder Nordamerika normalsten kniefreien Kleidern.

Jozef Filser im Vatikan

Schwester Fiorella hieß im Sommer 1971 der weibliche Engel, der an Stelle der nicht immer sehr dezenten männlichen Torhüter den Petersdom vor nackten Armen und kurzen Röcken schützen sollte. Fiorella verkaufte zuvor Souvenirs. Ihr verdankten im Sommer 1972 viele junge Mädchen neue Souvenirs beim Besuch von St. Peter. Seit der erneuten Verschärfung der Kleiderordnung stieg der Umsatz der bunten Foulards in der Nachbarschaft der vatikanischen Basilika. Mit diesen Tüchern verlängerten manche Mädchen ihren Rock und erweiterten so die vatikanische Toleranzgrenze. Die Hitzeschlacht um St. Peter nahm manchmal tragikomische Formen an, ein mexikanischer Vater wurde für vier Monate nach Regina Coeli ins römische Gefängnis geschickt, weil er durch vatikanische Kleiderordner die Ehre seiner Tochter verletzt sah und tätlich wurde. Ein Deutscher wurde aus ähnlichem Anlaß freigesprochen. Briefe protestierender Väter an vatikanische Würdenträger wurden nicht beantwortet. Am 30. Juli 1971 hat das Tagebuch der Schweizergarde einen solchen Fall festgehalten: »Leider ist heute ein sehr peinlicher Vorfall passiert. Ein *Alt-Gardist* wollte mit seiner und einer anderen Familie die Petersbasilika betreten. Da die Töchter zu leicht bekleidet waren, wurden sie von den am Eingang diensttuenden Aufsichtspersonen zurückgewiesen. Der Alt-Gardist widersetzte sich und geriet in Streit. Er wurde festgenommen und vom Vigile (Ex-Gendarm) der italienischen Polizei übergeben. Das Kommando erreichte nach Stunden seine Freilassung, sah sich aber genötigt, wegen des schweren der Garde zugefügten Schadens und Unehre, ihm *Quartierverbot* zu erteilen. Temperatur 34 Grad im Schatten. Luftfeuchtigkeit 70 Prozent.«

Hinter dieser Kleider-machen-Leute-Ordnung steckt die alte Furcht der Kleriker vor der Verführerin Eva, die Angst vor der Frau, die als Teufesbuhle und Hexe in einer jahrhundertealten Frauenschelte durch zölibatäre Eiferer herabgewürdigt worden ist. Die heutigen Textilpolizisten des Vatikans sind sich dieses geistigen Hintergrundes kaum noch bewußt. Im Grunde ist es dieselbe Haltung, in welcher der Vatikan die Akkreditierung der deutschen Botschaftsrätin, Frau Dr. Elisabeth Müller, dem vormaligen Botschafter Berger mit der fadenscheinigen Begründung versagte, die Zulassung von Frauen im diplomatischen Corps sei beim Heiligen Stuhl nicht üblich.

Der Vatikan unter Paul duldet zwar schon den Anblick des weiblichen Haupthaares, die Engel werden nun nicht mehr dadurch in Versuchung geführt, die Frauen dürfen auch ohne Kopfbedeckung die Messe besuchen; mit Knien, Armen oder Beinen lassen die geistlichen Herren aber auch heute noch nicht mit sich spaßen. Der Vatikan hält es lieber mit Ludwig Thomas königlich bayerischem Abgeordneten Jozef Filser und dessen »Briefwexel«: »Überm Knie ist es eine Sauerei in dem es dohrt geschlächtlich ist.« Er denkt weniger an den biblischen Titusbrief (1, 15): »Dem Reinen ist alles rein, den Befleckten aber und Ungläubigen ist nichts rein, sondern befleckt ist ihr Sinn und ihr Gewissen.«

II Der Apparat

Die Knechte Seiner Heiligkeit

Unter Pius XII. mußten sie am Schreibtisch noch knien. Papst Johannes ließ sie schon stehen, unter Paul VI. dürfen sie Platz nehmen, wenn sie zum Vortrag beim »Santissimo«, beim Heiligen Vater, geladen sind, die Angestellten des Heiligen Stuhls, die Knechte Seiner Heiligkeit. Sie bilden den Apparat, mit dem der Papst die Kirche regiert. Zu ihm gehören die Kurienkardinäle, Kurienbischöfe, Prälaten, die Kleriker niederer Ränge und die Laien, die nicht einmal im päpstlichen Jahrbuch, im »Annuario Pontificio« genannt werden. Sie bewegen den Apparat der Kongregationen, die weltlichen Ministerien ähneln, der Sekretariate, Kommissionen und Gerichte; Einrichtungen, die mehr von den Außenstehenden, als von den darin Beschäftigten bewundert werden.

Heilig, heilig, heilig ...

Es gibt fast nichts zwischen Himmel und Erde, wofür der Papst nicht ein Amt unterhält oder unterhielt. Den traditionellen Kern der Kurie bilden die Kongregationen. Sie gehen auf Kardinalsversammlungen des 16. Jahrhunderts zurück, die ursprünglich für bestimmte Ereignisse einberufen, später zu festen Einrichtungen wurden. Sixtus V. gab ihnen, wie überhaupt der Kurie, 1588 Regeln, die noch bis heute Auswirkungen haben. Pius X. reformierte sie 1908, Paul VI. reihte sich 1967 in diese Tradition der Kurienbaumeister ein. Er nahm den Kongregationen viel von ihrer einstigen Stellung, da er sie dem Staatssekretariat unterordnete. Durch einige Kunstgriffe verringerte er ihre Zahl, während er zugleich nach dem Parkinsonschen Gesetz eine Reihe neuer Räte und Sekretariate einrichtete.

Blumige Namen, wie die »Ehrwürdige Fabrik des Heiligen Petrus« erinnern noch heute an die merkwürdigsten Kongregationen und Ämter verflossener Jahrhunderte. In schummrigen Winkeln der römischen Altstadt mahnen die steinernen Tafeln des »Monsignore delle strade«, des »Straßen-Monsignore«, unter Strafandrohung und bis jetzt mit wenig Erfolg zur Sauberkeit. Dieser Straßenprälat nahm seine Vollmacht von einer der Kongregationen, die wie Pilze im Sommerregen gedeihen konnten, als das Reich der Päpste im Kirchenstaat noch mehr von dieser Welt war als nun in der winzigen Vatikanstadt. Jener Monsignore arbeitete in der »Heiligen Kongregation der Gewässer und Straßen«, die von 1588 bis 1847 bestand. Kaum noch einer in Rom erinnert sich heute an die »Sacra Congregazione Navale«, zuständig für die Sicherung der Küsten des Kirchenstaates, die 1801 erlosch. Andere Beispiele: »Heilige Kongregation für die vatikanische Druckerei«, »Heilige Kongregation für die Barone des Kirchenstaates«, »Heilige Kongregation der Apostolischen Visitation«, »Heilige Kongregation der kirchlichen Immunität«, »Heilige Kongregation der Grenzen«, »Heilige Kongregation der Ablässe und Reliquien«, »Heilige Kongregation für China und Ostindien«. Manche Kongregationen bestanden nur kurze Zeit, wie die »Sacra Congregazione del Sollievo«, die 1701 die Aufgabe erhielt, »die Kunst der Landwirtschaft zu erneuern, zu befördern und wieder erblühen zu lassen«. Sie bestand bis 1715.

Vatikanisches Arbeitsrecht: Theorie und Praxis

Wer heute meint, er könnte sich selbst um eine Arbeitsstelle beim Heiligen Stuhl bewerben, hat weit gefehlt. Der Vatikan sucht sich seine Leute selbst aus, ohne Anzeigen und Stellenausschreibungen. Die Kriterien der Auswahl: neben arbeitsökonomischen Gesichtspunkten wie einem Alter von höchstens 35 Jahren, einer unbegrenzten Freistellung vom Militärdienst oder körperlicher Gesundheit spielen moralische Kriterien die

Hauptrolle. Ein Vatikanangestellter muß zu einer ehrenhaften und religiösen Familie gehören, volle Rechtsfähigkeit besitzen und von Vorstrafen frei sein. Einer ehrenhaften Familie anzugehören heißt in diesem Kontext: als uneheliches Kind hat man keine Chance. Ferner muß der Angestellte eine »gute religiöse, moralische und bürgerliche Führung« aufweisen, welche vom Bischof des Kandidaten oder, wenn es sich um einen Laien handelt, von dessen Pfarrer zu bescheinigen ist. Weitere Bedingung für alle Vatikanangestellten: niemand darf bei Vereinigungen oder politischen Parteien, »welche der Lehre und der Disziplin der Kirche entgegengesetzt sind, eingeschrieben sein«. Nach beruflicher Ausbildung und fachlichem Können fragt man im Vatikan erst an letzter Stelle. Die Erklärung dafür, weshalb der Vatikan so wenig Wert auf fachliche Ausbildung legt, gibt Paragraph 37 des Kurienreglements des Arbeitsrechts, nach dem der Apparat bewegt wird, welcher bestimmt, daß selbst Beamte »jede Amtstätigkeit übernehmen müssen, die ihnen anvertraut wird, auch wenn diese außerhalb ihrer ordentlichen Zuständigkeit liegt«. Jeder ist Mädchen für alles, eine gute Gelegenheit, sich in Demut zu üben. Unter diesen Bedingungen ist es begreiflich, daß der Arbeitgeber Zeit braucht, um die Eignung eines Kandidaten für einen Posten beurteilen zu können. Für alle beträgt die Probezeit mindestens ein, meist jedoch zwei Jahre.

Trotz strenger Auswahl ist sich der Heilige Stuhl seiner Beamten und Subalternen nicht sicher. Die Subalternen (in der Regel die Laien) müssen nicht nur vor Gott versprechen, dem Papst und seinem rechtmäßigen Nachfolger treu zu sein und das Amtsgeheimnis streng zu wahren, sie müssen außerdem versprechen, ein vorbildliches christliches Leben zu führen. Sie werden weiter ermahnt, sich in den Stunden der Freizeit »für Werke der Wohltätigkeit und des Apostolats zur Verfügung zu stellen«. Sie haben ein feierliches Glaubensbekenntnis abzulegen, ferner sich unerschütterlich zu all dem zu bekennen, was das ordentliche Lehramt der Kirche gesagt und erklärt hat. Aber das genügt nicht. Im Namen dessen, der jedes Schwören ablehnt, hat der Kurienbeamte auch einen Schwur zu leisten:

»Im Namen des Herrn. Ich, N. N. gelobe, schwöre und verspreche, daß ich Unserem Herrn Papst N. und seinen rechtmäßigen Nachfolgern immer treu und gehorsam sein werde, die mir in dieser Kongregation (in diesem Gericht – in diesem Amt) übertragenen Aufgaben sorgfältig erfüllen und das Amtsgeheimnis gewissenhaft wahren werde ... So wahr mir Gott helfe und diese heiligen Evangelien Gottes, die ich mit meinen Händen berühre.«

Das Amtsgeheimnis wird weit ausgelegt. So ist es für alle strikt verboten, »Notizen oder persönliche Aufzeichnungen über die Geschäfte der römischen Kurie zu besitzen«. Wehe dem, der ein Tagebuch führt. Allen wird untersagt, irgendeine Tätigkeit zu entfalten oder an Kundgebungen teilzunehmen, die nach dem Urteil des Vorgesetzten nicht zu der Eigenschaft eines Beamten des Heiligen Stuhls passen. Darunter können bereits dem Staatssekretariat nicht genehme progressive katholische Gruppen fallen. Das Verbot gilt jedoch nur für linke Gruppierungen. Ist jemand zum Beispiel für die »Democrazia Cristiana« tätig, drückt man gern beide Augen zu. Den Priestern wird außerdem lebhaft empfohlen, sich einer Pfarrei anzuschließen und in ihrer Freizeit dort pastoral tätig zu sein.

Wer sich jedoch vorstellt, nach zweijähriger geduldig ertragener und durch einwandfreies Benehmen bestandenen Probezeit einen Arbeitsvertrag in die Hände zu bekommen, hat sich getäuscht. Dieses Wort existiert im vatikanischen Arbeitsrecht nicht. Die Oberaufsicht über alle Personalfragen führt das Staatssekretariat. Es arbeitet zusammen mit einem Verwaltungsrat, der für die Personalfragen und die Koordinierung der Tätigkeit der einzelnen Abteilungen zuständig ist. Unter den Mitgliedern dieses Rates sucht man vergebens nach einem Mann, der die Interessen der über 3000 Angestellten und Arbeiter vertritt, sieht man einmal von dem Beschwerdeamt des Monsignore Mazza aus der Missionskongregation ab, der sich redlich bemüht, die Interessen der Angestellten des Heiligen Stuhls wahrzunehmen, dem jedoch jegliche rechtliche Kompetenz fehlt.

Wie das Wort »Arbeitsvertrag« ist auch das Wort »Gewerkschaft« im Vatikan tabu. Leo XIII. hat zwar dieses Recht schon vor 80 Jahren in seiner Enzyklika »Rerom novarum« den Arbeitern in der Welt zugestanden, als jedoch einige seiner eigenen Angestellten in verständlicher Konsequenz dieses Recht für sich in Anspruch nehmen wollten, wurden sie fristlos entlassen. Im vatikanischen Arbeitsrecht wird viel von Pflichten, wenig von Rechten geredet. Alle Beamten und untergeordneten Kräfte müssen sich verpflichten, ohne Entgelt Überstunden zu machen und ihre eigenen Amtskollegen in brüderlicher Weise zu vertreten. In bestimmten Fällen kann der Chef seinen Beamten Heimarbeit aufbürden, auch ohne Vergütung. Wer von den Vatikan-Arbeitnehmern eine der begehrten Vatikanwohnungen – der Heilige Stuhl besitzt in Rom mehrere Hundert – ergattern konnte, der nimmt mit dem niedrigen Mietzins auch gleich eine weitere Unannehmlichkeit in Kauf: er muß »jederzeit erreichbar sein und gegebenenfalls auch über die normale Dienstzeit hinaus ohne Anrecht auf besondere Bezahlung arbeiten«. Auch menschenfreundliche Kardinäle scheuen sich nicht, wenn es einmal dringlich ist, zur Sonntagsarbeit zu bitten. Warum sich daraus ein Gewissen machen? Das Reglement bestimmt nämlich: »Die Zeit, die dem Dienst des Heiligen Stuhls in seinen Behörden gewidmet ist, soll als heilig betrachtet werden, weil sie dem treuen Dienst der Kirche und der Person des Papstes gewidmet ist.« Einiges ist auch besser geregelt als »in der Welt«. Die Beamten arbeiten nur 33, die Subalternen 36 oder 39 Stunden. Der Montini-Papst war hier realistisch. Im Vatikan ist sowieso nie mehr gearbeitet worden. Als Papst Johannes gefragt wurde, wie viele Beschäftigte im Vatikan arbeiten würden, meinte er: »Ich hoffe, die Hälfte.«

Die Ferienordnung ist erstaunlich demokratisch. Außer den Kardinälen, die sich länger von den Strapazen des Jahres ausruhen dürfen, haben alle ein Anrecht auf 30 Tage Ferien, Sonn- und Feiertage mitgerechnet. Wer umzieht, bekommt drei Tage frei, wer heiratet, darf gleich 14 Tage in den Honigmond ziehen. Nicht unerheblich fallen die vatikanischen Feiertage ins Gewicht. Unter Montini ist der 11. Februar, bisher gefeiert zur

Erinnerung an die Unterzeichnung der Lateranverträge, zum »Gründungstag des Staates der Vatikanstadt« avanciert. Der soziale Paul VI. hat den 1. Mai zum arbeitsfreien Tag erklärt. Er ist »Josef, dem Handwerker« geweiht.

Außer den üblichen kirchlichen Festen feiert der Vatikan auch den Krönungs- und Namenstag des Papstes, und immer, wenn der höchste Christ die Kardinäle zum Konsistorium zusammenruft, ruht die Arbeit. Die Buße wird im Vatikan nicht mehr so ernst genommen wie früher: Der Aschermittwoch ist ein Arbeitstag wie jeder andere auch. Dafür ist vom Gründonnerstag bis zum Osterdienstag frei. Auch der auf die alte römische Zeit zurückgehende »Ferragosto« (kirchlich: Mariä Himmelfahrt) wird mit drei Feiertagen gebührend gefeiert.

Weitaus am ausführlichsten bleiben jedoch die Bestimmungen für Strafen und disziplinäre Maßnahmen. Während die Besoldungsfrage in 14 Zeilen erschöpfend abgehandelt wird, nehmen die Bestimmungen bei Straftaten einen weitaus größeren Platz ein. Hinsichtlich des Personals des Vatikanstaates sind mindestens 50 Fälle erwähnt, in denen Sanktionen, die sich in sechs Gruppen mit entsprechenden Unterabteilungen gliedern, verhängt werden können. Wer zum Beispiel »innerhalb eines Monats ohne stichhaltigen Grund viermal zu spät am Arbeitsplatz erscheint, wird auf die Dauer von zwei Jahren von jeder Beförderung ausgeschlossen«.

Vom Amt ganz supendiert wird »wegen schwerwiegender, nicht öffentlich bekannter Handlungen von Zuchtlosigkeit und Widersetzlichkeit, wegen schwerer der Behörde zugefügter Nachteile, wegen Verletzung des Amtsgeheimnisses, wegen schuldhafter Belastung oder anderer Unregelmäßigkeiten in den privaten Beziehungen, die dem Ansehen der Behörde Nachteile bringen«. Welchen Spielraum die Behörden seiner Heiligkeit damit haben, läßt sich leicht vorstellen. Sollte jemand die Absicht bekunden, von sich aus den Dienst unter der gelbweißen Flagge quittieren zu wollen – an eine Kündigungsfrist hat er sich dabei nicht zu halten, da er ja keinen Arbeitsvertrag besitzt – so kann er nicht einfach gehen. Sein »Verzicht« – der Vatikan spricht nicht von Kündigung – wird erst nach der Annahme wirksam, die dem Betroffenen schriftlich mitgeteilt wird. Die Annahme des Verzichts kann aus dienstlichen Erfordernissen aufgeschoben oder verweigert werden. Das gleiche gilt auch für die Pensionierungen. Wer 65 Jahre alt ist, kann sich erst zur Ruhe setzen, wenn er die Annahme seines Gesuches auf Pensionierung in der Tasche hat. Wie hanebüchen das Arbeitsrecht ist, zeigt sich in der Umkehrung dieser Ordnung zugunsten des Gesetz- und Arbeitgebers: Wenn der Vatikan jemanden vom Amt suspendiert oder ganz entfernt, so »gilt die Verweigerung der Annahme einer solchen Mitteilung als Empfang derselben«.

Der »pretino« – das Mädchen für alles

In Vatikanstaat und Kurie zeichnen sich deutlich allgemeine Rangklassen des Personals ab:

1. die italienischen Weltkleriker,
2. die ausländischen Weltkleriker,
3. die Religiosen (Ordensleute),
4. die männlichen Laien,
5. die weiblichen Laien.

Wirkliche Aufstiegschancen hat von vornherein nur ein Geistlicher. Ausländer haben nach wie vor mit Nachteilen zu rechnen. Noch schlechter stehen die Religiosen, die Ordensleute. Sie werden nur auf fünf Jahre angestellt und erhalten weniger Lohn als die Kleriker. Zuunterst figurieren die Laien. Bereits dann, wenn die Kurie Laien als Berater beizieht, was selten vorkommt, fordert das Gesetz ausdrücklich, daß diese neben wissenschaftlicher Bildung und Erfahrung auch Charakter haben, während Geistliche durch Klugheit und Sachkunde bewährt sein müssen. Charakter scheint nur bei Laien erforderlich zu sein. Laien können an der Kurie mit wenigen Ausnahmen – etwa dem Laienrat – höchstens bis zum Schreiber aufsteigen. Eingeplant sind sie als untergeordnetes Personal, um

Briefe und Päckchen zu versenden oder zuzustellen, die Büroräume zu bewachen und für deren Säuberung zu sorgen. Der Putzdienst wird – vielleicht aus Gründen verborgener Reize italienischer Putzfrauen – ausschließlich von Männern besorgt. Selbst die Stenotypistin hat sich noch lange nicht in allen Abteilungen der Kurie durchgesetzt, ja bleibt eine Ausnahme, vor allem die weltliche Stenotypistin. Der Vatikan bevorzugt Klosterfrauen. Am liebsten aber sieht er männliche Schreiber. Sie sind jedoch selten und für den Vatikan zu teuer, so daß nach wie vor die hochwürdigen Monsignori mühsam mit ihrem Zweifingersystem Briefe und Berichte selbst tippen, was wiederum wegen der Geheimhaltungs-Manie von den Oberen nicht ungern gesehen wird.

Gemäß dem alten römischen Regierungsprinzip »divide et impera« (teile und herrsche), ist die römische Kurie streng hierarchisch aufgebaut, und keiner kann je einen Zweifel daran haben, welchen Platz er in der Rangordnung einnimmt. Unter den Beamten allein gibt es zwölf Rangstufen. Aber auch Beamte in der gleichen Rangstufe sind nicht gleichgestellt. Wer länger Priester ist, hat den Vorrang. Sollte es der Zufall wollen, daß zwei am gleichen Tag geweiht wurden, entscheidet das Geburtsdatum. Auch für Geistliche ist der Aufstieg mühsam. Sie brauchen fünf Jahre, um auf die nächsthöhere Stufe zu gelangen. Einen sichtbaren Ausdruck findet die vatikanische Hierarchologie in den verschiedenen Briefpapierarten. An Kardinäle darf ein Kurienamt grundsätzlich nur auf einem großen, über das übliche Briefformat hinausgehenden Blatt schreiben. Der Briefkopf muß für Kardinäle rot sein, für Briefempfänger im Bischofsrang oder darunter ist er schwarz, und das Format des Briefes ist das gewöhnliche. Dem hierarchischen Aufbau entspricht der patriarchale Arbeitsstil. In jeder Abteilung der römischen Kurie haben nur zwei Personen das Recht, Dokumente und Briefe zu unterschreiben, der Präsident und der Sekretär – in weltlichen Organisationen gleichbedeutend mit Generalsekretär. Bei Abwesenheit des letzteren ist dieses Recht dem Subsekretär delegiert. Präsident und Sekretär tragen allein die Verantwortung.

Die anderen Chargen haben zwar ihren Arbeitsbereich, aber keine Verantwortung und Kompetenz. Sie sind ausschließlich da, um ihren Chefs in die Hände zu arbeiten. So ist man denn auch eifrig darauf bedacht, keine Sachbearbeiter einzustellen, die selbständig sind und zuviel wissen. Der Idealtyp des gesuchten Kurienbeamten laut Monsignore Francesco Marchisano, dem Subsekretär der Erziehungskongregation: »Ein ›pretino‹, ein Priesterchen, das nicht viel weiß und dem man nur die Information gibt, die es unbedingt für seine Arbeit braucht. Ein Priesterchen, das seinen Oberen nie über den Kopf zu wachsen droht und das bereitwillig und gehorsam jede Arbeit tut, die man von ihm verlangt, ohne viel zu fragen. Wer sich darin bewährt, mag dann nach fünf Jahren einen Rang höher steigen. Ist das nicht der Fall, kann man ihn wieder wegschicken.« Untere Kurien-Beamte sind Rädchen im Getriebe, die sich über die große Ausrichtung der Arbeit keine Gedanken zu machen brauchen und es auch nicht zu tun pflegen. Es wird deshalb erwartet, daß niemand von den unteren Rängen ohne ausdrückliches Geheiß etwas über kirchliche Probleme oder Fragen seines Fachgebiets publiziert. Wenn er es doch tut, wird er streng kontrolliert, ja er wird aufgefordert, sein Manuskript vor der Veröffentlichung seinen Oberen vorzulegen. Verständlich, daß die meisten durch die zweijährige Probezeit und die Bestimmungen des Arbeitsreglements so mürbe gemacht sind, daß sie sich nur noch systemkonform äußern.

Dem Auge des größeren Bruders genügt das aber immer noch nicht. Er möchte auch wissen, was und wie seine Untergebenen und treuen Mitarbeiter insgeheim denken. In beinahe allen Kurienabteilungen gibt es »Schutzengel«, das heißt Leute, welche die Ansichten ihrer Kollegen den Oberen berichten. Manchmal ergreifen die Chefs selbst die Initiative und öffnen Privatbriefe ihrer Angestellten, welche ins Büro gelangen. Das Mißtrauen der Oberen richtet sich auch auf die Xeroxanlagen. In manchen Büros muß genauestens über die kopierten Dokumente Rechenschaft abgelegt werden. Das Gefühl, dauernd bespitzelt zu werden, hat so um sich gegriffen, daß viele meinen, auch alle Telefongespräche, vor allem mit der Außenwelt, würden abgehört, wofür es auch Indizien gibt. Auf der anderen Seite ist dem Vatikan kaum die technische Perfektion zuzutrauen, die einen derartigen Abhördienst ermöglicht.

Das klerikale Ghetto

Haben Laien von vornherein kaum Aufstiegschancen, so stehen die Kleriker in Rom, denen allein die höhere Karriere – theoretisch bis zum Papsttum – möglich ist, dafür unter einem speziell harten Repressionssystem. Sie werden durch die Bestimmungen der römischen Bistumssynode aus dem Jahre 1960 an die Kandare genommen. Die Bestimmungen, so absurd sie sind, gelten nach wie vor.
Sie schreiben für alle Kleriker den Talar und den römischen Kragen (»Gipskragen«), einen entsprechenden Maximantel und den »Pileus«, den typischen römischen Hut, vor. Galt es vor 10 Jahren noch als Auflehnung, ohne »cappello romano« in der Öffentlichkeit zu erscheinen, so haben nun bereits viele – auch im Staatssekretariat – die Soutane mit dem Clergyman vertauscht. Prälaten, die etwas auf sich halten, bekommt man nach wie vor nie in Beinkleidern zu Gesicht. Gerade manche Deutsche ziehen die Eleganz des langen römischen Rockes den ursprünglich barbarischen teutonischen Hosen vor. Strenger wird noch immer auf die Forderung geachtet, daß ein Priester stets als solcher erkenntlich sein soll. Das sakrale Gewand bietet jedoch nach der Ansicht der Oberen nicht genug Schutz vor den Gefahren der Welt. Die Kleriker werden aufgefordert, im Besuch von Restaurants und Bars sehr wählerisch zu sein und nur solche Lokale zu besuchen, die ihrer Würde entsprechen. Von weltlichen Geschäften haben sie sich überhaupt fernzuhalten. Sie sollen sich nicht nur von dem fernhalten, was verboten und für sie weniger geziemend ist, wie die Ausübung der medizinischen Kunst, der Psychoanalyse, des Advokatendienstes in Zivilgerichten, der Radioestesie und der Zugehörigkeit zum Rotary-

club – selbst Laienorganisationen mit lobenswerten oder harmlosen Zwecken wie der Pflege des Theaters, des Schutzes von Personen und Dingen, sind verpönt. So ist es denn auch nicht verwunderlich, wenn es bis heute jedem Kleriker in Rom verboten ist, Theater und Kinos und sonstige öffentliche Lustbarkeiten zu besuchen. Davon sind nicht einmal die Kinosäle ausgenommen, die von der Kirche selbst betrieben werden. Allenfalls Konzertbesuche sind noch zulässig.

Wer sich trotzdem unerlaubterweise einen Film oder ein Theaterstück ansieht, darf als Schuldiggewordener automatisch seine priesterlichen Tätigkeiten nicht mehr ausüben. Wer es wagt, unauffällig in Zivilkleidern in Kino- und Theatersäle zu schlüpfen, macht sich nur noch mehr schuldig, kann mit harter Strafe belegt und aus Rom, der »Heiligen Stadt«, verwiesen werden. Gemäß diesen Bestimmungen wären viele junge Priester automatisch dauernd suspendiert, denn sie scheren sich kaum noch um die Bestimmungen.

Große Gefahren lauern in den Automobilen. Kein Kleriker darf sich irgendein Fortbewegungsmittel kaufen ohne ausdrückliche schriftliche Erlaubnis des römischen Vikariats. Kann er aber auf ein solches wegen seines kirchlichen Dienstes nicht verzichten, wird ihm besonders eingeschärft, sich nie allein mit einer Begleitperson weiblichen Geschlechtes sehen zu lassen, mag diese auch nahe verwandt sein. Selbst leibliche Schwestern sind von dieser Bestimmung betroffen, denn wer, außer dem Bruder, weiß darum.

Hochwürden in der Badehose

Die Reize des weiblichen Geschlechts enthüllen sich nirgendwo und nirgendwann so allgemein wie während der langen italienischen Badesaison. Auch für diese Gefahrenzeit ist wohlweislich vorgesorgt. Diesmal ist es nicht einfach bei einem allgemeinen Verbot geblieben, an den öffentlich zugänglichen Stränden zu baden, die »Pontificia Opera Assistenza«, die italienische

Caritas, hat sich ein mehrere Kilometer langes Stück Strand zwischen Passoscuro und Ladispoli gesichert und zu einem Priesterstrand ausgebaut, mit Pension, Kapelle, eigenem Bademeister. Um fremde Badegäste abzuhalten, macht ein Schild darauf aufmerksam, daß die Zone für Diabetiker und Abnormale (subnormali) reserviert ist, denn es trifft sich ausgezeichnet, daß dieses päpstliche Hilfswerk ganz in der Nähe ein Heim für Zuckerkranke und behinderte Kinder unterhält, welche ebenfalls das Recht haben, in einem besonderen Teil des Küstenstrichs unter der Obhut von Schwestern zu baden. So treffen sich dort dickbäuchige Monsignori aus den alten römischen Kongregationen, geschliffene Diplomaten des Staatssekretariats, römische Pfarrer und Kapläne, Kleriker aus aller Herren Länder. Laien, aber vor allem weibliche Wesen, haben keinen Zutritt, und nur ab und zu verirren sich Fremde, welche große Ausdauer bei der Küstenwanderung haben, in diese abgelegene Gegend. Kardinäle sind am Priesterstrand selten zu sehen, denn Sport wird bei den Prinzen der Kirche klein geschrieben. Aber nicht selten stellen sich Bischöfe ein wie etwa der Präfekt des Apostolischen Palastes, der französische Bischof Jacques Martin, ein eifriger Schwimmer, der außer mittwochs, wenn er an den päpstlichen Generalaudienzen teilnehmen muß, fast täglich zu sehen ist. Auch nichtrömische Würdenträger, wie der apostolische Administrator von Prag, Monsignore Frantisek Tomásek, wissen diese klerikale Abgeschlossenheit zu schätzen.

Sind Sie Bayer?

Ein Kleriker, der etwas auf sich hält, pflegt abends nach 10 Uhr zu Hause zu sein, aber niemand kontrolliert ihn im allgemeinen an der Haustüre. Strenger sind die Gesetze für die Vatikanbewohner. Bis vor kurzem wurden alle Tore um 22.30 Uhr geschlossen. Jetzt bleiben sie bis 24 Uhr offen. Jedoch werden nach wie vor alle Personen, welche in den Vatikanstaat zurückkehren, ab 23.30 Uhr von der Schweizergarde und den Sicher-

heitsbeamten aufgeschrieben. Jeder wird nach seinem Namen gefragt, sei er Bischof, Prälat oder Laie. Wer durch häufiges Zuspätkommen auffällt, dem wird nahegelegt, außerhalb des Vatikans Wohnsitz zu nehmen. Deshalb ziehen es manche vor, erst morgens wieder nach Hause zu kommen, denn um 6 Uhr öffnen die Schweizergardisten von neuem die Tore.
Vor einigen Jahren genügte bereits ein dreimaliges Zuspätkommen, um ins Staatssekretariat zitiert zu werden. Daß die Versuchung groß ist, falsche Namen anzugeben, läßt sich leicht verstehen. Geschickt machte es Prälat Völkl aus Passau. Als ihn der diensttuende Schweizergardist fragte: »Sind Sie Bayer?« sagte er mit gutem Gewissen: »Ja, ich bin Bayer.« Gefragt worden war jedoch nicht nach der Nationalität, sondern nach dem ehemaligen Generalsekretär der »Caritas Internationalis«, Monsignore Carlo Bayer, der öfter zu spät kam.
Obwohl in Rom bis 1960 religiöse Häuser wie Pilze aus dem Boden schossen, so daß heute eine ganze Anzahl fast leer steht, es also an standesgemäßen Unterkunftsmöglichkeiten für Kleriker nicht mangelt, unterhält der Vatikan ein eigenes Priesterhotel, das »Pensionato Romano«, welches von Klosterfrauen geführt wird. Neben 40 Dauerpensionären, meist Kurienangestellten, ist dort Raum für 40 Gäste. Obwohl das Haus von der vatikanischen Vermögensverwaltung betrieben wird, sind die Preise für Vatikanangestellte recht hoch. Für ein einfaches Zimmer mit Dusche und Vollpension bezahlt man pro Monat 80 000 Lire. Das sind für Priester, welche im Kuriendienst stehen, meist zwei Drittel ihres vatikanischen Gehalts. Wer sich den Luxus von zwei Zimmern leistet, kommt auf 110 000 Lire, für einen unteren Kurienangehörigen ganz unerschwinglich. In diesem Haus herrschen nach wie vor die römischen Kleidersitten. Tonangebend ist der Talar, der Clergyman ist gerade noch geduldet. Als der Jesuitenpater und Chef der theologischen Abteilung der ehemaligen Wochenzeitung *Publik,* Franz-Josef Trost, hier mit einer Krawatte auftauchte, hatte er erst durch ein Zeugnis des Rektors des »Germanicum« in Rom zu bekunden, daß er Priester sei.

Soziale Palastrevolten

Die erzwungene Arbeitsidylle trügt, zumindest bei den Laienangestellten der Kurie. In den letzten Jahren muckten Museumswärter, Drucker, Schweizergardisten, Gendarmen, Musiker auf. Sie streikten und protestierten. Im Januar 1970 meldete sich ein anonymes »Comitato di agitazione« von Laienangestellten zu Wort. Dieses Agitationskomitee schrieb einen Brief an den Papst und verteilte diesen Brief an alle Chefs der Kurienämter sowie an je einen unteren Beamten, der von Fall zu Fall von ihnen bestimmt wurde. In diesem Schriftsatz wehren sich die ungenannten Angestellten im wesentlichen gegen folgende Punkte des vatikanischen Arbeitsrechts:

1. Gegen das zu hohe Eintrittsalter mit 24 Jahren.
2. Gegen die mindestens ein- wenn nicht zweijährige Probezeit. Das italienische Gesetz dagegen sähe nur eine Probezeit von drei Monaten vor. Außerdem habe der Chef, in der Regel ein Purpurträger, nach eigener Willkür zu befinden, ob die Probezeit nur ein oder zwei Jahre dauere.
3. Gegen die niedrige Basisbezahlung. Sie verlangen die Einführung der gleitenden Lohnskala, um die steigenden Lebenshaltungskosten aufzufangen.
4. Gegen die mangelnden Aufstiegschancen für Laien. »Die höheren und besseren Posten können in der Regel nur Kleriker beziehen.« Auch der qualifizierte Laie müsse sich in der Regel mit dem zweiten Platz begnügen.
5. Dagegen, daß man den höchstmöglichen Pensionsertrag erst nach 40 Jahren Dienst erreichen kann.
6. Gegen eine Entlassung, verursacht durch die Teilnahme an einem Streik oder irgendeiner ähnlichen Agitation, die nach dem vatikanischen Arbeitsrecht dem Verzicht auf den Arbeitsplatz entspricht.

Diesem Arbeitsrecht hält das Agitationskomitee Äußerungen des Papstes bei seinem Besuch in der internationalen Arbeitsbehörde der UN in Genf entgegen. Im Begleitbrief an den Papst wird ebenfalls das Recht auf die gleitende Lohnskala sowie das 14. Monatsgehalt gefordert »weil wir es brauchen«. »Die Wahrheit ist, daß in den Korridoren der vatikanischen Ämter genau diese Stimmen umlaufen, Stimmen des Mißtrauens in den Klerus, in die Kirche, in ihre Hirten.«

Drucker, Musiker und Soldaten im Ausstand

Das Jahr 1970 sollte ein heißes Jahr der bisher größten sozialen Unruhen im Vatikan werden. Im Mai 1970 kreuzten zum erstenmal in der Geschichte des Vatikanblattes die Drucker des *Osservatore Romano* die Arme bei einem halbstündigen Warnstreik. Einige Redakteure solidarisierten sich mit den Druckern. Im September 1970 streikten zum erstenmal ihre 200 Kollegen der anderen Druckerei, der »polyglotta vaticana«, der von Sixtus V. gegründeten »Apostolischen Druckerei«. Der Streik dauerte von 8 bis 11 Uhr. Im April 1971 gaben sie abermals Streikparolen aus.

Die vatikanische Musikkapelle, die aus der von Paul VI. aufgelösten Palatingarde hervorging und nun bei Staatsbesuchen im Damasus-Hof die Hymnen der jeweiligen Gäste zu intonieren hat, drohte angeblich mit der unvorhergesehenen Einlage der »Internationale« oder eines ähnlichen Sozialisten-Kampfliedes bei einem feierlich-frommen Anlaß. Während die anderen »Aufrührer« um höhere Löhne und bessere Arbeitsbedingungen kämpften, waren die Musiker bescheidener. Sie forderten überhaupt nur Lohn, 40 000 Lire im Monat, da sie zunächst nur ehrenamtlich ins Horn bliesen. Am meisten geängstigt wurden die Oberen allerdings durch die Unruhe ihrer bewaffneten Korps, der Gendarmerie und Schweizergarde. Die Gendarmen machten am meisten von sich reden. Im Sommer 1969 forderten sie eine Gehaltsaufbesserung und Arbeitszeitverkürzungen.

Kardinal Guerri, faktischer Verwaltungschef des Vatikanstaates, schlug den Wunsch aus. Daraufhin begannen die Gendarmen von Streik zu sprechen. Ihr Kaplan, Monsignore Giovanni Sessolo (später als zu nachgiebig gegen den päpstlichen Zeremonienmeister Monsignore Noé ausgetauscht) machte sich zum Fürsprecher beim Papst. Paul VI. suchte seine Gendarmen nach alter Landesvätersitte mit einem Geschenk zu besänftigen. Er warf 2 Millionen Lire aus, d. h. etwa 14 000 Lire pro Kopf, um seinen Leibwächtern einen Betriebsausflug zu finanzieren. Doch statt den Prämien-Pranzo in Palestrina einzunehmen, wie es ihr Kommandant, Colonello Spartaco Angelini, pflichtgemäß angeregt hatte, schlugen sie die »Gutsherrengeste« aus. Sie forderten weiter eine Lohnerhöhung und bessere Arbeitsbedingungen. Als schließlich aus Anlaß des 50jährigen Priesterjubiläums des Papstes im Juni 1970 für alle Kurienangestellten eine zehnprozentige Gehaltserhöhung versprochen wurde, fehlten dabei ausgerechnet die aufmüpfigen Gendarmen. Verwaltungskardinal Guerri behauptete, dies sei keine Gegenmaßnahme, sondern damit zu begründen, daß die »Pontificia Gendarmeria« einem anderen »Regolamento« unterstehe als die übrigen Angestellten des Heiligen Stuhles. Die Gendarmen fühlten sich zu Recht als Angestellte zweiter Kategorie, da ihre Schweizer Waffenbrüder trotz eines ebenfalls dort bestehenden »Regolamento« an der Erhöhung partizipieren konnten. Die Gendarmen wehrten sich ihrer Haut: Proteste, Streikdrohungen, ein halbstündiger Warnstreik. Endlich versuchten sie, glühende Kohlen auf das Haupt der Kleriker zu sammeln. Sie verzichteten auf die Annahme der Lohntüte.

Anfang September 1970 spitzte sich die Lage derart zu, daß die Arbeitgeber eine Urlaubsstörung ihres Monarchen befürchteten, einen Protestmarsch der Gendarmerie vor die Tore des päpstlichen Landsitzes in Castel Gandolfo. Kommandant Angelini alarmierte vorsorglich die italienischen Carabinieri, die daraufhin verstärkt um die päpstliche Villa patroullierten. Der Alarm ging aus wie das Hornberger Schießen. Die Gendarmen, über die Konzentrationsbewegung der befreundeten italienischen Streitmächte informiert, blieben in der leoninischen Stadt. Kurz danach, am 14. September, ereilte sie ihr Schicksal. Die bewaffneten Korps des Papstes wurden aufgelöst, auch die Gendarmerie, mit Ausnahme der Schweizergarde.

Die Gendarmen waren erst im letzten Augenblick in den päpstlichen Schriftsatz aufgenommen worden, wie die Formulierung des Papstes andeutet: »Was die Gendarmerie betrifft, muß das Datum für die Durchführung dieser Entscheidung noch festgesetzt werden. Dann wird auch der Dienst, der gegenwärtig von der Gendarmerie wahrgenommen wird, von dem oben erwähnten besonderen Amt übernommen werden.« Das oben erwähnte besondere Amt ist heute das »Ufficio Centrale della Vigilanza«. Sicher war für den Entwaffnungsbefehl nicht nur Rücksicht auf das friedfertige Image des Heiligen Stuhls maßgebend, sondern auch die Sorge, zu viele bewaffnete und sozial aufgeregte Italiener in der Nähe Seiner Heiligkeit zu wissen.

Spürten die Gendarmen die Peitsche der Arbeitgeber, so konnten die unruhigen Schweizergardisten eher das Zuckerbrot kosten. Bei ihnen schlug die paternalistische Abwieglungstechnik besser an. Die Schweizer wurden allerdings von allen Vatikan-Angestellten am besten behandelt, da der Vatikan bemüht ist, nicht durch weitere Leserbriefe und Zeitungsmeldungen seinen Ruf in der Schweiz ruinieren zu lassen. Im Grunde waren die Schweizergardisten frecher als die Gendarmen. 14 von ihnen hatten sich immerhin mit vollem Namen in einem offenen Brief an Schweizer Zeitungen gewandt. Die 14 Hellebardiere und Korporale beklagten vor allem den autoritären Führungsstil des damaligen Kommandanten. Da nach der Abrüstung des Vatikans den Schweizern offiziell allein die Bewachung des Apostolischen Palastes, also der Wohnung des Papstes, anvertraut wurde, sollten sie auch aus Sicherheitsgründen besonders zufriedengestellt werden. Während für alle Angestellten aus Anlaß des päpstlichen Priesterjubiläums, ausgenommen die Gendarmen, der Sold um 10 Prozent erhöht wurde und eine einmalige Gratifikation von 100000 Lire gezahlt wurde, bekamen die Schweizer nach einiger Zeit noch einmal eine Erhöhung von sechs Prozent sowie die beste Pensionsregelung im Vatikan am 24. Oktober 1970 gewährt: nach zehn Jahren ein Drittel des letzten Stipendiums, nach 15 Jahren zwei Drittel, nach 20 Jahren den vollen Lohn als Pension, während alle anderen Angestellten erst nach 40 Jahren in den Genuß der vollen Pension kommen.

Die Lohntüten des Papstes

Die Gehalts- und Lohnaufbesserungen und die Politik der Geschenke haben den sozialen Frieden im Vatikan nur notdürftig sichern können. Die Laienangestellten sind zu sehr Italiener und vom italienischen Sozialfieber und dem Gewerkschaftsbewußtsein angesteckt, als daß sie ruhig bleiben könnten. Denn bisher hat der Vatikan nur etwas für materielle Verbesserungen getan, er hat aber nicht die Wurzeln der Unzufriedenheit ausgemerzt, die vor allem im Arbeitsrecht und im Arbeitsstil liegen. Deshalb ist es kein Wunder, daß vor allem die selbstbewußteren und qualifizierteren Angestellten unter den Laien, voran Drucker und Polizisten, unbequeme Diener ihrer Herren sind.
Die Strategie des sich als sozial fortschrittlich begreifenden obersten vatikanischen Dienstherren Paul VI. gegen soziale Agitation bestand also bisher vor allem in Lohnerhöhungen und einmaligen Geschenken. Ein grundlegender Wandel ist nicht in Sicht. Dennoch tat Paul mehr als Pius und Johannes. Lohnerhöhungen waren unter dem bis zum Geiz sparsamen Pius XII. verpönt. Pius wetteiferte mit seiner knauserigen Haushälterin, der deutschen Schwester Pasqualina, wer zuerst den Schalter ausknipste, um Elektrizität zu sparen. Interne Vatikanbriefe durften damals nicht zugeklebt werden, damit die Kuverts noch einmal verwendet werden konnten. Erst unter dem Bauernsohn Johannes atmeten die knausrig behandelten Bediensteten auf. Beim Spaziergang in den vatikanischen Gärten winkte er die respektvoll hinter den Büschen verschwin-

denden Straßenkehrer heran und fragte sie nach ihren Familien- und Arbeitsverhältnissen. Als er erfuhr, daß damals ein Straßenfeger nur 1000 Lire, nicht einmal 6 Mark pro Tag erhielt, ordnete er sofort eine Untersuchung der vatikanischen Gehaltsstrukturen an. Das Ergebnis: eine generell fühlbare Erhöhung von fast 100 Prozent. Sein Nachfolger Paul erhöhte 1963 nochmals um 20 Prozent. Das Ende des Zweiten Vatikanischen Konzils 1965 brachte den Kurienangestellten die üppigste Weihnachtsgratifikation in der neueren Geschichte des Vatikans. Zum üblichen 13. Gehalt kamen 100 000 Lire Jubelgeld für den Abschluß der Kirchenversammlung. Zum 1. Januar 1969 erhöhte Paul abermals um sechs Prozent. Dadurch handelte er sich einen Spitznamen ein, statt »Paolo Sesto« (Paul VI.) hieß er nun »Paolo sei percento« (Paul sechs Prozent).

Auf dem Höhepunkt sozialer Unruhen im Vatikan im Jahre 1970 trat Paul als gütiger Landesvater auf, der den Seinen Lohnerhöhungen zugute kommen läßt, damit sie mit ihm die Feste feiern können wie sie fallen und ihm gefallen, diesmal sein 50jähriges Priesterjubiläum. Der Kommandant der Schweizergarde trug damals in das Jahrbuch seiner Truppe ein: »30. Juni 1970. Heilige Messe in der Aula delle Benedizioni für das vatikanische Personal zu Ehren des 50jährigen Priesterjubiläums Papst Pauls VI. Die Freimannschaft der Garde nimmt in erfreulicher Zahl daran teil. Nach der Heiligen Messe trifft Papst Paul VI. persönlich ein, dankt für die Gebete und Dienste und erteilt Seinen besonderen apostolischen Segen. Anschließend gibt Kardinal Villot, Staatssekretär seiner Heiligkeit, im Namen und Auftrag des Heiligen Vaters, folgende Anordnung bekannt:

»Es wird allen Angestellten des Vatikans eine Gratifikation in 100 000 Lire ausgerichtet, auch den Pensionierten. Ab 1. Juli 1970 werden alle Löhne und Pensionen um zehn Prozent erhöht – es wird eine Teuerungszulage jeweils zum Jahresende ausgerichtet, um die Teuerung auszugleichen –

es wird ein Personalbüro eingerichtet zur Entgegennahme von Beschwerden und Anregungen.«

Damals wurde den Angestellten ein bisher unbekanntes Ventil in Aussicht gestellt, »Monsignore Mazzas Meckerecke«. Das Ventil wurde tatsächlich aber erst fast ein Jahr später geöffnet, im Mai 1971. Seither haben die Stützen des Heiligen Stuhls einen Ombudsmann. Täglich hält zwischen 5 und 7 Uhr nachmittags Monsignore Antonio Mazza seine Sprechstunde ab. Verärgerte können ihn unter der Nummer 698 46 18 telefonisch erreichen. Mazza ist einer der führenden Beamten des Missionsministeriums der Kurie, der »Propaganda Fide«, der Generalsekretär des vor allem für die Heranbildung einheimischer Priesterstudenten in den Missionen bestimmten Werkes »San Pietro Apostolo«. Er genießt einen guten Ruf. »Man möchte wünschen, daß hier alle so wären. Dann sähe es in der Kurie anders aus«, sagt einer seiner untergebenen Kollegen. Trotz dieser persönlichen Hochschätzung wird Mazzas Amt von vatikanischen Angestellten nicht überbewertet. Die Hyde-Park-Ecke des Monsignore wirke wie eine kosmetische Operation.

Trotz aller Erhöhungen und trotz der diversen 100 000-Lire-Gaben Pauls VI. bezahlt der Vatikan nach wie vor schlecht, am schlechtesten übrigens den Papst, der überhaupt nichts erhält. Da er allein über alles und alle verfügen darf, geht es ihm deshalb keineswegs am schlechtesten. Das Privatvermögen des jeweiligen Papstes spielt dennoch eine Rolle. Es ist nicht zuletzt von seiner Herkunft abhängig. Der knausrige Pacelli-Papst, Pius XII., römischer Patrizier, galt als vermögend. Der Bauernsohn Roncalli, aus der Provinz Bergamo, war auch als Papst persönlich knapp bei Kasse, zumal es ihm kurz vor seiner Wahl gelungen war, die erforderliche Summe aufzubringen, um sein Elternhaus in Sotto il monte zurückzukaufen. Seine Brüder blieben einfache Bauern. Der jetzige Papst, großbürgerlicher Abkunft, besitzt mehr als Johannes, vielleicht mehr als Pacelli, worüber die Meinungen auseinandergehen. Er vermeidet aber mehr als Pacelli den Anschein des Nepotismus, der Begünstigung der eigenen Familie. Mit einem Bruder soll er eine Drukkerei besitzen.

Finanziell, wenigstens tarifrechtlich gesehen, geht es den Fürsten der Kirche besser als ihrem König. Die Kardinäle leben nicht schlecht in Rom, freilich längst nicht so glänzend wie in der Renaissance, als sie Villen und Parks unterhielten, über die heute noch Touristen und Kunsthistoriker staunen, beispielsweise die Villa Pamphili in Rom, die Villa Aldobrandini in Frascati, die Wasserspiel-Villa d'Este in Tivoli. Jetzt ist der römische Kurienkardinal vergleichsweise arm. Er würde sich heute scheuen, zu Pferde in der Villa Borghese auszuschwärmen oder zum Vergnügen des Volks mit der Karosse durch das aufspritzende Wasser der eigens überfluteten Piazza Navona zu fahren, was jetzt hieße, im flotten Flitzer vorzufahren. Heute leben die Kardinäle, auch wenn sie keine Kostverächter sind, asketischer, puritanischer als ihre Vorgänger, zumal sie in der Regel nicht mehr aus den großen adeligen Familien in Rom, der Pamphili, Colonna, Torlonia, Borghese kommen, die den Kardinalsthron in ihren Schlössern stets bereithalten, weil irgendeiner aus ihrer Sippschaft sicher mit dem Purpur ausgezeichnet wurde. Dennoch stellen sie sich nicht schlecht. Pro Monat erhält ein unmittelbar im Dienst des Papstes stehender Kurienkardinal den Teller des Heiligen Vaters, den »piatto«. Die außerhalb Roms lebenden Kardinäle sind Selbstversorger. Sie zehren von ihren Einkünften als Bischöfe ihrer Diözesen, in Deutschland durch die Konkordatsregelung als Staatsbesoldete. Es ist anzunehmen, daß die Kurialen weit weniger verdienen als ihre deutschen Kollegen Frings, Döpfner, Höffner, Jäger, Bengsch und Volk. Die Kurienkardinäle erhielten bis vor einiger Zeit 400 000 Lire, etwa 2000 DM pro Monat, ein Lehrersgehalt, unterdessen 700 000 Lire, etwa 3500 DM. Wie alle Vatikanbeamten kommen sie steuerfrei in den Genuß dieses Geldes. In der Regel verfügen sie über eine kostenlose Dienstwohnung. Wohnen sie außerhalb der Vatikanstadt oder außerhalb eines Palastes im Vatikanbesitz, beziehen sie ein Wohngeld von 60 000 Lire pro Monat. Ist ein Kardinal Chef einer Kurienbehörde, erhält er einen weiteren Zuschlag. Außerdem bekommt er 50 000 Lire pro Kongregation, der er angehört. Diese

Zuschläge machen sich bei Kardinälen mit Ämterhäufungen wie Villot (14 Ämter), Wright (9) und Confalonieri (16) bemerkbar. Bescheidenere wie Slipyj (3) können kaum daran partizipieren, in Ungnade Gefallene wie Parente, die keiner Kongregation angehören, überhaupt nicht. Zwar verbietet das Kurienarbeitsrecht die Beschäftigung von persönlichen Angestellten im kirchlichen Dienst, dennoch verstehen es immer wieder Kardinäle, ihre Privatsekretäre von ihrer Behörde beschäftigen und damit finanzieren zu lassen. Damit nicht genug: Das ohnehin billige Benzin zapfen die Purpurträger für nur 30 Lire in ihren Tank (gewöhnliche Sterbliche im Vatikan zahlen 80 für das normale und 110 Lire für das Superbenzin).

Im Verhältnis zu den Kardinälen sind die einfachen Kleriker arme Kirchenmäuse. »Niedere Amtsträger« erhielten laut der vom Staatssekretariat dem deutschen Jesuitenpater Hofmann (Radio Vatikan) in die Feder diktierten Erwiderung auf das Interview des ehemaligen Kurienbeamten Hasler im *Spiegel* ein Grundgehalt von mindestens 123 000 Lire und 171 230 Lire maximal pro Monat netto (*Osservatore Romano*, Wochenausgabe in deutscher Sprache vom 11. 2. 1972). Die Laien stehen nicht nur rechtlich, sie stehen auch gehaltlich unter den niederen Amtsträgern aus dem Klerus. Ein Gärtner hat ein Grundgehalt von netto 70 000 Lire, ein Amtsdiener (usciere) der niedersten Stufe nach zehn Jahren etwa 145 000 Lire, der Direktor des *Osservatore Romano* erhielt bis vor einiger Zeit nur 200 000 Lire.

Während ein jüngerer Pfarrer in der Bundesrepublik mit 35 Jahren etwa 1500 DM verdienen würde, erhält sein gleichaltriger Kollege im Vatikandienst weit weniger, beispielsweise ein Grundgehalt von 138 000 Lire. Darüber hinaus bekommt er jedoch für jedes »Biennium«, für alle zwei Jahre Dienst im Vatikan, einen Aufschlag von 12 000 Lire pro Monat (früher nur 6000 Lire), als europäischer Ausländer einen Aufschlag von sechs Prozent des Monatsgehalts, als Nichteuropäer erhielte er mindestens neun Prozent, höchstens 15 Prozent Zuschlag. So kommt man beispielsweise bei sechs Jahren Dienstzeit bei einem

Grundgehalt von 138 000 Lire zu den Zuschlägen 36 000 Lire für seine drei Biennalen und 11 000 Lire Zuschlag als europäischer Ausländer. Die Familienzulagen, die sogenannten »assegni familiari«, scheinen auf den ersten Blick vor allem für Frauen und Kinder der Laienangestellten bestimmt zu sein. Jedes abhängige Familienmitglied, also in der Regel Ehefrau und Kinder, erhält pro Kopf und Monat 12 000 Lire. Da die Kleriker in den Diensten des Heiligen Vaters weder Frau noch Kind geltend machen können, haben menschenfreundliche Chefs wie der alte Konzilshaudegen Ottaviani, ein waschechter Römer aus einer Bäckerfamilie im Plebejerviertel Trastevere, der mit der Muttermilch eingesogen hat, was die Familie von Onkel Hochwürden erwartet, auf Abhilfe gesonnen. Er wie andere Chefs ließen sich von ihren Untergebenen Bescheinigungen vorlegen, daß Vater und Mutter noch lebten. Ob sie tatsächlich versorgt wurden, wollte er nicht wissen. So konnten die Kleriker wenigstens soviel kassieren, als hätten sie eine Frau und ein Kind, nämlich 24 000 Lire pro Monat. Ottaviani selbst konnte auf diese Weise 12 000 Lire pro Monat für seine kürzlich verstorbene Schwester Rosvilde kassieren, deren Tee-Soirées alle 15 Tage vor allem in Kreisen der Democrazia Cristiana (DC) berühmt waren. Regelmäßiger Gast war der italienische DC-Politiker Andreotti.

Mit den Familienzuweisungen für die Junggesellen wurde zugleich auf römische Weise der Haushälterinnen-Zuschuß diskret gelöst. Offiziell tut der Vatikan so, als würden seine Kleriker nur von Müttern, Tanten, leiblichen Schwestern und anderen Anverwandten gratis umhegt und gepflegt. In Wirklichkeit ist bei den vatikanischen Klerikern die Haushälterin unterdessen eine normale Figur geworden wie in deutschen Pfarrhäusern. Inoffiziell wird also durch die Zuweisung für Vater oder Mutter dem Beamten die Einstellung einer nicht mit ihm verwandten Haushälterin erleichtert. Überstunden werden im Vatikan gar nicht oder nur schäbig honoriert. Allerdings kann man wegen der offiziellen kurzen Arbeitszeit öfter auf Überstunden kommen als in einem weltlichen Büro.

Nur ein schwacher Trost ist es, daß der Vatikan beim Tod wie auch bei der Wahl des Papstes allen Angestellten den doppelten Lohn bezahlt. Der Geldsegen dieses mittelalterlichen Brauches, der die Kurialen von der Plünderung der verwaisten päpstlichen Gemächer abhalten sollte, tritt zu selten ein.
Der Vatikan zahlt also schlecht; dennoch ist er für italienische Arbeitnehmer, vor allem für das ausgeprägte »Clan-Denken« attraktiv wegen der angeblichen Sicherheit und Beständigkeit. Besonders in der Kleinbürgerfamilie fühlt man sich doppelt versichert, wenn man einen Angehörigen beim Vatikan und einen anderen beim Staat untergebracht hat. Wegen der geringen Arbeitszeit, oft nur halbtags, reicht es immer noch zum Lieblingssport der kleinen Leute, der bei manchen allerdings mehr Pflichtübung als Kür ist, zum Nebenverdienst, auch wenn das Nebenherverdienen im Arbeitsrecht des Vatikans verboten ist. Außerdem umgibt den Vatikan eine irrationale Aureole der »Versicherung« sowohl für das diesseitige als auch das jenseitige Leben. Die Erfahrungen des Zweiten Weltkrieges, als in den vatikanischen Gärten Bomben explodierten, ohne nennenswerten Schaden anzurichten, stützen die verbreitete römische Vorstellung, daß in Vatikannähe eigentlich nichts Schlimmes passieren könne. Außerdem zehren die Verwandten vom Prestige der Vatikanbeamten. Man ist immer noch stolz auf den »zio Monsignore« (Onkel Prälat). Wenn zum Beispiel ein Bischof heute mit seinem Clan im »Pancrazio« speist, dort wo Cäsar angeblich ermordet wurde, stellen die Kellner rasch rote Nelken auf das weiße Tischtuch, was sie bei keinem gewöhnlichen Gast tun.

An der Kandare bis zur Bahre

Der Vatikan hält seine Leute bis ins hohe Alter klein. Von ihren bescheidenen Einkünften werden monatlich mindestens fünf, jedoch nicht über acht Prozent des Einkommens für eine Pensionskasse abgezweigt. Wie wenig dies im Pensionsfall wäre, hat der Monsignore Musante anläßlich seiner Heirat erfahren müssen. Er bestand auf einer Abfindungszahlung aus seinen Pensionsansprüchen langjähriger Kuriendienste und erhielt die Summe von etwa sechs Millionen Lire, ca. 30 000 DM, ausgezahlt. Als Altersrentner hätte er damit keine großen Sprünge machen können.
Weitere Klippen auf dem Weg in den Pensionistenhafen seiner Heiligkeit: Man erhält keine Pension vor Ende einer 20jährigen Dienstzeit (ausgenommen die Schweizergardisten), und man bekommt die volle Pension erst nach 40 Jahren Dienst ausgezahlt. Für jedes Jahr, bei dem man zwar das 20. Dienstjubeljahr schon überschritten, das 40. aber noch nicht erreicht hat, bittet der Vatikan mit je 1/20 Pensionsabzug zur Kasse. Diese Pensionsschere schneidet eher Kleriker als Laien. Denn es ist leichter, als 25jähriger Bote in den Dienst des Vatikans zu treten, um dann 40 Jahre abzusitzen, denn als 25jähriger Theologe, der meistens erst mit 30 Jahren seine Studien vollendet hat und dann um jeden Preis im Amt 70 Jahre alt werden muß, um sich an seiner Pension zu erfreuen. Der Tod hilft dem Vatikan sparen. Das Pensionssystem hat den Nebeneffekt, daß es mindestens 20 Jahre zum Wohlverhalten zwingt, wer eher geht oder gegangen wird, verliert seine Altersversorgung: Domestizierung des Personals auch über die Pensionskasse; eine wahrlich sublime Form der Unterdrückung!
Die Dienstzeitreglung benachteiligte bisher auch die Ausländer im Vatikan. Der in der Regel von jungen Jahren an im Kuriendienst stehende Italiener allein kann auf die volle Pension hoffen, denn dieser Priesterstaat erkennt bei seinen Offiizieren und Unteroffiizieren aus dem Klerikerstand die vorherige priesterliche Dienstzeit nicht an: »Ob einer vorher Bischof oder Sek-

tenpriester war, interessiert hier nicht. Hier zählt nur der Tag des Dienstbeginns im Vatikan. »Daß ich vorher Priester war und es jetzt bin, zählt nicht«, meinte ein ausländischer Beamter der Kurie.

Der vormalige Untersekretär im römischen Inquisitionsamt, der »Glaubenskongregation«, der Belgier Moeller (»Das Feigenblatt einer hoffnungslosen Institution«), war 20 Jahre lang Professor gewesen. Er müßte alt wie Methusalem werden, um in den Genuß einer vollen Vatikanpension zu kommen. Dadurch wird bei der Pension noch immer deutlich die alte, die überwiegend italienische Kurie bevorzugt, die neuangekommenen Ausländer fangen bei Null an.

Beamte im Zwiespalt

Auf die oberen Ränge der Kurie kann sich der Papst verlassen. Aber im großen Beamtenheer können ziemlich starke Abstufungen beobachtet werden. Den Idealtypus des Kurienbeamten, von dem Raffalt schwärmt, gibt es heute nur noch selten. Trotzdem kann man sagen, daß der größte Teil der Beamten systemtreu ist. Von ihnen lebt ja der Apparat. Die meisten stehen aus innerer Überzeugung zum Kuriensystem. Es gibt darin alle Schattierungen, die vom blinden Fanatismus bis zu einer relativ offenen Haltung reichen, welche für Adaptionen und Reformen durchaus zu haben ist, solange am Ganzen nicht gerüttelt wird. Zu der Mehrzahl der treuen und verläßlichen Kurienbeamten sind auch alle jene zu zählen, welche ihre Arbeit in einem kleinen ihnen zugewiesenen Sektor tun, ohne sich viel Gedanken um das Ganze zu machen. Diese Gruppe ist am wenigsten Konflikten ausgesetzt. Nicht unbeträchtlich dürfte jedoch auch die Zahl derjenigen sein, welche aus echtem Konformismus sich nicht vom System distanzieren. Erstaunlich ist es, daß sich trotz aller Vorsichtsmaßnahmen eine ganze Anzahl von Systemveränderern und Revolutionären in die Kurie eingeschlichen hat. Das erklärte Ziel dieser Minderheit ist es, die Institution zu ändern oder zu zerstören. Mit Luther sehen sie im vatikanischen System so etwas wie die Erscheinung des Antichristlichen, Heidnischen in der Kirche und versuchen, mit Hilfe der Institution weithin den Samen zu streuen, der schließlich zum Tod der Institution führen soll.

Kaum weniger gefährlich sind die »Spione«, welche wichtige Informationen an interessierte Stellen, vornehmlich an kritische Bischöfe oder aufmuckende katholische Gruppen weitergeben. Auch sie wollen Totengräber des römischen Systems sein. Eine ernsthafte Gefahr bilden jedoch weder sie noch die Revolutionäre. Sie sind zunächst nur ein Unsicherheitsfaktor für den Vatikan. Diejenigen, die durch Informationen versuchen, Schaden von der Kirche abzuwenden, wissen aber, daß sie dem System, solange sie mitarbeiten, mehr nützen als schaden. Sie können dem Mechanismus des Apparats so wenig entrinnen wie ihre systemtreuen Kollegen und werden, wenn auch unfreiwillig, wie es einer von ihnen sagte, zu Schreibtischtätern. Deshalb wirken sie im Gespräch oft gespalten und unsicher.

Wie wenig konform manche Kurienbeamte denken, erfahren manchmal selbst die Schweizergardisten. Ein Hellebardier hatte nach einem Festabend im dritten Stock des Apostolischen Palastes Dienst und döste in ausgesprochener Katerstimmung vor sich hin. Ein italienischer Beamter des Staatssekretariates, der abends noch Don Macchi, den Privatsekretär des Papstes, aufsuchen mußte, erkundigte sich voll Mitgefühl nach den Ursachen des moralischen Tiefs des Landsknechts. Dieser gab nicht nur persönliche Gründe an, sondern machte sich auch Luft über die Geldverschwendung im Vatikan, wie auch über die Art und Weise des Lebens und Arbeitens dort. Der Kurienbeamte war höchst erstaunt, solche kritischen Gedanken bei einem Gardisten zu finden, die von manchen Monsignori für dumm verkauft werden. Sein Trost: »Wenn Du wüßtest, was ich weiß, würdest Du sofort zusammenpacken.«

Auf jeden Fall ist also die Wirklichkeit weit erbärmlicher, aber auch weit differenzierter als schwärmerische oder polemische Schriftsteller sie schildern. Viele von den Kurienbeamten reiben sich im Dienst auf, zweifeln am Sinn ihrer Arbeit und glätten im Gespräch mit Außenstehenden dennoch alles, finden stets eine Konkordanzformel, die alle Widersprüche aufgehen läßt. Diese Figuren überarbeiten sich und hoffen, daß sie durch Übereifer und Leistung sowohl Schlimmeres verhüten als auch in ihrer Karriere belohnt werden. Wenn sie von sich und ihrem Amt reden, sprechen sie schon wie der Papst in der »wir«-Form, wenn sie über ihre Kollegen sprechen, dann nur als »von den Herren«. Freizeit kennen sie kaum! Manchmal opfern sie selbst die in Rom heilige Mittags-Siesta. Ein Barometer für den Zwiespalt in dem sich die intelligenten, aber überloyalen Kurienbeamten befinden, sind die seltenen Interviews, die sie geben dürfen. Von den Vorgesetzten werden sie danach fast immer wegen bestimmter Aussagen, die diesen zu offen erschienen, als unvorsichtig getadelt, oder es wird ihnen vorgeworfen, das ganze Interview sei inopportun gewesen. Von der katholischen Außenwelt, von ihren Studienkollegen dagegen werden sie in die Zange genommen, weil sie angeblich total kurial und ängstlich gesprochen hätten – keine bequeme Position.

Kurioses an der Kurie

Wie in jedem Behördenapparat gedeihen auch im Schatten Seiner Heiligkeit menschliche Eigenarten, über die man lächeln oder lachen kann. Der vormalige Beamte in der deutschen Abteilung des Staatssekretariates und jetzige Mitaufpasser des Heiligen Stuhls in Holland, Monsignore Dyba, war eine Zeitlang »Conferencier« bei den Massenaudienzen des Papstes und hatte die deutschsprachigen Pilger vorzustellen. Bei jeder Audienz erheben sich diese Ansager der einzelnen Sprachgruppen respektvoll von ihrem kleinen Hocker, schreiten auf den Papst zu, sinken in eine Kniebeuge und künden dann an, wie viele Pilger deutscher Zunge dem Heiligen Vater die Ehre geben, Lehrer aus Trier, Beamte aus Bonn, Förster aus dem Bayerischen Wald, oft eine lange Liste. Anschließend bitten sie den Heiligen Vater um den Apostolischen Segen. Gegenwärtig versieht diesen Job mit dem salbungsvollen Charme eines Leuchterengels der dienstälteste Pater in der deutschen Abteilung des Staatssekretariats, Spelucci. Dyba verblüffte zu seiner Zeit seine Kollegen, die englisch oder französisch oder spanisch diese Ankündigungen vorzunehmen hatten, indem er stets ohne Zettel auskam. Damit wollte er auch vor dem Papst sein phänomenales Gedächtnis demonstrieren. In Wirklichkeit lernte er die Liste vorher auswendig, um Effekt zu machen. Sein Nachfolger, Pater Spelucci, verblüffte Rompilger auf andere Weise: Der gelegentliche Touristenführer ließ eine Gruppe am Petersplatz warten und sonnte sich in seiner angeblich so wichtigen und exklusiven Aufgabe: »Wie Sie wissen, bin ich Mitarbeiter des Heiligen Vaters. Warten Sie bitte hier, ich muß eben einmal nachsehen, ob der Heilige Vater nicht einen Auftrag für mich hat, wenn ja, können wir die Führung nicht fortsetzen«, sagte er und verschwand hinter dem Bronzetor. Nach einer Weile kehrte er zurück: »Diesmal hat der Heilige Vater nichts für mich, wir können weitermachen.« Diese Mischung aus Naivität und Angeberei hat den armen Spelucci schon tief in Verlegenheit gebracht, als er dem Chefredakteur der *Eltern* eine Audienz beim Papst vermittelte und hinterher über den Inhalt der Zeitung empört tat, als man im Vatikan Anstoß nahm.

An Wichtigtuerei wird der Salvatorianer Spelucci längst von einem nach Rom abkommandierten Jesuitenpater in den Schatten gestellt. Karlheinz Hoffmann gibt sich gern päpstlicher als der Papst, mimt den Journalisten, biedert sich kumpelhaft bei ihnen an und trägt doch in Wirklichkeit stets den Dolch im Gewande. Zuvor war er zur Beaufsichtigung des katholischen Kirchenfunks des ZDF bei der kirchlichen Fernseh-Hauptstelle in Frankfurt angestellt. Dann wurde er von seinen Ordensoberen nach Rom geschickt, um dort die Nachfolge des besonnenen und gebildeten Paters Simmel in der deutschsprachigen Sektion von Radio Vatikan anzutreten. Statt sich mit dieser Aufgabe zu bescheiden, übernahm er dienstwillig auf Befehl des Staatssekretariats und, ohne seine Oberen in der Kölner Ordensprovinz geziemend um Erlaubnis zu fragen, auch noch die Redaktion der deutschsprachigen Wochenausgabe des *Osservatore Romano*, die lange geplant und nicht zuletzt durch den Widerstand deutscher Bischöfe immer wieder aufgeschoben worden war. Die deutsche Ausgabe des *Osservatore* ist bleiern, genauso langweilig wie das Hauptblatt. Den größten Teil nehmen Reden ein. Vatikanbeamte, die so »jesuitisch« sind, wie sie die antiklerikale Propaganda braucht, aber wie es die heutigen Jesuiten nicht mehr sein wollen, passen in die heutige Kurie weit besser als der Prototyp des von Raffalt geschilderten höflichen, leisen, diskre-

ten, gebildeten, stets lächelnden, zurückhaltenden feinen Herrn. Kurientypen wie Pater Spelucci sind allenfalls noch höflich, aber kaum noch leise und diskret, wenn sie einen »Ketzer« aus den katholischen Reihen vor sich haben.
Unentbehrlich sind aber die ausgesprochenen Idealisten, welche ihre ganze Zeit und Kraft gegen einen Hungerlohn für die große Sache einsetzen. Manche darunter sind ausgesprochen fromm. Kein Opfer ist ihnen zu klein, ihrer Religion zu dienen. Die kuriale Beamtenschaft bildet also keineswegs einen Monolithen. Die Skala reicht vom Karrieremacher bis zum frommen Diener, vom zwiespältigen »Schreibtischtäter« bis zum heimlichen Revolutionär.

Deutsches Defizit

Unter Paul VI. hat sich überdies die Physiognomie der Kurie verändert. Bis vor kurzem war sie beinahe ausschließlich italienisch, vor allem im Beamtenapparat. Einer der Reformpunkte des Montini-Papstes lautet »Internationalisierung«. Im Blick auf deutsche Erfüllungsgehilfen wie Hoffmann oder Spelucci schwindet jedoch die Hoffnung auf den Effekt des Engagements ausländischer Kleriker für Rom. Ihr ohnehin geringer Einfluß wird noch geschmälert, weil sie im Vatikan den Kontakt zur Dynamik ihrer Heimatkirchen fast verlieren, zu Römern erstarren, päpstlicher als der Papst werden und in der überwiegend italienisch geprägten Kurie nicht einmal die Kunst der Italiener aufbringen, sich mit humanem Augenmaß zu arrangieren, was den Italienern in der Regel auch in der Soutane des Kurienbeamten glückt.
Eine wichtigere Rolle als die schwächlichen und überloyalen Deutschen spielen in Rom die Franzosen. Die Internationalisierung in der römischen Kurie durch den franzosenfreundlichen Pontifex bewirkte zunächst vor allem eine Französisierung. Sowohl das »andere Ich« des Papstes, der Kardinalstaatssekretär Jean Villot wie auch der Hausherr des Papstes, der Präfekt des

Apostolischen Palastes und Witzbold der römischen Kurie, Bischof Jacques Martin, sind Franzosen. Ebenfalls Kardinal Garonne, der Präfekt der »Erziehungskongregation« und Kultusminister des Papstes. Aber auch in neuen Organen wie dem »Einheitssekretariat« und dem »Laienrat« ist das französische Element stark. Nachdem die großen Führer der »Nouvelle Theologie« alt geworden sind, haben sie kaum noch neue Impulse vermittelt. Frankreich gilt doktrinell als eines der ruhigen Länder. Der frühere progressive Jesuitentheologe Danielou hat sich zum konservativen Sprecher im *Osservatore Romano* gemausert. War er früher Index-verdächtig, so geht er nun auf die Holländer los. Dafür ziert ihn jetzt der Purpur. Französischer Spott: Danielou sei jetzt eine Purpurschnecke, die sich langsam aber sicher nach rückwärts bewege.
Der Einfluß der finanzkräftigen nordamerikanischen Bischofskonferenz ist vorläufig noch verborgener. Man spürt jedoch, daß die Amerikaner ihren Marsch nach Rom planen. Beinahe in jeder Abteilung befindet sich ein Amerikaner. Amerikaner haben bereits einige wichtige Posten inne, wie Kardinal Wright die Kleruskongregation und Bischof Marcinkus die vatikanische Bank. Außerdem ist er der hemdsärmlige Reisemarschall des Papstes, gilt als Cowboy der römischen Kurie und ist einer der Leibwächter des grazilen Paul. Die US-Amerikaner stellten für ihre Kurienbeamten ein eigenes Haus, die Villa Stritch zur Verfügung. Sie bessern im übrigen die schlechten vatikanischen Gehälter auf. Außerdem finanzieren sie zu einem guten Teil die päpstliche Kommission »Justitia et Pax« (Gerechtigkeit und Frieden), nicht zuletzt deshalb, weil ihr Landsmann Gremillion Sekretär dieses Gremiums ist. Damit behält diese Behörde einen Rest an Beweglichkeit und Unabhängigkeit vom Staatssekretariat. Der im Herbst 1971 tödlich verunglückte deutsche Stellvertreter Gremillions, Pater Schütte, bat bei den deutschen Bischöfen vergeblich um eine ähnliche seine und die Position der deutschen Kirche in Rom stärkende Finanzspritze.

Das kleine Einmaleins des Jesuiten Cavalli

Die Internationalisierung hat, von Ausnahmen abgesehen, die Physiognomie der römischen Kurie bisher kaum verändert. Die Ausländer sind in der Regel entweder schwach oder römischer als die Römer. Sie können kaum zu einer Demokratisierung und Reform der Kurie beitragen. Außerdem ist die Internationalisierung beileibe nicht so weit gediehen, wie der Vatikan stolz glauben machen möchte. In der römischen *Civilta Cattolica,* einem offiziösen Blatt der Jesuiten, in dem gewisse Artikel mit dem vatikanischen Staatssekretariat abgesprochen werden, hat der italienische Jesuit Fiorello Cavalli in einer Studie in Heft 2880 vom 20. 6. 1970 behauptet, im letzten Jahrzehnt sei der Anteil der Italiener in der Kurie von 56,7 % auf 37,8 % gesunken. Im *Informationsdienst der katholischen Nachrichtenagentur (KNA)* vom 2. Juli 1970 mußte sich Cavalli eine »bewußte und massive« Manipulation vorwerfen lassen. Die *KNA* rechnete Cavalli vor: »Im Jahre 1961 waren laut Cavalli 60 Deutsche an der römischen Kurie tätig, 1970 sind es sogar 113. Das würde bedeuten, daß 5 % des gesamten Kurienpersonals aus Deutschland kommen. In Wirklichkeit stellen die Deutschen einen Kongregationssekretär (Schröffer), einen ›höheren Angestellten‹ (den Rotarichter Ewers) und sieben ›niedere Angestellte‹. Den Rest der Deutschen an der Kurie errechnete Cavalli so: 34 Mitglieder von Kurienorganen im Bischofsrang, 62 Konsultoren und 8 Kommissionsmitglieder. Dabei zählt er die einzelnen Personen auch noch doppelt und mehrfach, je nachdem in wie vielen Kurienorganen sie als Mitglieder oder Konsultoren erscheinen.« Eine neuere Rechnung des römischen *KNA*-Korrespondenten Mühs ergibt, daß von den leitenden Kurienangestellten (Präfekten, Präsidenten, Sekretäre, Untersekretäre) der Kongregationen, Gerichtshöfe, Ämter und Sekretariate noch immer mehr als die Hälfte Italiener sind. Nach Mühs' Zählungen waren am 1. Mai 1972 von 68 leitenden Kurialen 38 Italiener, 30 aus anderen Ländern, nämlich 7 Franzosen, 4 Belgier, 3 Spanier, 2 Deutsche, 2 US-Amerikaner,

2 Kanadier, je ein Jugoslawe, Schweizer, Australier, Holländer, Österreicher, Pole, Ukrainer, Brasilianer, Inder und ein Afrikaner aus Dahome.
Mit den gleichen Tricks wie Fiorello Cavalli versuchte der Pressesprecher des Heiligen Stuhls, Frederico Alessandrini, im Februar 1973 glaubhaft zu machen, die Internationalisierung der Kurie sei zielstrebig fortgesetzt worden. Trotz aller Kritik der *KNA* wiederholte er schlicht und einfach die Zahlen von Cavalli und machte, ebenso wie dieser, ausländische Konsultoren, die höchstens einmal im Jahr, oft aber jahrelang überhaupt nicht in Rom auftauchen, zu Kurienmitgliedern. Wer allerdings selbst nachrechnet, kann seinen Ausführungen entnehmen, daß noch 1970 63,7 % der wirklichen Beamten und Angestellten der Kurie Italiener waren.

Kardinäle der Heiligen Römischen Kirche

Über den Kurien-Apparat fürstlich erhaben und zugleich in ihn eingespannt sind die mit Purpur geschmückten Eminenzen, die »Kardinäle der Heiligen Römischen Kirche, insofern sie Amtsvorsteher und Mitglieder der römischen Kongregationen, Ämter und Sekretariate sind«. An der Spitze der Kardinäle steht deutlich der Kardinalstaatssekretär, nicht der Dekan des »Heiligen Kollegiums«, dies ist nur ein Ehrentitel. Dem Kardinalstaatssekretär kommt es zu, »die Kardinalvorsitzenden der römischen Kurialbehörden zusammenzurufen zur Koordinierung der Arbeit, zur Weitergabe von Mitteilungen und zur Beschlußfassung«. So sieht es die Kurienreform Pauls VI. vor. Er hat damit einen Ministerrat eingerichtet. Die geringe Bedeutung dieser kollegialen Konferenz zeigt sich allerdings darin, daß sie nur nach Ermessen einberufen wird. In der Regel haben die durchschnittlich pensionsreifen Kurienkardinäle nicht zuviel zu sagen. Heute befinden sich unter ihnen keine so starken Männer wie einst Ottaviani oder Tisserant. Es ist deshalb nicht verwunderlich, daß sie zwar die erste Garnitur der Kurie bilden, diese aber nicht beherrschen.

Das Kardinalat geht auf stadt-römische Traditionen zurück. Um das Jahr 500 ist der Begriff »Cardo« und das damit zusammenhängende Adjektiv »cardinalis« in der kirchlichen Terminologie Roms aufgetaucht. »Cardo« heißt im profanen Latein »Angelpunkt«. Der zu so einem Angelpunkt gehörende »cardinalis« war ursprünglich nur ein Diakon, der in einer bestimmten römischen Bischofskirche Dienst tat. Erst im letzten Jahrzehnt des 10. Jahrhunderts wurde »cardinalis«, das bis dahin mehr eine Aufgabe als ein Vorrang und ein Titel war, als Ehrentitel eingeführt. Diese römischen Kardinäle hatten also zunächst keine gesamtkirchlichen Aufgaben. Erst nachdem die

östlichen Patriarchen durch das Schisma von 1054 ausgeschieden und die Kardinäle an ihre Stelle getreten waren, konnte sich das Kardinalat zu seinem späteren Glanz entfalten. Solange es wirkliche Patriarchen in der Kirche gab, waren die Kandinäle im Rang immer an dem Anspruch der Patriarchen gescheitert. Wie eng die Kardinäle ursprünglich an den stadtrömischen Dienst gebunden waren, kann man daran sehen, daß ein Kardinal früher sein Bischofsamt aufgeben oder umgekehrt, daß ein zum Bischof ernannter Kardinalpriester aus dem Kardinalamt ausscheiden mußte.
Im immer noch geltenden Kirchenrechtsbuch, dem »Codex Juris Canonici« von 1917, der gegenwärtig überarbeitet wird, wurde noch verankert, daß mit der Ernennung zum Kardinal alle anderen Ämter und Würden erlöschen. Wer Bischof und Kardinal in einer Person bleiben wollte, brauchte eine Dispens des Papstes.

Gehorsame Kreaturen

An Ehre und Würde kommt den Kardinälen außer dem Papst selbst niemand gleich. Sie sind Prinzen der Kirche, und laut Lateranvertrag gelten sie für Italien als Männer fürstlichen Geblüts. Nur wer sich in Treue und Gehorsam zum Apostolischen Stuhl hervorgetan hat, kann zu dieser Würde aufsteigen, vermag in den innersten Kreis der Gewährsmänner des Pontifex zu gelangen. Mit dem Kardinalat beginnt ein neues Leben. Man wird vom Papst zum Kardinal gemacht, wird damit zu seiner Kreatur, wird aus dem Staub, aus dem Nichts emporgehoben. Ihre spezielle Abhängigkeit findet Ausdruck im Eid, den jeder Kardinal schwören muß:
»Ich ... Kardinal ... der Heiligen römischen Kirche, verspreche und schwöre, daß ich von dieser Stunde an, solange ich lebe, standhaft Christus und seinem Evangelium glauben werde und daß ich, ohne zu wanken, dem Heiligen Petrus, der Heiligen Apostolischen Römischen Kirche, dem höchsten Pontifex und

seinen kanonisch und rechtmäßig gewählten Nachfolgern gehorchen werde. Die Beschlüsse aber, die mir von diesem direkt oder indirekt anvertraut wurden, werde ich niemals, so verspreche und schwöre ich, zu deren Schaden und Schande der Öffentlichkeit preisgeben, es sei denn mit Zustimmung des Apostolischen Stuhls. So möge mir der allmächtige Gott helfen.« Gehorsam und Geheimhaltung bilden den Inhalt, setzen den Akzent dieses Eides. Der zweite Teil des Schwurs führt die Gehorsamspflicht näher aus. Es könnte so aussehen, als ob es darin nur um die Geheimhaltung der dem Kardinal direkt oder indirekt anvertrauten Beschlüsse ginge. Der Eid meint jedoch auch, daß der Kardinal diesen Beschlüssen zu gehorchen hat. Der Rahmen ist weit gesteckt. Es können darunter Enzykliken und Erlasse fallen. Es bleibt unklar, was im einzelnen gemeint ist. Faktisch erwartet der Papst von einem Kardinal unbedingten Gehorsam. Deshalb schockierte Kardinal Sueneus durch seine öffentliche Kritik die Römer. In den Augen vieler Kurienangehöriger verletzte er damit seinen Eid. Der Purpur bewirkt nicht selten erstaunliche Persönlichkeitsveränderungen. Kritik an »römischen« Maßnahmen wird nicht mehr laut. Die Treue der Kardinäle wurde von Papst Paul nicht in allem honoriert.

Die Degradierung der Senioren

Mit dem Erlaß »Ingravescentem aetatem« vom 21. November 1970 vertrieb Paul alle Kardinäle über 80 Jahre aus dem Dienst des Vatikans und aus dem Wahlmännerkollegium. Sie verloren damit ihr wichtigstes und bisher exklusives Recht: die Kreaturen des Papstes waren umgekehrt auch seine Kreatoren. Diese Palastrevolution, der Putsch Pauls gegen die alten Herren, bedeutet einen starken Eingriff ins Kardinalat. Damit wurde der Weg zu einer allmählichen Zurückstufung freigegeben, sofern Pauls Nachfolger diese Bahn verfolgen will. Der exklusive Herrenclub (extra omnes – alle hinaus – nicht umsonst heißt

die Parole zur Eröffnung der Papstwahl im Konklave so) dürfte vielleicht schon bei der Wahl des Nachfolgers von Paul VI. nicht mehr unter sich sein.
In seiner Ansprache an das geheime Konsistorium der Kardinäle vom 5. März 1973 bezeichnete Paul VI. es zwar als das erste Vorrecht des »Heiligen Kollegiums«, den Papst zu wählen, gab dann aber zu bedenken, ob es nicht zweckmäßig sei, die Patriarchen der orientalischen Kirchen und den Rat des Generalsekretariats der Bischofssynode zur Papstwahl hinzuzuziehen. Dieser Rat, der von der Synode gewählt wird, setzt sich aus sieben Kardinälen und acht Bischöfen zusammen. Damit blieb die Ansprache Pauls weit hinter den Erwartungen zurück, hatten doch viele auf eine tiefgreifende Umgestaltung der Wahl, unter anderem auch auf eine Beteiligung der Laien gehofft.
Seit 1179 stand des exklusive Wahlrecht der Kardinäle fest, und zwar an keine Altersgrenze gebunden. Alexander III. schloß damals alle übrigen Wählergruppen des Papstes, nämlich das römische Volk und den römischen Klerus aus. Dieses Recht blieb ungeschmälert bis zu jenem 21. November 1970. Da Paul diesen Erlaß am Vorabend einer anstrengenden und gefährlichen Weltreise herausgab, kam ihm der Charakter eines Testaments, eines Letzten Willens zu.

Der Aufstand der Alten

Der Erlaß zehrt Jahr für Jahr mit Sicherheit das Kollegium aus. Er verjüngt es automatisch. Während die meisten alten Kardinäle nur im stillen murrten und sich enttäuscht fühlten, meldeten sich die stärksten der Alten, unter ihnen beispielsweise Tisserant und Ottaviani, öffentlich zu Wort. Sie gingen weiter in ihrem Aufbegehren als progressive Kritiker wie Kardinal Suenens, der in der Regel nur die römische Kurie angreift, den Papst aber ausspart. Ottaviani und Tisserant sprachen damals stellvertretend für ihre 25 Altersgefährten, für die 11 Italiener und 14 Ausländer, die mit einem Federstrich des Papstes ihre

Kurfürstenqualität verloren hatten: »Es war ein einsamer Entschluß Pauls VI. Er hatte die betroffenen Kardinäle nicht befragt.« Alfredo Ottaviani traf »zufällig« in den Olivenhainen eines Waisenhauses im Weinstädtchen Frascati einen Mitarbeiter des römischen *Messaggero*. Ottavianis kritischer Kommentar: »Die hohe kirchliche Hierarchie ist in einer ungewohnten und hastigen Art und Weise auf den Kopf gestellt worden.« Der Papst habe nicht einmal der Form halber die Betroffenen und Zuständigen angehört. Ungewöhnlich sei die Entscheidung deshalb, weil durch einen einfachen Erlaß die Seiten einer apostolischen Konstitution (vacante sede apostolica) zerrissen worden seien. Ebenso werde der Kodex des kanonischen Rechts verändert. Ottaviani erinnerte daran, daß die Heilige Schrift sich oft auf das Senoriat, den Rat der Alten, berufe. Er weist auf Päpste hin, die im hohen Alter weise die Kirche regiert hätten. Freilich dachte Ottaviani dabei eher an Leo XIII. als an Johannes XXIII. Leo XIII. schrieb seine soziale Enzyklika »Rerum novarum« mit 81 Jahren und starb angesehen im Amt im Alter von 93 Jahren.

Der damalige Kardinaldekan, der französische Kardinal Tisserant, ein ehemaliger Kolonialoffizier, schoß scharf zurück, indem er auf den schlechten Gesundheitszustand des Papstes anspielte. Während Ottaviani in der Kritik am Papsterlaß seinem Wappenspruch »semper idem« (immer dasselbe) treu blieb, schien Tisserant eher das Sprichwort von den getroffenen Hunden, die bellen, im französischen Fernsehen bestätigen zu wollen. Tisserant bestieg nach dieser Kritik mürrisch die Papstmaschine zum Flug nach Asien und Australien am römischen Flughafen Fiumicino. Die empfindliche Reaktion der alten Kardinäle bewies, daß sie sich bewußt waren, wie tief Paul das Kardinalskollegium gespalten hatte, indem er zwei Klassen von Kardinälen schuf, die Wähler und die Nicht-Wähler. Auch wenn die endgültigen Auswirkungen der Papstwahlreform noch nicht sicher bekannt sind, so steht doch fest, daß sie das starke Kardinalskollegium schwächt. Aus diesem Prozeß werden die Fürsten der Kirche schwächer hervorgehen, ihr König stärker. Gerade die ohnmächtige letzte Bischofssynode im Herbst 1971 in Rom bewies, daß nur der Papst gekräftigt worden ist, während die kollegialen Strukturen entweder noch nicht funktionieren oder von Paul selbst zurückgestutzt worden sind wie zuletzt das Kardinalamt.

Die Moden Seiner Eminenz

Als Trost ist den alten Herren immerhin noch der Purpur geblieben. Diese fürstliche Zier wird als Zeichen der totalen Hingabe interpretiert, als Bereitschaft, das eigene Blut für Christus und den Papst zu vergießen. Daß die Kleidung der Kardinäle aber nicht nur symbolträchtig ist, sondern viel eitlen Firlefanz mitschleppt, hatte schon Pius XII. erkannt, als er den Schleppen der Kardinäle zwei Meter Stoff wegnahm, damals zum Ärger mancher hoher Herren. Auch Paul VI. griff in die Kleiderordnung ein, die von manchen in Rom wichtiger genommen wird als theologische Schriften. Im April 1969 gab er einen Erlaß heraus, der Kleidung, Titel und Wappen der Kardinäle, der Bischöfe und niederen Prälaten vereinfachen sollte. Die Kleiderordnung blieb freilich kompliziert genug. Rom legt nach wie vor die Details fest: Der Kardinal trägt einen Talar aus roter Wolle oder ähnlichem Stoff; die Manteletta wurde abgeschafft. Beibehalten wird dagegen der schwarze Talar mit roten Knopflöchern und Borten aus roter Seide, die Ärmel wiederum sind glatt geworden, zum roten oder rotgesäumten schwarzen Talar trägt seine Eminenz eine Schärpe aus roter geflammter Seide. Beide Enden der Schärpe sind mit roten Fransen besetzt. Die glänzende Schärpe mit roten Quasten wurde abgeschafft. Zum roten Talar gehören die roten Strümpfe. Im Alltag dürfen ein schwarzer Talar und schwarze Strümpfe angelegt werden. Freilich gehen heute Kardinäle in westlichen europäischen Staaten, wie Döpfner oder Alfrink, längst im einfachen Clergyman, im klerikalen Straßenanzug, allenfalls noch durch einen »Rotlauf«, eine rote Litze am Hals, als Purpurträger gekennzeichnet.

Auch der malerische große rote Mantel wurde in die Requisitenkammer verbannt. An seine Stelle kann ein »würdiger schwarzer Mantel, auch mit dem Schulterkragen und der Pelerine getragen werden«. Den großen roten Kardinalshut, den »Galero«, bekannt von den Bildern der europäischen Malerei und frühere Zier mancher Bischofskirche, die damit an ihren toten Titelträger erinnerte, mußten die Eminenzen auf Geheiß von Paul ablegen. Nach wie vor dürfen sie aber wie jeder Kleriker und sollen es, den Hut aus schwarzem Seidenplüsch tragen. Wer sich damit zu puritanisch vorkommt, kann seinen Hut mit einem rotgelben Band versehen und mit rotgelben Quasten verzieren. Mit den roten Schuhen verschwanden auch die silbernen Schuhschnallen.

Prinzen-Inflation

Das Kardinalskollegium zählte im Laufe seiner Geschichte unterschiedlich viel Mitglieder. Auch diese Zahl ist keineswegs heilig und unumstößlich. Von ursprünglich höchstens 53 Mitgliedern sank es um die Zeit des Konstanzer Konzils auf ungefähr 20. In Konstanz (1414–1418) wurde die Höchstzahl auf 24 festgesetzt. Gleichzeitig wurde verfügt, daß die Kardinäle aus allen Teilen der Christenheit zu berufen seien. Seitdem ist eine Internationalisierung des Kardinalskollegiums im Gange. Unter Sixtus V. (1585–1590) wurde das »Heilige Kollegium« reorganisiert. Sixtus legte eine neue Zahl fest: 70. Diese Zahl wurde mystifiziert und in biblische Zusammenhänge gestellt. Erst Papst Johannes überschritt sie unbekümmert bei seiner Kardinalskreierung von 1958. Mit 145 Kardinälen erreichte das »Heilige Kollegium« im März 1973 den bisherigen Höchststand.
Mehr denn je gilt der dem früheren Kardinalstaatssekretär Tardini zugeschriebene Ausspruch: »Die Kardinäle waren etwas wert, als sie wenige waren. Jetzt, wo es viele sind, wiegen sie immer weniger.«

Zu allen Zeiten gab es starke Kardinäle, die schwache Päpste in der Hand hatten, aber auch ebenso viele schwache Kardinäle, die nur als dekorative Zier des Heiligen Stuhls galten. Mit dem langsamen, aber sicheren Aussterben der alten Kämpen im Kardinalat ist eine Nivellierung zu erwarten. Gestalten wie Alfrink, Mindszenty oder Wyszynski würden auch, unabhängig von ihrer jeweiligen kirchenpolitischen Einstellung, ohne Purpur als Führer und Fürsten von ihren Anhängern anerkannt. Sie können schwerlich entzaubert werden. Aber wahrscheinlich ist der künftige Kardinal weniger aus solchem Holz geschnitzt, vielleicht ähnelt er eher dem holländischen Kardinal Willebrands, dem Chef des Sekretariats für die Einheit der Christen in Rom.

Monsignore Willebrands

Wer Willebrands nur vom Weg zu seinem Büro kennt, würde ihn – mit Römerhut, Soutane und Maximantel – für einen eingefleischten römischen Monsignore halten. Vielleicht sieht man aber dann die lebenslustigen Augen im runden Gesicht, die nicht unbedingt zur Gewandung passen. Ist die asketische Verkleidung erst einmal abgelegt, entpuppt sich der Holländer Willebrands als Mensch mit vielen sympathischen Zügen. Auch als Kardinal raucht er weiterhin leidenschaftlich Zigarren aus seiner Heimat und läßt seine Besucher an diesen Genüssen teilhaben. Die Freuden des Essens und Trinkens sind ihm als Kardinal verblieben, zu seinem Bedauern jedoch nicht mehr Oper, Theater und Kino. Die Weltzugewandtheit mag sich daraus erklären, daß Willebrands von Hause aus nicht Theologe sondern Philosoph ist. Nach seiner Kaplanszeit in Amsterdam schrieb er an der Hochschule der Dominikaner in Rom eine Dissertation über die Intuition bei John Henry Newman. Jahrelang dozierte er daraufhin im Seminar in Warmond Philosophie, verlegte aber bald seine Anstrengungen auf das Gebiet der ökumenischen Bewegung als Sekretär der Internationalen Ka-

tholischen Ökumenischen Konferenz. Seine Hauptstütze und Inspirator in diesen Jahren war Monsignore Thijssen, damals der Prophet und wilde Mann von Holland. Aber nicht Thijssen, sondern der eher ängstliche und vorsichtige Willebrands machte in Rom Karriere. 1960 von Kardinal Bea als kleiner Monsignore zum Sekretär des neuen Einheitssekretariats nach Rom berufen, wurde er dort bald Bischof und 1969 Kardinal. Schon als Bischof geriet Willebrands ins Rampenlicht der Öffentlichkeit durch seine Reisen nach Konstantinopel und Moskau. Sprachengewandt und liebenswürdig, gilt er bei vielen als geeigneter Vertreter und Unterhändler des Heiligen Stuhls bei den nicht-katholischen Kirchen. Willebrands versteht sich als treuer Diener seines Papstes. Öffentliche Kritik an Entscheidungen und am Regierungsstil des gegenwärtigen Papstes sind ihm verpönt. So hat er dem Papst auch bei umstrittenen Enzykliken wie der Enzyklika »Humanae Vitae« und bei der Zölibatsenzyklika voll zugestimmt.
Wie das mit seinen theologischen Auffassungen zu vereinbaren ist, läßt sich nicht leicht verstehen. Seine Ängstlichkeit mag ihm dabei entgegenkommen. Ein Kardinal ist gemäß seiner Auffassung nicht der Gesamtkirche, sondern dem Papst und der römischen Kurie verantwortlich. So kann sich der Montini-Papst auf Willebrands ganz verlassen, auch wenn er in der Glaubenskongregation und in traditionellen Zirkeln der römischen Kurie als gefährlich offen und gar als progressiv erscheint. Die Holländer selbst empfinden ihn schon längst nicht mehr als einen der ihren; Sprecher holländischer Priestergruppen halten eine Diskussion mit ihm für verlorene Liebesmühe. In ihren Augen ist Willebrands ein hoffnungsloser Kurialer. Willebrands dürfte selbst spüren, was er durch seine Stellung aufgegeben hat. Im Grunde seines Herzens ist er liberal, aber die psychische Kraft fehlt, diese Haltung an der römischen Kurie zu bewahren oder andere damit anzustecken. Willebrands wirkt resigniert. Gegen die kurialen Kabalen weiß er sich nicht zur Wehr zu setzen. Willebrands ist kein Kämpfer wie etwa sein deutscher Vorgänger Kardinal Augustin Bea. Kämpfe scheinen ihm vorläufig über-

flüssig zu sein. Man redet sich ein, Zeit zu haben. Das Einheitssekretariat richtet sich wie die übrige römische Kurie auf Jahrhunderte ein.

Kronjurist Pericle Felici

Die Schwäche der Willebrands ist die Stärke der Ottavianis, Tisserants, Samores, Felicis. Sie sind aus härterem Holz geschnitzt, Kämpfernaturen, archaischer, weniger differenzierte und moderne Menschen als Willebrands oder auch der Papst persönlich. Wenn der Kronjurist des Papstes, Kardinal Pericle Felici, nach den Sitzungen der Bischofssynode von 1971 fast immer allein, fast immer etwas mürrisch dreinblickend über den Petersplatz ging, hätte er beinahe wie ein isolierter Mann wirken können. Sehr beliebt ist dieser ehemalige Sekretär des Konzils – in seinem Herzen war er anti-konziliar – bei seinen Standesgenossen wahrlich nicht, eher schon in der traditionellen römischen Gesellschaft. Als glänzender Latinist ist er fähig, diese edle Sprache in stolzierenden Hexametern zu gebrauchen. Er ist durchaus nicht entmachtet. Er steht der aufgeblasenen Kommission vor, die das verstaubte Kirchenrechtsbuch reformieren soll. Er möchte in Wirklichkeit eher das Bestehende erhalten. Als Präsident der Kommission, welche die Dekrete des Zweiten Vatikanischen Konzils zu interpretieren hat, kann er ebenfalls über die reine Lehre wachen. Obwohl progressive Optimisten mit und nach dem Konzil seinen Einfluß schwinden sahen, denkt er nicht daran, den schwächlichen Erneuerern zu weichen. Der von ihm zu verantwortende Entwurf eines Grundgesetzes für die katholische Kirche, die »lex fundamentalis«, derentwegen sich im Jahre 1972 die Katholiken rauften, ist im letzten Moment als gar nicht so ernst zu nehmender Versuch interpretiert worden. Damit haben die Progressiven aber höchstens Zeit gewonnen. Felici kann warten, und er kann als echter römischer Fuchs andere vorschicken, die für ihn die Kastanien aus dem Feuer holen, beispielsweise den netten flämischen Untersekretär der Kodexreformkommission, Monsignore Guillaume Onclin. Dieser mußte den Rückzieher begründen. Ebenso ließ er dem angehenden Kardinal Willebrands den Vortritt, als es hieß, vor den internationalen Journalisten ein potemkinsches Dorf aufzubauen, als sei die 1970 verabschiedete Mischehenregelung wesentlich vom Einheitssekretariat ausgearbeitet worden. Felici kann aber auch mit der Faust auf den Tisch schlagen. Gemeinsam mit seinem Gesinnungsfreund Samore, der bei Paul VI. in Ungnade gefallen ist, und auf einen anderen Papst wartet, inszenierte er den einzigen ernst zu nehmenden Aufstand bei der vergangenen Bischofssynode. Die beiden stahlen selbst unerschrockenen Kämpfern wie dem belgischen Kardinal Suenens die Schau. Sie erzwangen eine präzisere Abstimmungsfrage über das Kernthema der vergangenen Synode, die Frage nach der Zulassung verheirateter Männer zum Priesteramt. Felici tritt in die Fußstapfen anderer unerschrockener Geistesverwandter wie Ottaviani.

Ottaviani und Tisserant

Ottaviani, fast blind und nach dem Tod seiner Schwester ziemlich einsam, ist heute noch manchen jüngeren Kardinälen ebenbürtig. Er hat einen typisch römischen Charakterzug: in den Prinzipien fest, aber flexibel bei der Veränderung der Verhältnisse über den Weg der Fakten. Diese Einstellung gilt auch für die relative Leichtigkeit, mit der unter seiner Herrschaft auf dem Weg des »privilegium petrinum«, in geheimem Verfahren Ehen geschieden worden sind. Sein liberalerer und theologisch eher deutsche Nachfolger, der jugoslawische Kardinal Šeper, hat dem wieder einen Riegel vorgeschoben.
Der am 21. Februar 1972 verstorbene Dekan des Kardinalskollegiums, der Franzose Jean Tisserant, gehörte ebenfalls zu den starken Persönlichkeiten. Als französischer Soldat hatte er einmal ein Kamelreiten gewonnen. Er war aber keineswegs nur der Haudegen, er war zugleich Wissenschaftler, Bibliothekar und

Archivar. Die letzte Waffe des alten Soldaten ist sein Archiv. Er und seine Vertrauten entzogen es zumindest teilweise dem Vatikan. Seine Tagebuchaufzeichnungen konnten nicht in die vatikanischen Geheimarchive verbannt werden, wie es Vorschrift wäre. Was Tisserant wußte oder zumindest wissen konnte, ist beträchtlich. 1908 wurde der Abbé Tisserant von Papst Pius X. nach Rom berufen, um Assyrisch zu lehren. Dieser Posten wurde eigens für ihn geschaffen. Der einfache französische Gelehrte erhielt Einfluß, weil er ein Freund Rattis, des künftigen Papstes Pius XI. war. Der Ratti-Papst berief ihn in die vatikanische Bibliothek, und 1936 ernannte er ihn zum Kardinal. Er vertraute ihm die »Kongregation für die orientalischen Kirchen« an. Für dieses Amt brachte er nicht nur seine Sprachkenntnisse, sondern Reiseerfahrungen im Mittleren Orient mit. Tisserant legte damals manche Wegstrecke noch zu Pferd oder auf dem Rücken des Kamels zurück, beispielsweise von Bagdad nach Jerusalem. In Rom wurde er zum bewußten Beobachter der Kirchengeschichte und der Verflechtung vatikanischer und weltlicher Politik. Er war Zeuge des Pontifikats von fünf Päpsten. Er kannte die Geheimnisse von drei Konklaven, an denen er als Papstwähler teilgenommen hatte. Er machte sich Notizen zur Krise zwischen Frankreich und dem Heiligen Stuhl zwischen 1908 und 1914, nach der Trennung von Staat und Kirche in Frankreich. Er hatte Materialien über die Rolle der Kirche in Palästina während des Ersten Weltkrieges, über den Zionismus und den Verfall des türkischen Imperiums. Er beobachtete die Wiederaufnahme der diplomatischen Beziehungen zwischen Frankreich und dem Heiligen Stuhl, die politischen Inklinationen der Heiligsprechung der Jungfrau von Orleans, Jeanne d'Arc. Auch die neue Krise von 1920 zwischen dem Vatikan und Frankreich, als der Sozialist Eduard Herriot Präsident wurde, hat in Tisserant einen Zeugen. Als leidenschaftlicher Franzose beobachtete er mißtrauisch die Versuche des damaligen Nuntius in Deutschland und späteren Papstes Pius XII., Pacelli, den Deutschen gegen die französische Besetzung des Rheinlandes diplomatischen Beistand zu verschaffen. In einem

Brief an den ehemaligen Erzbischof von Paris, Kardinal Suhard, datiert aus dem Zweiten Weltkrieg, klagte er den Heiligen Stuhl an, in jener Epoche eine »Politik der persönlichen Bequemlichkeit und nichts anderes« verfolgt zu haben.

Die Geheimnisse des Monsignore Roche

Hinter der den Vatikan beunruhigenden Archivaffäre steckt ein merkwürdiger französischer Prälat, Georges Roche. In einem Interview mit der italienischen Illustrierten »Europeo« warf Roche selbst einige Schlaglichter auf seinen Charakter. Der *Europeo* hatte in Italien die Archivaffäre ans Licht gebracht. Er ging Notizen der französischen Tageszeitung *Le Monde* nach. Im Interview mit dem *Europeo* erscheint Roche als eine Mischung aus einem Aufschneider und einem in Selbstmitleid schwelgenden abgetakelten Monsignore. Roche sonnt sich in der Rolle, mit den Großen dieser Welt auf gutem Fuß zu stehen. 1945 sei er als französischer Kaplan der erste französische Priester gewesen, der vom apostolischen Nuntius in Paris Monsignore Roncalli (dem künftigen Papst Johannes XXIII.) empfangen worden ist. »Dieser gab mir ein Billet für Monsignore Montini nach Rom, damit ich vom damaligen Papst Pius XII. empfangen werden konnte. Denken Sie, drei Päpste!«
Wie mancher Lothringer hat Roche ein gebrochenes Verhältnis zu Deutschland. Er ist genauso bewußt Lothringer und Franzose wie sein Landsmann Tisserant, der einstens Weber hieß, oder wie der jetzige Präsident der »Caritas Internationalis« Jean Rodhain, der auf die französische Aussprache seines deutschen Namens den größten Wert legt. Dies hinderte ihn jedoch nicht daran, sich an den Rockschoß der deutschen Haushälterin Pius XII., der Schwester Pasqualina, zu hängen. Roche hat überhaupt Glück bei den Frauen. Sein Verhältnis zum alten Tisserant, der ihn ursprünglich mißtrauisch behandelte, verdankt er nicht zuletzt seinen guten Beziehungen zur 35jährigen Erbin und Lieblingsnichte Tisserants, der Mademoiselle Paule

Hennequin, seinen erst von Papst Paul gebrochenen Einfluß in Rom verdankt er aber großenteils der deutschen Schwester Pasqualina. Roche führte sich bei Schwester Pasqualina durch generöse Gesten ein. Nachdem er eine reiche Kanadierin beerbt hatte, kaufte er das Weingut Fontana Candida in Frascati auf. Die Schwester beeindruckte er dadurch, daß er nicht nur einmal eine große Weinspende für Seine Heiligkeit machte, sondern sich in schöner Regelmäßigkeit mit kleineren Spenden in Errinerung rief. Dank der Protektion durch die Schwester erhielt er rascher als üblich die päpstliche Anerkennung für seine Priesterkongregation, die zur Basis seiner finanziellen Spekulationen und Transaktionen werden sollte, das umstrittene »Opus Coenaculi« in der Via Aurelia in Rom.

Geld öffnete ihm die Türen zu seinem lothringischen Landsmann Tisserant. Nach dem Tode des alten Kardinals brüstet sich Roche mit einer 20jährigen Freundschaft. Tisserant hatte nämlich seinen Titel als Kardinal-Bischof der kleinen Bistümer in der Bannmeile Roms, »Porto e Santa Rufina« nicht nur ehrenhalber. Er wollte die Mini-Diözese regieren, deshalb baute er in La Storta ein Seminar und eine Titelkirche, wo er nun begraben ist. Als er über diesen Unternehmungen in Geldnot geriet, sprang Roche ein. Roche half auch in Lourdes aus. Sein Geld floß in die Konstruktionen der unterirdischen Kathedrale. Dafür sollten 30 Jahre lang die Einkünfte der Basilika Roches Priesterkollegium zugute kommen. Die 30jährige finanzielle Begünstigung des »Opus Coenaculi« hat mit dazu beigetragen, daß der damalige Bischof von Lourdes, Monsignore Theas, beim Montini-Papst in Ungnade fiel.

Unter Paul begann der Stern von Roche zu sinken. Er sank, bis er mit der Kirchenstrafe des Romverbots belegt wurde. Dennoch besuchte er den kranken Tisserant in der kleinen Stadt Albano bei Rom und nahm ihm die Beichte ab, was vom *Osservatore Romano,* der sonst genauestens über alles, was im Zusammenhang mit dem Tode Tisserants stand, berichtete, verschwiegen wurde. Beim Begräbnis Tisserants fehlte Roche. Hinterher begründete er dies mit Krankheit. In Wirklichkeit wollte er die aufgebrachten Herren des Staatssekretariats nicht noch weiter verärgern. Denn es wird auch der Anwesenheit von Roche zugeschrieben, daß der Papst den sterbenden Kardinal nicht in Albano aufsuchte und daß es der Vatikan ablehnte, die Begräbniskosten zu übernehmen. Der Papst zahlte für Tisserant nur das Stipendium für eine Totenmesse.

Trotz des Romverbots konnte Roche seinen Einfluß in der ewigen Stadt weiter ausüben, durch seinen Mann in Rom. Dieser stammt aus einer angesehenen mexikanischen Familie, ist angeblich der Sohn eines Präsidenten der Bank von Mexiko und heißt Lopez-Gallo. Sein bewegtes Leben spiegelt sich sogar im Päpstlichen Jahrbuch wider. 1970 wurde er noch als Angestellter des vornehmlich mit Ehesachen beschäftigten päpstlichen Gerichtes, der »Sacra Romana Rota« aufgeführt. Dort wurde er hinausgeworfen. 1972 wurde er unter den Angestellten von Archiv und Protokoll der »Kleruskongregation« genannt. Roche brachte ihn als Privatsekretär bei Tisserant unter. So konnte Roche den Handstreich vorbereiten, bei dem die wichtigsten Papiere des persönlichen Archivs und der Aufzeichnungen Tisserants dem Zugriff des Vatikans entzogen wurden. Roche ist stolz auf diesen Schachzug, der ihm auch finanziell nützt.

Als der *Europeo* am 1. März 1972 mit der ersten Darstellung über das Verschwinden von Tisserants Archiv herauskam, wurde Roche kurz danach ins Staatssekretariat zitiert. Auch die Tisserant-Nichte wurde in den Vatikan gerufen. »Mittwoch um 17.30 Uhr habe ich ein Treffen von einer halben Stunde mit Kardinal Villot gehabt. Danach bin ich anderthalb Stunden bei Monsignore Benelli gewesen. Das ist wahr. Was haben wir gemacht? Sicher haben wir nicht Karten gespielt, vielleicht haben wir ein bißchen geplaudert? Ich würde es ja sagen, aber ich darf nichts sagen. Villot und Benelli kennen mich. Benelli seit zwanzig Jahren. Er selbst hat zu mir von einer Freundschaft, die nun 20 Jahre dauert, gesprochen. Sie wissen, daß ich ein Priester bin, der ein heiliger Priester sein möchte, ich habe noch viel zu tun ... über mehr kann ich nichts aussagen. Es sind meine Vorgesetzten.«

Sosehr er sich in diesem späteren Interview mit dem *Europeo* als treuer Sohn des Staatssekretariats aufführte, so ungehorsam, so schädlich für die vatikanische Geheimhaltungspolitik ist er in Wirklichkeit. Den Wert des von ihm in die Schweiz transportierten persönlichen Archivs von Tisserant bestimmt er wie folgt: »Der ganze Rest, vor allem Verabredungen, Notizen, Memoiren, das Tagebuch vor dem man soviel gesprochen hat, insgesamt die ganze Dokumentation von mehr als einem halben Jahrhundert vatikanischen Lebens ist nun im Besitz der Erbin, der Nichte, Mademoiselle Paule Hennequin.«

Seither machte der redselige Prälat von sich und Tisserant reden. Kaum ein Gerücht aus der jüngsten Zeit ist jedoch verifizierbar, weder die angebliche Ermordung Pius XI. durch Mussolini noch die Bekanntgabe des Wahlergebnisses bei der Wahl von Papst Johannes. Roche nimmt für sich in Anspruch, daß er der wichtigste Motor für die Memoiren Tisserants gewesen sei. Er will dafür den bedeutenden französischen Verleger Laffont gewonnen haben. Auf Druck des französischen Innenministers und auf Interventionen des Vatikans hin habe Laffont dieses Angebot jedoch wieder zurückgezogen.

Trotz vieler zwielichtiger und nicht verifizierbarer Enthüllungen des Monsignore Roche ist selbst der tote Kardinal Tisserant für den Vatikan ein unbequemer Kardinal geblieben.

Il buffone americano Wright

Vielleicht setzen sich künftig aber die vermischten Charaktere durch, die ein wenig von der Stärke der Alten und ein bißchen von der Umgänglichkeit von Willebrands mitbringen, beispielsweise der Zwei-Zentner-Kurienkardinal Wright. John Joseph Kardinal Wright, Chef der »Kleruskongregation«, ist massig und jovial. Er hat angelsächsische Umgangsformen, steht auch einmal zu einem Schwatz auf dem Petersplatz, fährt hin und wieder mit der Autobuslinie 64, kann auch mit Journalisten reden. Wright gilt als einer, der sich durchzusetzen versteht. Ihm geht es nicht um besondere sachliche Anliegen, sondern darum, seinen Machtbereich auszubauen. Als Präfekt der wichtigen »Kleruskongregation« betreibt er einen diskreten Imperialismus für sein Amt. Dabei kommt ihm zu Hilfe, daß er für die Katechese, die Lehrunterweisungen der jungen und älteren Katholiken im Glauben, zuständig ist. Dies ermöglicht ihm, sich für die verschiedensten Fragen eine Kompetenz zuzuschreiben, beispielsweise zum Problem der Ehevorbereitung, ja sogar zur Schwangerschaftsunterbrechung. Diese Strategie führte jedoch nicht zu den gewünschten Erfolgen, und Wright macht auf viele in Rom den Eindruck des »Buffone americano«, des amerikanischen Hofnarren. Der gebürtige Amerikaner aus Boston ist zwar stolz auf sein Kardinalat und die Tatsache, daß er so vielen Kongregationen und Kommissionen in Rom angehört. Aber sein Jugendtraum ist damit noch nicht erfüllt, nämlich Bischof und Kardinal in Boston zu sein, wo er wirklich der große Mann wäre, während er an der Kurie doch nur einer unter vielen ist. Denn an Ärger fehlt es Wright nicht. Die Priester sind gegenwärtig das unruhigste Element in der Kirche. Ein Großteil verabscheut den intransingenten Chef der »Kleruskongregation«, welcher alle Priester jedes Jahr zur Erneuerung ihres Zölibatsgelübdes am Gründonnerstag verpflichtet hat. Viele Bischöfe in der Welt halten sich einfach nicht an diese römische Auflage, die ohne Konsultation mit ihnen erfolgte. Wright weicht einem wirklichen Dialog mit den Klerikern aus, er klopft eher Schultern oder hält sich an die Hippies: »Mich erstaunt es, daß gegenwärtig die Jungen, vor allem die verantwortungsvollen Hippies, Symbole des Friedens (Shalom), der Hoffnung, der Brüderlichkeit, der geistlichen Erneuerung, der Liebe und der Hingabe tragen, während so viele in unserer Gesellschaft – auch einige in der religiösen Welt – die Symbole der geistlichen und höheren Welt wegwerfen. Beim Gespräch mit den Hippies, Malern und Künstlern der Piazza Navona in Rom bin ich – wenigstens im allgemeinen – keinem Zurückweisen der wahren Werte begegnet. Im Gegenteil, oft habe ich eine neue Sicht und neue Träume vom Gottesreich und der wahren Werte gefunden«, gestand er einer italienischen Journalistin. Wright scheint nicht nur von den ihm untergebenen Klerikern wenig zu halten, auch die in Rom viel zitierte bischöfliche Kollegialität beeindruckt ihn wenig: Die angeregten Debatten seiner Mitbrüder im Bischofsamt hielten den amtierenden Präsidenten der letzten Bischofssynode, Wright, nicht immer davon zurück, im Angesicht aller am Präsidiumstisch in ein Nickerchen zu versinken.

Wrights massive Persönlichkeit kann es nicht verhüten, daß auch aus seinem Amt widersprüchliche Verlautbarungen bekannt werden, wie aus fast allen römischen Ämtern. Relativ progressiv verhielt sich sein Amt, als es Priester in Washington rehabilitierte, welche vom ultrakonservativen Erzbischof von Washington, Patrick Louis Kardinal O'Boyle, wegen ihrer Kritik an der Ehe-Enzyklika Papst Pauls, »Humanae vitae«, von ihren Ämtern suspendiert worden waren. Reaktionär handelte Wright jedoch in Spanien, als er die Haltung vieler spanischer Priester gegen die Franco-Diktatur als unbillige Einmischung von Geistlichen in die Politik mißbilligte. Dadurch setzte er sich im Staatssekretariat in die Nesseln. Erzbischof Benelli deckt nicht zuletzt aufgrund seiner eigenen Erfahrungen als päpstlicher Diplomat in Spanien den Widerstand von Bischöfen und Klerikern.

Die Manager

Sterben die wahren Kirchenfürsten langsam aus, so treten an ihre Stelle die Kirchen-Manager. Nie war ihre Bedeutung so groß und so sakrosant wie unter Paul VI., der selbst aus der Kaste dieser Kurienmanager hervorgegangen ist. Die Manager des Apparats, die Sekretäre, sind in der Regel jünger, rascher, dynamischer, etwa so wie die weltliche Werbung das Image von Führungskräften aufbaut. Ihr Titel »Sekretär« ist irreführend, »Generalsekretär« wäre realistischer. Ist der Kardinal manchmal ein Präsident mit geringer Machtfülle wie der deutsche Bundespräsident, so erinnern die Sekretäre eher an den Bundeskanzler. Obwohl es in der Kurienreform Pauls, »Regimini ecclesiae«, von den Sekretären nur heißt, daß sie den Kardinal-Präfekten unterstützen, sind sie in Wirklichkeit die entscheidenden Figuren. Selbst im Staatssekretariat hält nicht Kardinalstaatssekretär Jean Villot alle Fäden in der Hand, sondern sein Stellvertreter, der Substitut Erzbischof Giovanni Benelli, was ihm den Namen »Vize-Papst« eingetragen hat. Auch in anderen Kongregationen bietet sich das gleiche Bild. In der »Heiligen Kongregation für die Lehre des Glaubens«, der Inquisition, war bis vor kurzem Sekretär Erzbischof Paul Philippe, Dominikaner, die zentrale Figur. Zusammen mit seinem Privat-Sekretär, dem schweizerischen Dominikaner Benoit Duroux, entschied er in größerem Maße den Lauf der Dinge als der jugoslawische Kardinal-Präfekt Franjo Šeper. Unter dem neuen Sekretär, dem belgischen Dominikaner Jérôme Hamer, wird sich das Bild nicht wesentlich ändern. Die Dominikaner setzen damit in dieser wichtigen Behörde die Tradition der Inquisition fort. Sie hießen einst »Hunde des Herrn« (Domini canes).

Philippe wurde nun mit dem Kardinalshut geehrt, Hamer kann auf die nächste Kreierung hoffen.

Auch in der »Kongregation für die Evangelisation der Völker«, der »Propaganda Fide«, gab ebenfalls bis vor kurzem nicht der italo-brasilianische Kardinal Rossi, sondern der italienische Erzbischof Sergio Pignedoli den Ton an. Pignedoli war unter Montini Weihbischof in Mailand und gilt als einer seiner engsten Vertrauten. Weltgewandt und offen, sich gern im Gespräch mit jungen Leuten zeigend, vertritt er genau die Linie seines Herrn. Paul belohnte ihn 1973 mit dem Kardinalspurpur und machte ihn zum Chef des Sekretariats für Nichtchristen.

In der »Heiligen Kongregation für den göttlichen Kult«, zuständig für die Liturgie, hat der neulich zum Erzbischof ernannte Annibale Bugnini die Liturgiereform durchgepaukt. Weder der frühere Präfekt, der Schweizer Kardinal Benno Gut, noch der jetzige Chef, der spanische Kardinal Araoz Arturo Tabera, übten großen Einfluß aus. Die Sekretäre der Kongregationen beweisen, daß auch im Vatikan die Gesetze des modernen Managments nicht verleugnet werden. Unter den Kurialsekretären sind zwei Deutsche, der ehemalige Bischof von Eichstätt, Schröffer, Sekretär der »Erziehungs- und Studienkongregation« und der vormalige Benediktiner-Abt von Metten, Mayer. Schröffer bestätigt als Ausnahme die Regel: Er ist weder vom Typ noch vom Temperament, noch vom Alter her der typische Sekretär, da er fast gleichaltrig wie sein französischer Vorgesetzter, der Kardinal Garonne, ist. Durch gemeinsame Konzilskämpfe – beide gehörten zu den gemäßigten Erneuerern –, aber auch durch den Abscheu gegen den Krieg – beide wurden in ihren Jugendjahren im Ersten Weltkrieg vom französisch-deutschen Konflikt tief berührt, und Schröffer war schließlich der deutsche »Pax-Christi«-Chef –, entstand hier ein Zwiegespann, wobei der gutmütige Schröffer gar nicht daran denkt, Garonne abzudrängen, was andere Sekretäre ohne weiteres vermögen. Schröffer im weißen Stoppelhaar ist ein Großvater-Typ, der eher Landpfarrer oder Kleinstadt-Bischof als römischer Sekretär sein könnte. Nach einem schweren Unfall – er wurde auf einem Zebrastreifen vor seiner Wohnung auf dem Weg zum Petersplatz überfahren – arbeitet er zäh weiter. Er ist ein gehorsamer Diener seiner Herren.

Römischer als die Römer

Fast das Gegenbild ist der andere Deutsche im Sekretärsrang, Abt Augustin Mayer. Obwohl erst seit dem Herbst 1971 an den Schalthebeln der kirchlichen Macht, ist auch er bereits zum Erzbischof avanciert. Er paßt besser in das Gruppenbild der kurialen Sekretäre. Großgewachsen, elegant, gut aussehend und energisch, wirkt er wie ein Kardinal ohne Purpur. Gegenüber seinem Chef, dem 74jährigen italienischen Kurienkardinal Ildebrando Antoniutti hat er den Vorzug, daß er mit dem Sachgebiet, für das er verantwortlich ist, vertraut ist. Er ist selbst Mönch, während Antoniutti aus der diplomatischen Karriere des Vatikans kommt und von den ihm unterstellten Mönchen und Nonnen als Fremdling betrachtet wird. Schröffer ist in seinem Herzen Deutscher geblieben, er ist vor allem aus Pflichtgefühl nach Rom gegangen. Mayer dagegen ist Wahlrömer. Auf der Basis dieser geistigen Wahlverwandtschaft hat er einen ausgeprägten Sinn für die Macht Roms. Seine Romliebe brachte ihn zum Widerstand gegen die Nazis, kurientreu machte er sich einen Namen als Rektor der Benediktiner-Hochschule St. Anselm auf dem Aventin in Rom. Er empfand seine Zeit in Deutschland nur als Zwischenspiel. Ein Mitbruder über ihn: »Der ißt denen im Vatikan aus der Hand aus Gesinnung.« Während gerade die Ordensoberen, einschließlich des Jesuitengenerals Arrupe und des Ehren-Primas der Benediktiner, Weakland, gegen dessen Wahl Augustin Mayer vergeblich opponierte, auf der Bischofssynode 1971 die einzig organisierte progressive Kraft darstellten, ist Mayer eher ein Freund der sanften Gewalt. In Konflikten zwischen der Kurie und ihren Mönchen ist er im Zweifelsfall kurial. Dies spürte man beim Konflikt mit dem »roten« Abt von St. Paul vor den Mauern in Rom, seinem Ordensbruder Franzoni. Dieser Abt, Mitglied der italienischen Bischofskonferenz, wirkt in einem proletarischen Viertel Roms. Er versucht wie Paulus den Griechen Grieche zu sein und kommt dadurch bei den Neofaschisten und den rechten Katholiken in den Verdacht, ein Kommunist zu sein. Neofaschisten warfen ihm schon die Fenster ein. Er ist jedoch persönlich kein Kommunist. Franzoni hält so gut er kann seine schützende Hand über die »andere Kirche« Italiens. Nachdem die progressive italienische Wochenzeitschrift *Il Regno* kurz vor dem Tod von *Publik* dasselbe Schicksal ereilte, versuchte er eine Nachfolgegründung. (Die sieben deutschen Bischöfe, die für »Publik« kämpften, rafften sich dazu nicht auf.) Vor den letzten italienischen Wahlen sollte er in der Versenkung verschwinden. Da der Vatikan einen offenen Eklat vermeiden wollte, versuchte er, die Ablösung Franzonis über seinen Orden zu betreiben. Mayer wurde dabei zum willigen Werkzeug. Während Abt Primas Weakland sich mit seinem angefeindeten Mit-Abt solidarisierte, brauchte Mayer lange, bevor er überhaupt mit Franzoni sprach. Schließlich setzte er sich wenigstens halbwegs durch, Franzoni verschwand für eine Weile von der Bildfläche zu einer Reise nach Kanada – ein typisch römischer Kompromiß. Schließlich hat er als Abt resigniert. Er möchte als einfacher Mönch sein soziales Engagement fortführen, erklärte Franzoni.

Wo früher ein gewöhnlicher Pater als Sekretär amtierte, wirkt heute in der Regel ein Erzbischof. An der Arbeit der Sekretäre und an ihren Kompetenzen änderte sich dadurch nichts. Sie können nun lediglich als Exzellenz unter Exzellenzen gegenüber den Bischöfen außerhalb Roms noch selbstbewußter auftreten. Hinter ihnen steht nun nicht nur die Macht des Amtes, sondern auch der Mythos der Weihe. In einer Massenbischofsweihe, bei der demonstrativ auch der romtreue holländische Bischof Gijsen ordiniert wurde, feierte 1971 damit auch der päpstliche Universalismus im Petersdom einen Triumph. Nach der kirchlichen Feier wurde zum Empfang in die Festsäle der Heilig-Grab-Ritter im Hotel Columbus in der Nähe des Vatikans gebeten. Die neuen Bischöfe hielten Hof, vorzügliche kalte und warme Buffets sowie Champagner erquickten die Gäste. Der Vatikan zeigte, daß er noch feiern kann und daß dem spätbarocken geistlichen Anspruch auch ein gesellschaftlicher Stil entspricht – wenigstens für einen Tag. Danach verwandeln sich diese Bischöfe wieder zu nüchternen Managern der Macht.

III Wie die Kirche herrscht und beherrscht wird

Ohr, Herz und Arm des Papstes

»Das Ohr, das Herz und der Arm des Papstes ist das Staatssekretariat«, so definiert ein einstmals wichtiger französischer Monsignore, Paul Poupard, jetzt Präsident des Institut Catholique in Paris, seine vormalige Behörde. Noch im päpstlichen Jahrbuch 1967 stand es an letzter Stelle aller Kongregationen. Die Kardinalpräfekten dieser Kurienministerien hatten direkten Zugang zum Papst und entschieden zusammen mit ihm die Fragen, welche in die Kompetenzen ihrer Ämter fielen. Darin war etwas von der Grundidee Sixtus V. erhalten geblieben: Der Papst regiert zusammen mit dem Kollegium der römischen Kardinäle die Gesamtkirche. Der Montini-Papst, selbst im Staatssekretariat groß geworden, hat die Verhältnisse umgekehrt. Er rückte es an die erste Stelle, und unter ihm wurde es auch formell zur wichtigsten Kurialbehörde. Während Chefs der anderen Kurienbehörden oft monatelang vom Papst nicht empfangen werden, braucht der Kardinalstaatssekretär nie zu warten. Diese Besprechung hat »Vorrang vor allen anderen Audienzen«.

Der enge Kontakt wird in der Wohnsituation deutlich: Sowohl Villot als auch sein Stellvertreter Benelli wohnen im gleichen Palast wie der Papst. Der ehemalige Beamte des Staatssekretariats, Poupard, dazu: »Eine innere Treppe und ein Aufzug führen in das darüberliegende Stockwerk, in dem die offiziellen Räume des Heiligen Vaters liegen. So sind die unmittelbaren Kontakte zwischen dem Heiligen Vater und dem Kardinalstaatssekretär sehr einfach, direkt und von völliger Diskretion.« Damit hat Paul der VI. eine Entwicklung, die sich seit längerer Zeit anbahnte, kodifiziert. Die Staatssekretäre und ihre Stellvertreter, die Substituten, waren auch schon vor dieser rechtlichen Neuregelung oft die wichtigsten Gestalten des jeweiligen Kirchenregiments, aber ihre Macht hing vorher vor allem von ihrer Persönlichkeit ab. Sie war faktisch begründet. Starke Staatssekretäre waren beispielsweise Ercole Consalvi, der kinderreiche Giacomo Antonelli (1848–1876), Raffaele Merry del Val (1903–1914), einer der wenigen Nicht-Italiener vor dem Franzosen Villot in dieser Reihe, Pietro Gaspari (1914 bis 1930), verantwortlich für die Kodifizierung des Kirchenrechts und für das Konkordat mit Mussolini im Jahre 1929, schließlich Eugenio Pacelli (1930–1939), als Pius XII. zum Papst gewählt.

Das Staatssekretariat »hat die Aufgabe, den Papst unmittelbar in der Sorge für die Gesamtkirche und in den Beziehungen zu den Kurialbehörden zu unterstützen«. In seine Kompetenz fällt »alles, was der Papst ihm überträgt, aber auch all das, wofür keine andere kuriale Behörde ausdrücklich zuständig ist«. Es ist ein wahres Superministerium. Hinter diesen nüchternen Bestimmungen verbirgt sich eine noch nie dagewesene Zentralisierung der römischen Kurie, der Gegenschlag der Kurie auf die Dezentralisierungsbemühungen des Zweiten Vatikanischen Konzils. Die Unterstützung des Papstes im Verkehr mit den Behörden der Kurie wird nämlich vom Staatssekretariat nicht als Bemühung um Koordination der verschiedenen Tätigkeiten verstanden, sondern als Oberaufsicht über alle anderen Organe. Wichtige Entscheidungen können nicht ohne Zustimmung des Staatssekretariats getroffen werden. Der direkte Zugang zum Papst nützt nicht viel, der Heilige Vater überweist sowieso alle Angelegenheiten dem Staatssekretariat. Das Staatssekretariat trägt deshalb auch den Titel »Päpstliches Sekretariat«. Damit hat dieses Sekretariat der »Glaubenskongregation«, mehr bekannt unter dem früheren Namen »Heiliges Offizium«, einst die erste und höchste Behörde der Kurie, den Rang abgelaufen. Ohne Zweifel: die Geschlossenheit und Effizienz des Regierungsapparats ist erheblich gewachsen, auseinanderlaufende und sich widerstreitende Tendenzen innerhalb der Kurie sind theoretisch ausgeschlossen. Durch den Kurienumbau im Erlaß »Regimini ecclesiae« ist die strukturelle

Grundlage geschaffen, um den vermeintlichen Gefahren des Zweiten Vatikanischen Konzils zu begegnen, nämlich einem zu großen Pluralismus und Auflösungstendenzen durch gewagte Erneuerungsbemühungen. Die Erschütterungen des Konzils in der nachkonziliaren Zeit machten nicht einmal vor der Kurie halt. Das erklärte Ziel des Papstes und des Staatssekretariats lautet deshalb: Konsolidierung des Zweiten Vatikanischen Konzils. Was ihnen als Konsolidierung vorschwebt, erscheint allerdings den meisten außerhalb der Kurie als reaktionär. Das Konzil soll in die gesicherten Bahnen der Institution zurückgeleitet werden, die nach wie vor mehr vom Ersten als vom Zweiten Vatikanischen Konzil bestimmt ist. Der kulturkämpferische Geist regt sich wieder. So scheut sich der dienstälteste Deutsche im Staatssekretariat, der Salvatorianerpater Joseph Spellucci in Privatgesprächen nicht, mit der Notwendigkeit eines neuen Syllabus (1864 von Pius XI. herausgegebenes antiliberales Verzeichnis von 80 »Zeitirrtümern«) zu drohen.
Die vielen neuen Aufgaben haben zu einer noch nie dagewesenen Expansion dieser ersten römischen Kurialbehörde geführt. Heute zählt sie bereits 140 Mitarbeiter. Auch räumlich wächst sie. Die verschiedenen Säle der früheren Nobelgarde sind dem Staatssekretariat einverleibt worden, ebenso die Räume der ehemaligen Zeremonienkongregation.
In enger Beziehung zum Staatssekretariat steht der »Rat für die öffentlichen Angelegenheiten der Kirche« (Consilium pro publicis ecclesiae negotiis). Zum Aufgabenbereich dieses Außenministeriums gehören die politischen Fragen, die diplomatischen Angelegenheiten, besonders die Beziehungen zu den staatlichen Regierungen und Bischofsernennungen. Präfekt dieses Rates ist ebenfalls der Kardinalstaatssekretär. Vor dem Kurienumbau bildete dieser Rat eine eigene Kongregation und galt als erste Sektion des Staatssekretariats, als Abteilung für außerordentliche Angelegenheiten. Paul hat die Reibungsmöglichkeiten erhalten und den Hauskonflikt in sein Kurienreformwerk miteingebaut: (§ 2 Abs. 28) »Dieser Rat führt alle anfallenden Verhandlungen mit den Staatsregierungen. Außer-

dem hat er sich um die Geschäfte zu kümmern, die ihm vom Papst zur Prüfung unterbreitet werden, vor allem um solche, die mit der staatlichen Gesetzgebung zusammenhängen. Er pflegt ferner die diplomatischen Beziehungen mit den Nationen, er bearbeitet alles, was die Apostolischen Nuntiaturen, Internuntiaturen und Delegationen betrifft; dies alles in gemeinsamer Beratung mit dem Staatssekretariat, mit dem er ja engstens verbunden ist, sooft die zu behandelnden Angelegenheiten auch dessen Zuständigkeit angehen.« Ein wahrer Gummiparagraph.

Geschichtlich geht dieser Rat, an dessen Spitze als Sekretär der bekannte Prälat Casaroli steht, auf eine von Papst Pius VI. 1790 geschaffene provisorische Kommission zurück. Diese Kommission war eine Reaktion der Kirche auf die außergewöhnliche Lage in Frankreich im Zeitalter der Französischen Revolution. Am 19. Juli 1814 wurde sie von Pius VII. in eine ständige Kongregation umgewandelt. Auf diese Art entwickeln sich in der römischen Kurie meistens die festen Institutionen. Die Kurienreform Pius' X. verwandelte diese Kongregation in die erste Sektion des Staatssekretariats, gewöhnlich als Sektion für die außerordentlichen Angelegenheiten bezeichnet. Heute befindet sich dieser Rat trotz des internationalen Ansehens von Casaroli im Schatten Benellis, des Substituten des Staatssekretariates. Benelli hat die Außenpolitik entdeckt. Schwerpunkte, in denen er Casaroli zu schaffen macht, sind: die internationalen Organisationen, die Vereinigten Staaten, neuerdings der Nahe Osten. Der Rat für die öffentlichen Angelegenheiten steht allein auch dadurch in Konkurrenz zum Staatsekretariat, weil auch in ihm Ländersektionen und Sachgebiete bestehen, zum Beispiel für die Ostfragen, für die der italienische Monsignore Cheli zuständig ist, oder für Deutschland, dem der italienische Monsignore Angelo Sodano vorsteht, einer der wenigen Italiener, die deutsch verstehen. Holland betreut der Italiener Donato Squicciarini – alles Männer aus dem diplomatischen Dienst, die aber nicht zuletzt theologische Urteile fällen müssen, indem sie die Ernennung von Bischöfen vorbereiten.

Kardinalstaatssekretär Villot

An der Spitze dieses konkurrierenden Gespanns von Staatssekretariat und Rat für die öffentlichen Angelegenheiten der Kirche steht ein Triumvirat: der französische Kardinalstaatssekretär Villot, sein italienischer Stellvertreter Benelli und der Sekretär des Rates für die öffentlichen Angelegenheiten Casaroli. Als Benelli und Casaroli längst im Amt saßen und unter dem alten Kardinalstaatssekretär Cicognani ihre Macht entfalteten, tauchte Villot erst auf. Diesen Vorsprung holte er nie ganz auf, vor allem nicht gegenüber Benelli. Trotz des Rückstandes an Information und Kurienerfahrung ist Villot dennoch keine »quantité négligable«. Er ist Franzose, was unter Paul VI. viel bedeutet, und er ist als Kardinal unter anderen Kardinälen als »Papabile«, als Papstkandidat, angesehen. Er gilt als verbindlicher Mann der Mitte.

Der Titel des Kardinalstaatssekretärs kam erst Anfang des 17. Jahrhunderts auf. Heute ist der Kardinalstaatssekretär Premierminister und Außenminister in einem sowie Mitglied in den wichtigsten römischen Kongregationen. Der Papst hat außerdem den gegenwärtigen Staatssekretär Villot zum Kämmerer der Heiligen Römischen Kirche gemacht, welcher die Kirche nach dem Tod des einen bis zur Wahl des neuen Papstes regieren soll. Nach der Tabelle der Audienzen ist der Kardinalstaatssekretär mindestens zweimal pro Woche beim Papst, am Montag und am Freitag um 9.30 Uhr für eine Stunde. Routineangelegenheiten, die der Kardinalstaatssekretär dem Papst vorlegt, werden in diesen Gesprächen sofort entschieden, oft bleibt aber beim ehemaligen Substituten Montini manches liegen und muß noch in einer erneuten Audienz entschieden werden. Nach der Besprechung beim Papst arbeitet Villot erst eine Zeitlang allein, dann empfängt er oft gemeinsam Casaroli und Benelli. Während aber sein Stellvertreter Benelli oft bis nachts um 2.00 Uhr arbeitet, ist der Chef Kardinal Villot auch im Amt ein Franzose von Bonhomie und Lebensart geblieben. Den Franzosen wird nachgesagt, daß sie arbeiten um zu leben. Auf Benelli

träfe eher die alte Charakterisierung der Deutschen zu: sie leben um zu arbeiten.
Im Gegensatz zu seinem Stellvertreter Benelli schließt Villot pünktlich um 20.00 Uhr sein Büro. Danach aber liest er oft sehr lange, ähnlich wie der Papst. Er bevorzugt wie Montini französische Literatur, weniger theologische Fachliteratur. Auch er ist kein Fach-Theologe, eher ein Mann der praktischen Seelsorge. Mit mindestens 1,93 m Größe ist er eine unübersehbare Erscheinung auf römischen Empfängen. Auf diesen geht er rasch von Mann zu Mann, mit ausgesuchter Liebenswürdigkeit, wobei er sich nicht scheut, seine französischen Landsleute zu bevorzugen und sich mit dem einen oder anderen zu einem längeren Gespräch zurückzuziehen, manchmal auch mit einem Journalisten. Villot hat sich auch in seinem Amt die Liebe zum Essen und zu einem guten Glas Wein erhalten und gilt als perfekter Gastgeber. Er raucht, seine Lieblingsmarke ist die Marke der französischen Intellektuellen, die Gauloise.
Der Kardinalstaatssekretär wurde am 11. Oktober 1905 in der Auvergne geboren. Diese Landschaft im Herzen Südfrankreichs ist auch die Heimat des gegenwärtigen französischen Staatspräsidenten Pompidou, ein Land der realistischen Erdverbundenheit, eine Gegend des guten Käse. Der Sohn wohlhabender Landleute behielt auch während seiner Karriere in Frankreich und in Rom die Erde unter den Füßen. Sein steiler Aufstieg begann, als er im Alter von 44 Jahren Sekretär der französischen Bischofskonferenz wurde und dabei ein weites Spektrum von Fragen behandeln mußte, die damals die französische Kirche und Gesellschaft erschütterten. Er galt als Mann des Schreibtisches und des Dossiers. Die zum Teil aufsehenerregenden Schriftstücke der französischen Bischofskonferenz zur Schule, zum Kommunismus, zu den Arbeiterpriestern, zu den Folterungen in Algerien und zur Dritten Welt tragen seine Handschrift. Der schlanke, rasche Mann erwarb damals viele Sympathien. Er verstand es, Menschen anzusprechen, vor allem auch Gruppen, die es mit der Amtskirche schwer hatten, wie die Arbeiter-Priester. In seinem damaligen Wortschatz wurden vor allem

zwei Adjektive festgestellt: positiv und effizient. Während des Konzils wirkte er als »Mann des Hintergrunds«. Er wurde einmal von Schweizergardisten angehalten und sollte am Passieren gehindert werden, weil er im Gewand des einfachen Klerikers auftrat.

Als die französischen Bischöfe in der Kurie angeklagt wurden, Häretiker zu unterstützen und gallikanisch, also zuerst an ihre eigene Kirche und ihren Vorrang zu denken und die Kollegialität nur erfunden zu haben, um die katholische Tradition aus den Angeln zu heben, wehrte sich Villot als Erzbischof von Lyon und Primas von Gallien. Er besuchte Paul VI., und nach dieser Audienz sagte der Papst: »Ich kann nicht glauben, daß Christen und Priester mit dem Papst sind, wenn sie gegen die Bischöfe sind. Der Papst ist mit den Bischöfen solidarisch.«

Villot wollte nach Rom. Und Rom war für ihn keine Verlegenheitslösung. Seine vatikanische Laufbahn wurde eröffnet durch die Auszeichnung mit dem Kardinalspurpur 1965 und fand ihren ersten Höhepukt an der Spitze der Kleruskongregation 1967. Seither erhielt Villot Amt um Amt, und heute gibt es kaum eine Stelle, an der er nicht Vorsitzender oder zumindest Mitglied ist. Villot ist auch der erste Staatssekretär, der vom Papst damit ausgezeichnet wurde, daß er mit ihm einen Sommerurlaub in Castel Gandolfo verbrachte.

Dennoch dürfte in Rom sehr vieles geschehen, was Villot nicht überblickt und letztlich nicht verantworten kann. Manchmal unterschreibt er Schriftstücke des Staatssekretariats und erteilt ihnen die Autorität seines Namens, Schriftstücke die er, wenn er sie selbst verfaßt hätte, sicher nicht so geschrieben hätte, beispielsweise einen Brief an den Kardinal Willebrands über die jüdischen Fragen, der von verstecktem Antisemitismus erfüllt ist.

Der ehemalige Mitarbeiter des Einheitssekretariates, zuständig für die Kontakte zu den Lutheranern und Reformierten, der Schweizer Theologe Dr. August Bernhard Hasler: »Wir haben manchmal im Einheitssekretariat von Villot Briefe bekommen, die unerwartet restriktiv gehalten waren. Wir konnten nicht

verstehen, daß er sie geschrieben hatte, aber er hatte sie unterzeichnet: »In der Regel geschieht das so: Einem nicht unterzeichneten Gutachten des Staatssekretariates, von dem die anderen Kurialen nicht erfahren sollen, wer es gemacht hat, wird ein Brief Villots beigelegt. Es erhält damit die Autorität des Kardinalstaatssekretärs und indirekt des Papstes. Villots Begleitbrief bleibt im Ton verbindlich und freundlich, aber er besiegelt zugleich den unverbindlichen und harten Text. Er deckt damit im Zweifelsfall unsachliche Entscheidungen, denn das Staatssekretariat ist auch unter Villot nicht eine Expertenzentrale, die von Entwicklungspolitik über außenpolitische weltliche Zusammenhänge bis hin zu den diffizilsten Fragen der Theologie, der ökumenischen Beziehungen, der Kontakte mit den nichtchristlichen Religionen oder den Juden alles aus dem Effeff beherrschte. Die Mitarbeiter Villots erheben dennoch den Anspruch, stets für die höhere Autorität zu sprechen.
Als Mann der Mitte setzt sich auch Villot dem Verdacht aus, keine Konzeption zu haben. Progressive Gruppen in der katholischen Kirche werfen ihm seine guten Beziehungen zu den holländischen Bremsern wie Bischof Simonis und Bischof Gijsen vor. Als Simonis in Rom war, überschüttete ihn Villot mit Höflichkeit: Er begleitete ihn nach Hause und war Gast von Simonis. Die Rechten in Rom wiederum werfen ihm vor, er sei zu sehr mit Kardinal Alfrink von Utrecht befreundet. Er lasse alles auf sich zukommen, um nach pragmatischen Auswegen im Nachhinein zu suchen. Er gehöre zu den Ausländern, die im Grunde die Stärkung des Papstamtes bewirkten, da sie selbst schwach seien. Dennoch dürfte Villot stärker sein, als er erscheint. Als er einmal operiert werden mußte und 15 Tage abwesend war, annullierte er nach seiner Rückkehr alle Entscheidungen seines Stellvertreters Benelli und dessen Stabes. Was seine Stellung im Vatikan aber besonders kräftigt, ist die Aussicht, eines Tages selbst zum Papst gewählt zu werden.

Benelli, der Stier von Pistoia

Villots Stellvertreter, der Substitut Benelli ist nicht nur mächtig kraft seiner Persönlichkeit. Ihm sind von Paul VI. weitgehende Befugnisse übertragen worden. Montini holte sich den energischen Mann aus der diplomatischen Karriere des Vatikans zurück nach Rom. Der Papst kannte ihn aus der Zeit, als er ihm als Privatsekretär diente. Benelli hat im Vatikan die Funktion einer Leitstelle. Alle an den Papst gerichtete Post geht über ihn. Er ist der Vermittler zwischen dem Papst und denen, die mit ihm sprechen möchten. Seine Vormittage dienen fast ganz dazu, Besucher zu empfangen: Mitglieder des diplomatischen Corps – diese empfängt er meistens am Samstag – Vertreter des Heiligen Stuhls, die zur Berichterstattung nach Rom gekommen sind, Mitarbeiter der römischen Kurie, Politiker. Er ist Korrespondenzpartner der Nuntien, er stellt die Pässe der Diplomaten aus und bereitet die Ernennung des diplomatischen Personals und der wichtigsten Mitarbeiter der Kurie vor. Er ist verantwortlich für die Chiffre des Vatikans. Auch Verleihungen von Auszeichnungen und Ehrungen fallen unter seine Zuständigkeit. Bei der Vakanz des Apostolischen Stuhles leitet er das Staatssekretariat, während das Amt des Staatssekretärs mit dem Tod des Papstes erlöscht.

Bei dieser Fülle von Aufgaben ist es nicht erstaunlich, daß Benelli viel bewundert und viel gescholten wird: als »Stier von Pistoia«, als »Carabiniere« oder als »Berliner Mauer«.

Erzbischof Giovanni Benelli wurde am 12. Mai 1921 geboren. Er stammt aus mittleren Verhältnissen, vom flachen Land, aus Poggiole di Vernio bei Pistoia (Toskana). Er besuchte das Priesterseminar seiner Heimat, 1943 wurde er zum Priester ordiniert. Danach studierte er an der Gregorianischen Universität in Rom und trat 1948 in den vatikanischen diplomatischen Dienst ein. Damals wurde er von Montini entdeckt, der ihn zum Privatsekretär machte. Danach arbeitete er im vatikanischen diplomatischen Corps in Dublin, Paris, Rio de Janeiro und Madrid. In Madrid zog er sich den Zorn des Franco-Regimes zu, da er mit katholischen Gegnern Francos sympathisierte und einen seiner jetzigen Mitarbeiter, den für römische Verhältnisse ziemlich progressiven spanischen Bischof Torrella Cascante, in der Hauskapelle der Nuntiatur die Messe lesen ließ. Torrella war sowohl bei Franco als auch bei den damals reaktionären spanischen Bischöfen angeeckt. Das Franco-Regime betrieb jedenfalls Benellis Abberufung.

Von Madrid kehrte er nach Paris zurück als vatikanischer Beobachter bei der UNESCO, der Erziehungs- und Bildungskommission der Vereinten Nationen. Dort entdeckte er seine Leidenschaft für den Kampf gegen den Analphabetismus und sein Interesse an der Entwicklungshilfe. Im September 1966 wurde er zum Titular-Erzbischof geweiht und als Pro-Nuntius nach Westafrika geschickt, von wo ihn Paul VI. nach Rom zurückholte. Seit dem 30. Juni 1967, im Zeichen des neuen paulinischen Zentralismus, steht er an der Schaltstelle der päpstlichen Regierung. Damals wurde er der Substitut des alten Staatssekretärs, den Paul von Papst Johannes übernommen hatte, Kardinal Amleto Cicognani. Benelli hat nun dasselbe Amt inne, das Giovanni Battista Montini unter Pius XII. bekleidete. Paul VI. kann daher am besten beurteilen, wie tüchtig sein ehemaliger Sekretär auf diesem Posten ist, und Paul VI. kann sich erinnern, wie wacklig dieser Stuhl im Vatikan steht, da der Substitut alle unangenehmen Aufgaben erhält, Kleinigkeiten zu regeln hat, im Falle Benellis auch regeln will. Schon öfters, wenn über Benelli bei Paul Klagen geführt wurden, dürfte im Papst die berufliche Solidarität wach geworden sein. Ein Substitut hackt dem anderen kein Auge aus. Montini fühlt sich als Lehrer und Mentor des umstrittenen Sanguinikers Benelli.

Benelli weiß im Vatikan alles oder fast alles. Nichts ist ihm zu gering, und sei es die späte Stunde, zu der irgendein Prälat nach Hause kommt, oder seien es die Reisespesen eines Vatikanamtes. Sein Mittagessen verschlingt er manchmal zwischen vier Telefonen. Benelli speist, wie er arbeitet. Bei Botschafteressen zu seinen Ehren kann es passieren, daß er kommt, kurze Wortwechsel austauscht, sich setzt, zu essen anfängt und mit seinem ersten Gang schon fertig ist, ehe allen Tischgenossen aufgetragen wurde. Vom diplomatischen Party-Snack hält er nichts.

Um den römischen Gerüchten die Quellen abzugraben, verbannte er das vatikanische Presseamt aus dem Vatikan in die Via Conciliazione. Er erließ strenge Richtlinien für den Umgang seiner Umgebung mit der Außenwelt. Besuche empfängt er selbst prinzipiell nur außerhalb seines Büros. Er ist von seinen Untergebenen durch eine Doppeltür abgeschirmt, die er durch einen Knopfdruck öffnet. Es kann passieren, daß er am Telefon schreit und Botschafter manchmal warten läßt, dennoch sitzen sie »brav wie die Schulbuben« (ein vatikanischer Prälat) in Benellis Wartezimmer. Sie harren seiner in Geduld, denn sie wissen, daß ein Gespräch mit ihm entscheidend ist und daß Informationen im Vatikan, wenn überhaupt, dann von Benelli authentisch zu erhalten sind. Benelli läßt im Gespräch das Telefon ruhen, es sei denn die besonders geschaltete Telefonleitung zum Papst rufe ihn. Dann läßt Benelli auch Botschafter sitzen.

Der Substitut arbeitet nicht nur selbst für drei, er trimmt auch seine Untergebenen. Unter ihm wurde das Staatssekretariat verjüngt. Es ist heute die Behörde mit den jüngsten und fleißigsten Mitarbeitern an der Kurie. In einem Interview mit der US-amerikanischen katholischen Nachrichtenagentur *NC News Service* vom 1. 8. 1970 sagte er: »We must streamline the curia«. Die Stromlinien-Modernisierung der römischen Kurie strapaziert vor allem den Stab seiner vier persönlichen Sekretäre: zwei Italiener, einen Franzosen und einen Deutschen, den fragilen Prälaten Dr. Karl Rauber. Die Unteregebenen Benellis sagen jedoch, er sei menschlicher, als er nach außen scheine.

Benelli baut immer stärker seinen eigenen Stab auf und drängt die Leute der ehemals mächtigen Dell'Acqua und Samoré aus dem Staatssekretariat hinaus. Die Marathon-Leistungen Benellis und seines Stabes werden in der Regel in Rom anerkannt. Dennoch hat er zahlreiche Kritiker: »Benelli macht zu viel, als daß er alles richtig machen könnte«, lautet die vornehmste Kritik. Andere Kurienmitglieder sind weniger zurückhaltend: »Benelli ist für die Kirche gefährlich.« (Dies war die Meinung des tödlich verunglückten stellvertretenden Chefs der päpstlichen Kommission »Iustitia et Pax«, Johannes Schütte.)

Methoden Macchiavellis

Benelli ist auch deshalb so stark, weil er es mit vielen Schwachen zu tun hat. Im Reiche der Blinden ist der Einäugige König. Seine Konkurrenten verhalten sich im Urteil eines deutschen Prälaten nach der »Methode U-Boot: sie tauchen unter und warten, bis sie auftauchen können, wenn Benelli gegangen ist«. Dank seiner »Carabinieri«-Methoden deckte er manche Schlamperei im Vatikan-Dienst auf – die zweifache Buchführung an der Kasse der vatikanischen Museen, Schleichhandel mit Vatikan-Pässen und Mißstände im vatikanischen Kaufhaus Anona.

Benelli läßt sich nicht einfach mit der Schablone rechts oder konservativ einordnen. Bei seiner energischen Machtausübung verhält er sich wie ein alter Renaissance-Fürst aus der Toskana, der Landschaft Macchiavellis. Gegenüber theologischen Diskussionen und Abweichungen plädiert er für Härte, obwohl er kein Fach-Theologe und im Grunde der geborene Politiker ist. Er praktiziert einen Zentralismus, der Initiativen von unten erstickt. Aus seiner Leidenschaft für Entwicklungspolitik regiert er unbekümmert in die eigens dafür bestimmten Kurienorgane wie »Iustitia et Pax« (Gerechtigkeit und Frieden) hinein. Sein entwicklungspolitisches Modell beruht weniger auf der Veränderung der sozialen Verhältnisse als auf der Hebung von Bildung und dem Kampf gegen den Analphabetismus. Das Blidungsdefizit ist für Benelli der Grund des Übels in der Welt. In einem Interview mit *NC News Service* vom 1. 8. 1970 sagte er, daß die Beteiligung des Heiligen Stuhls an der UNESCO die Ursache für sein eigenes Engagement auf diesem Gebiet sei. »Ich entdeckte, daß, indem man dem Menschen hilft, sich selbst mehr zu entwickeln, man eine wirkliche und sichere Basis für den Fortschritt schafft. Man befähigt die Leute damit, ihren sozialen Fortschritt selbst zu betreiben.« Benelli verschließt keineswegs die Augen vor den sozialen Realitäten: »Die Reichen sind reicher geworden und die Armen ärmer.« Diese Erkenntnis gewann er in Afrika und Lateinamerika.

Er charakterisiert sein Amtsverständnis wie folgt: »Ich betrachte meine Arbeit als Substitut des Staatssekretariats nicht nur als eine Aufgabe, die erfüllt werden muß. Was ist meine Arbeit? Nun, das ist eine Vereinigung verschiedenster Elemente. Das ist schwierig zu definieren. Ich bin ein Instrument und ein unmittelbarer Mitarbeiter des Papstes für jegliche Arbeit, die er wünscht, mir anzuvertrauen.« Benelli meint, daß sein Amt mit den gewachsenen Zuständigkeiten und Kompetenzen sehr viel Gutes für den Heiligen Stuhl und für die Kirche tun könne. Er ist sich der Einwände gegen die römische Kurie und das Staatssekretariat bewußt: »Aber es [das Staatssekretariat] kann ebenso schaden, wenn die Angelegenheiten nicht auf dem richtigen Weg durchgeführt werden, wenn die Dinge nicht in einem wahren und evangelischen Geist behandelt, betrachtet werden. Schaden kann auch entstehen, wenn das Image des Apostolischen Stuhls nicht übereinstimmt mit dem Charakter, mit welchem der Papst ihn zu inspirieren wünscht. Wir sind dabei, ehrliche Anstrengungen zu machen, um die alte Mentalität der römischen Kurie zu verändern.« Nach seinen Zukunftshoffnungen befragt, erwidert Benelli ironisch: »Meinen Sie, ich hoffe, Kardinal zu werden?« Er wünscht sich, daß er dem Papst wirklich helfe, die Kurienreform durchzuführen, »nicht nur eine Reform der Strukturen, wie man mit Farbe und Mörtel ein Zimmer verändert, sondern vielmehr eine Reform der Haltungen und Sitten und der Mentalität, und das braucht Jahre.« Benellis Programm für die Kurie: »Wir müssen den Sinn für Armut entwickeln. Wir müssen uns den Erfordernissen der Zeit stellen. Wir brauchen entschiedene Leute des Dienstes, nicht diejenigen, die nach ihrer Karriere schielen.«

Autofahrer leben gefährlich, so wie Erzbischof Benelli inmitten seines Regierungsapparates, der ihm gefügig ist und der ihn doch am liebsten verschlucken möchte. Benellis Hobby: »Ich fahre gern ein Auto mit hoher Geschwindigkeit.«

Casaroli, der Diplomat im Talar

Von ganz anderer Natur ist Casaroli, der von Benelli zurückgedrängte Außenminister des Vatikans, den man oft in einem Atemzug mit Benelli nennt, was falsch ist. Während man Benelli gern mit dem »Carabiniere«, dem italienischen Polizeisoldaten, vergleicht, so passen auf Casaroli kaum martialische Vergleiche. Zu ihm passen eher Worte aus der Sphäre des Diplomatischen, der Wissenschaft oder des Musischen. Er wirkt wie ein umgänglicher Professor und wollte auch eigentlich Philosoph werden. Er sammelt Schallplatten, schätzt Bach und Beethoven, liest viel und denkt über die Philosophie keineswegs, daß sie die Magd der Theologie sei. Dennoch sitzt er nicht auf dem hohen Roß, und man kann es glauben, daß junge Arbeiter in der Villa Agnese auf dem Gianicolo, die ohne den Halt der eigenen Familie in Rom unter die Räder kämen, auch heute noch zu ihm »Padre Agostino« sagen, wenn er mit ihnen abends ißt, plaudert und spielt, sobald es sein Terminkalender erlaubt. Er findet trotz aller Belastungen immer wieder Zeit, Priester zu sein, Benelli dagegen hat keine Zeit.
Diesem vatikanischen Außenminister, der immer wieder ins Scheinwerferlicht getaucht wird, ist es nicht an der Wiege gesungen worden, daß er einmal mit den Großen der Welt im Namen des Papstes sprechen werde. Agostino Casaroli ist das Kind einfacher Leute, der Sohn eines Schneiders und einer Hausfrau. Er wurde am 24. November 1914 in Castello S. Giovanni in der Diözese Piacenza in Norditalien geboren. Dies ist auch die Heimat seines ersten Chefs, des unter Paul VI. abgetakelten Kardinals Samoré. Den Entschluß, Priester zu werden, könnten zwei Onkel mütterlicherseits beeinflußt haben, der eine war Bischof von Sarsina in der Romagna, der andere Rektor des bi-

schöflichen Seminars von Piacenza. Im Oktober 1929 trat Casaroli in das Alberoni-Kolleg in Piacenza ein, um Theologe zu werden. 1936 kam er nach Rom, wo er an der Lateran-Universität kanonisches Recht hörte. Dort promovierte er 1939. Unterdessen war er in die Diplomatenakademie am Minervaplatz eingetreten (1937), der Pflanzstätte künftiger Diplomaten des Papstes. 1940 trat er in die Dienste der Kurie in die erste Sektion des Staatssekretariats. Dort trieb er zunächst Archivstudien vor allem über Lateinamerika. Aus dieser Sektion ging sein heutiges Amt hervor, der Rat für die außerordentlichen Angelegenheiten der Kirche. 1950 wurde er Minutant im Staatssekretariat, zuständig für Lateinamerika. In diesem Amt begleitete er 1955 Monsignore Samoré, seinen damaligen Chef zur ersten Generalversammlung des lateinamerikanischen Episkopats. 1958 bis 1961 kehrte er noch einmal in die Akademie am Minervaplatz zurück, diesmals als Professor für diplomatischen Stil. Diesen lehrt er noch heute.

Papst Johannes förderte und beförderte ihn. Seit März 1961 gehört er zum engeren Führungsstab des Staatssekretariats, nachdem ihn der Roncalli-Papst zum Untersekretär der Kongregation für die außerordentlichen Angelegenheiten der Kirche ernannt hatte. Noch im selben Monat reiste Casaroli als Chef der Delegation des Heiligen Stuhls zu den Verhandlungen der Vereinten Nationen über die diplomatischen Beziehungen nach Wien. Dort kam der ehemalige Lateinamerika-Fachmann zum erstenmal »durch Zufall«, wie er es jetzt sieht, mit der kommunistischen Welt in Berührung. Im Vatikan gilt es als Erfolg Casarolis, daß die Wiener Konvention für die Zukunft das alte Privileg des päpstlichen Botschafters bestätigte, der Doyen des diplomatischen Corps zu sein. Er leitete auch im März 1963 für den Heiligen Stuhl die Verhandlungen bei der Wiener UN-Konferenz über die konsularischen Beziehungen. Wien wurde, dank der traditionellen Verflechtung mit den slawischen und magyarischen Nachbarn der alten Donaumonarchie, seiner Neutralität und der Vorarbeit Kardinal Königs, für Carsaroli die Tür zum kommunistisch beherrschten Europa.

Als unter Papst Johannes Anzeichen eines Tauwetters für die Kirche im Ostblock sichtbar wurden, begann man bald, Casaroli als Ostexperten zu titulieren. Von Wien aus bereiste er 1963 mehrere kommunistische Länder. Er wollte Fäden knüpfen, welche die Kommunisten nach dem Krieg zerrissen hatten. So unterschrieb er 1964 ein »Agreement« mit der ungarischen Regierung, das noch weit von einer Normalisierung der Beziehungen entfernt ist, welches aber den Anfang der Normalisierung brachte. In den Rahmen dieser ersten Schritte gehört auch die Reise im Februar 1965 nach Prag, wo er mit den Kommunisten übereinkam, daß der Vatikan für den seit 1951 »verhinderten« Erzbischof Beran als apostolischen Administrator Bischof Tomasek bestellte. Am 25. Juni 1966 unterschrieb er in Belgrad das Protokoll, als dessen Ergebnis jetzt die vollen diplomatischen Beziehungen zwischen dem Vatikan und Jugoslawien wieder aufgenommen sind. Im jugoslawischen Falle mußte Casaroli von 1966 bis 1970 warten, bis er die Früchte ernten konnte, die er gesät hatte. Aber Casaroli ist geduldig.
Nach Benellis Aufstieg sahen viele Casarolis Stern schon sinken. Gewiß hat Benelli heute die umfassendere Aufgabe, aber Casaroli ist nicht so gefährdet beim Regierungsantritt eines neuen Papstes, da er sich nicht so exponierte. Casaroli dürfte es leichter fallen, »oben« zu bleiben, wenn eines Tages der Nachfolger inthronisiert wird. Manche sehen Casaroli, der 1967 von Paul VI. zum Titularerzbischof von Karthago erhoben worden ist, als künftigen Kardinal, einige gar als Papst. Casaroli selbst würde solche Mutmaßungen eher lächelnd und höflich abweisen.
Casaroli nützt es in seinem Amte, daß er französisch und deutsch spricht, englisch und spanisch versteht. Er ist ein guter Zuhörer, so daß manche Besucher, die mit einer bestimmten Absicht gekommen waren, sich schon zu früh freuten, er gehöre ihnen. Bei aller Verbindlichkeit ist er prinzipienfest. Bekanntlich schätzen gerade Kommunisten solche Verhandlungsführer.

Instrumente der Regierung

Who is who?

Villot, Benelli und Casroli vermöchten nicht zu regieren, wenn sie sich nicht auf ihren eigenen internen Apparat stützen könnten. Solche Instrumente sind ein Pressebeobachtungsamt und ein Statistisches Amt. Auch das Propagandaministerium des Vatikans, die »Kommission für die sozialen Kommunikationsmittel«, untersteht ihnen. Das statistische Amt veröffentlicht jedes Jahr das »Annuario Pontificio«, das päpstliche Jahrbuch. Es ist kein beliebiges Dokument, sondern hat amtlichen Charakter. Mit seinen fast 2000 Seiten enthält es alle Angaben über die Leitung der römischen Kirche, über den Papst, über die Patriarchen, Kardinäle, Erzbischöfe und Bischöfe, über die Ämter des Heiligen Stuhls und des Vatikanstaates, die Nuntiaturen und Vertretungen der Staaten beim Vatikan; über die männlichen und weiblichen Orden. An der Spitze des Jahrbuches wird der Papst aufgeführt. Nicht nur, daß die beiden Einbanddeckel die päpstlichen Insignien tragen, die erste Seite bringt neben einer Papstliste, beginnend bei Petrus, neben Papstbildnis, Papstwappen und Papstmedaille, die jedes Jahr neu geprägt wird, Angaben über den jeweils regierenden Papst. Vorangestellt sind die neun Titel, die der Papst in Anspruch nimmt: Bischof von Rom, Stellvertreter Jesu Christi, Nachfolger der Apostelfürsten, höchster Pontifex der universalen Kirche, Patriarch des Westens, Primas Italiens, Erzbischof und Metropolit der römischen Provinz, Souverän des Staates der Vatikan-Stadt, Diener der Diener Gottes.

Roms Mühlen mahlen langsam

Das »Annuario Pontificio« ist auch ein politisches Dokument und wird von den beim Heiligen Stuhl akkreditierten weltlichen Diplomaten von Jahr zu Jahr genau studiert. So galt der Ehrgeiz der deutschen Vatikanbotschafter der Nachkriegszeit der rechtzeitigen Entdeckung, wie der Vatikan im neuen Jahrbuch die Diözesen in den Ostgebieten, vor allem die Diözese Breslau behandelte. Der Botschafter war stolz, nach Bonn melden zu können, daß der Vatikan Breslau noch immer unter Deutschland aufführte und daß er in einer Fußnote auf den deutschen Kapitelsvikar hinwies.

Ähnlich verfuhr der Vatikan mit den polnischen Diözesen, die wegen der Verschiebung Polens von Ost nach West heute zum Teil auf sowjetischem Gebiet liegen. Für den Vatikan sind sie nach wie vor polnisch. Die den durch Kriege geschaffenen Realitäten gegenüber mißtrauische Außenpolitik läßt sich mit Anerkennungen lange Zeit. So existierte auch 1972 für den Vatikan offiziell, d. h. im »Annuario Pontificio«, weder der Staat Israel noch die Sowjetunion. In Europa werden als selbständige Gebiete noch immer Danzig, Estland, Lettland, Litauen und Rußland aufgeführt. Unter den diplomatischen Repräsentanten beim Heiligen Stuhl war der erste Sekretär der litauischen Botschaft, Stasys Lozoraitis jr., anerkannt sowie der Vertreter der Londoner polnischen Exilregierung Kasimir Papee. Rascher reagierte der Vatikan auf afrikanische Vorgänge. Im »Annuario« von 1971 wurde noch die Republik Kongo (Kinshasa) mit ihrem Botschafter verzeichnet, nach der Afrikanisierungskampagne vollzog der Vatikan den Namenswechsel in Zaire.

Alarmierende Statistik

Der Chef des Statistischen Amtes, auf dessen Arbeit das »Annuario Pontificio« beruht, wird von Monsignore D'Agata geleitet. Er gibt nur den Namen her, die eigentliche Arbeit macht ein Laie. Das Amt hat die Aufgabe, Nachrichten zu sammeln und zu ordnen. Es stellt Gesamtübersichten zusammen und soll dabei dem Zusammenhang von Ursache und Wirkung nachgehen. Auf der letzten Bischofssynode 1971 verteilte es zum erstenmal alarmierendes statistisches Material über den Zustand der katholischen Kirche in der gesamten Welt, vor allem über die Priesterkrise. Danach verließen allein 1972 4000 Priester mit Dispens der Kirche ihr Amt.

Das Staatssekretariat leitet und redigiert auch die einzige offizielle periodische Veröffentlichung des Heiligen Stuhls, die »Acta Apostolicae Sedis«, die Akten des Apostolischen Stuhles (seit 1908). Sie enthalten in stets gleichbleibender Reihenfolge die Akten des Papstes, der Kongregationen, der Gerichtshöfe, der Ämter, der Sekretariate und ein Tagebuch der römischen Kurie. Diese Zeitschrift ist ausschließlich lateinisch abgefaßt. Alle Gesetzestexte werden hier veröffentlicht und treten drei Monate nach der Publikation in Kraft. Gelingt es einer Kurienabteilung nicht, ihre Erlasse in diesem Organ zu publizieren, kommt das einer deutlichen Abwertung des betreffenden Dokumentes gleich.

Die Kontrolle der Kontrolleure

Wichtiger jedoch als die Spezialaufgaben des Staatssekretariates ist seine Kontrolle der gesamten römischen Kurie. Es beherrscht diejenigen, welche im Namen des Papstes herrschen sollen. Unter Paul VI. hat sich das Staatssekretariat immer mehr zu einem Organ entwickelt, das in zweiter und geheimer Instanz die wichtigsten Fragen aller anderen Kurienabteilungen nochmals behandelt. Für jede Kongregation oder für jedes Sekretariat ist irgendein Mann des Staatssekretariats zuständig, dessen Name geheimgehalten wird. Dennoch kennen die anderen Kurienbehörden die Zuständigkeit der Monsignori im Staatssekretariat. So beschäftigt sich zum Beispiel Monsignore Renato Martino mit Fragen der Erziehungskongregation, Mon-

signore Oskar Rizzato ist zuständig für das Einheitssekretariat, Monsignore Henri Bodet für den Laienrat, Pater Jean-Pierre Le Gall für die Kommission »Iustitia et Pax«. Damit diese Namen nicht allzu leicht bekannt werden, zieht man von Zeit zu Zeit immer wieder andere Beamte heran, man läßt sie rotieren. Dahinter steckt das System, daß sie nicht zu mächtig innerhalb ihres Apparats werden sollen.
Das Staatssekretariat begnügt sich jedoch nicht mit der Kontrolle, sondern fällt die Entscheidungen selbst. Theoretisch bleibt der Papst oberster Herr, praktisch ist er jedoch außerordentlich abhängig von den Ratschlägen seines Sekretariats. Das Staatssekretariat ist nicht nur der Bewacher der anderen Kurienbehörden, es ist auch ihr Auftraggeber. Immer häufiger kommt es vor, daß in anderen Abteilungen Briefe entworfen werden müssen, die Benelli als die seinen unterzeichnet. Das Staatssekretariat fordert laufend Gutachten an oder verlangt längere Studien. So hat es in der jüngsten Zeit drei Kurienorgane mit dem Studium der Schwangerschaftsunterbrechung beauftragt: die »Glaubenskongregation«, den »Rat für die Laien« und die Kommission »Iustitia et Pax«. Kongregationen und Sekretariate sind dadurch weitgehend zu Instrumenten und Hilfsorganisationen des Staatssekretariats degradiert.

Chiffrieren und Dechiffrieren

Unter Benelli überbietet das Staatssekretariat selbst die vormals geheimnisvollste Behörde, die »Glaubenskongregation«, an Geheimniskrämerei. Eigentlich gibt es im Staatssekretariat nichts, was nicht geheim wäre. Seine Mitarbeiter sollen nicht einmal erzählen, in welcher Abteilung sie sitzen oder mit welcher Aufgabe sie betraut sind. Im Vatikan bestehen neuerdings zwei Gelegenheiten, zu Mittag zu speisen. Was schon eine Weile bei den Schwestern des Hospizes von Santa Martha, einer Pilgerherberge im Vatikan, besteht, ist nun auch in der Mensa der ehemaligen Gendarmerie-Kaserne eingeführt worden. In Santa

Martha ist ein eigener Raum für die Angehörigen des Staatssekretariats reserviert, in der Kaserne sind es eigene Tische. Die Geheimnisträger sollen so vor verfänglichen Tischgesprächen bewahrt werden. Wird der Besucher in den anderen Kurienbehörden in der Regel ohne Formalitäten vorgelassen, so kommt der Gang zum Staatssekretariat einem Grenzübertritt gleich. Die aktivste Behörde schweigt über ihre Aktivität. In dem offiziösen Berichtsband über die Tätigkeit der römischen Kurie »L'Attività della Santa Sede«, steht keine Zeile über das Staatssekretariat, während selbst über die vatikanische Sternwarte in der Ausgabe von 1972 acht Druckseiten publiziert wurden.

In vielen Dingen mit dem Spitzenbüro einer Staatsregierung vergleichbar, bedient sich das Staatssekretariat auch der Mittel des Staates, bis hin zu geheimdienstlichen Praktiken. Es besitzt ein eigenes Amt für die Chiffre, das aus fünf Leuten besteht und oft bis nachts arbeiten muß. Der Chef der Chiffre ist der jeweilige Substitut. Die Chiffre wird gegenüber der restlichen Kurie streng geheim gehalten. Sie ist nur den Beamten des Staatssekretariates und den Nuntiaturen bekannt. Erst nach ihrer Vereidigung wird sie neuen Mitarbeitern mitgeteilt. Wollen andere Kurienbehörden chiffrierte Meldungen durchgeben, so müssen sie sich an das Staatssekretariat wenden. Auch den Bischofskonferenzen steht die Chiffre nicht zur Verfügung. Große Außenposten besitzen modernste Anlagen zur Chiffrierung und Dechiffrierung. Die vatikanische Chiffre beruht auf der Einheit von je fünf Buchstaben. Jede Einheit steht für einen Buchstaben des normalen Alphabets.

Die Gehilfen des Substituten

Die wichtigsten Mitarbeiter des Staatssekretariates kommen aus der diplomatischen Karriere des Vatikans und besuchten zuvor in der Regel die Päpstliche Akademie am Minervaplatz in Rom. Die zweite Schicht bilden die Kleriker, die in der Verwaltungslaufbahn tätig sind. Unter ihnen stehen die Ordensleute. Die vierte Gruppe sind wie überall im Vatikan die Laien. Außer in den offiiziellen Abteilungen wie Personalangelegenheiten, Verwaltung, Caritas, internationale Angelegenheiten, Protokoll, Chiffrierung, Abfertigung der Kuriere, der Telegramme und der Ordensverleihung, die meist von Italienern besetzt sind, arbeiten deutsche, amerikanische, kanadische, spanische, französische, italienische und portugiesische Prälaten in sprachlichen Sektionen. Sie haben die Aufgabe, eingehende Post zu übersetzen und zu beantworten, Dokumente vorzubereiten und zu übersetzen.

Die deutsche Abteilung wird nominell noch immer von Prälat Dr. Karl Rauber aus dem Klerus der Diözese Mainz geführt. Da aber Rauber als einer der Sekretäre Benellis zu stark mit dieser Aufgabe belegt ist, gilt die deutsche Sektion gegenwärtig nur noch als ein Schatten ihrer selbst. Der dienstälteste Ordensmann im Staatssekretariat, Joseph Spelucci, vertritt Rauber. Spelucci dolmetscht jeden Mittwoch, wenn er wie ein Seraph zum Papstthron schwebt und aufs Knie fällt, um dem Heiligen Vater zu verkünden, wie viele Gruppen deutscher Sprache anwesend sind. In der Verwaltungslaufbahn steht der junge Dr. Ender. Er ist von Bischof Tenhumberg, Münster, dem sehr an einer Änderung des deutschen Defizits im Vatikan gelegen ist, auf den Weg gebracht worden. In derselben Abteilung sitzt ein weiterer Ordensmann, Pater Gierlein von den »Steyler Missionaren«. Er gehört zu denjenigen im Staatssekretariat, die man arbeitsrechtlich als »freie Mitarbeiter« definieren könnte. Sie stehen nicht auf der offiziellen Liste der Mitarbeiter, sind nicht »di ruolo«. Deshalb ist Gierlein auch nicht im »Annuario Pontificio« verzeichnet. Dennoch ist er ein Rädchen im Regierungsapparat, das man unbedingt braucht: Er ist einer der wenigen im Vatikan, die holländisch können. Die selbstbewußten Holländer fühlen sich allerdings von ihm nicht verstanden. Sie gehörten zwar lange Zeit zu den aus dem Heiligen Römischen Reich deutscher Nation hervorgegangenen kirchlichen Instituten in Rom (beispielsweise war Kardinal Alfrink noch in seiner

Jugend Kaplan der deutschen Nationalkirche Anima), heute aber, nach den bitteren Erfahrungen zweier Weltkriege, sind sie zu Recht empfindlich, wenn man sie innerhalb der deutschen Sektion rangieren läßt. Trotz der mangelnden Kompetenz im Staatssekretariat ist man dort mit fertigen Urteilen rasch bei der Hand. Sie stützen sich auf die Sprachkenntnisse eines einzelnen Mannes oder auf die schriftlichen Berichte der Nuntiatur in Den Haag, in welcher der Deutsche Dyba arbeitet, oder auf Anschwärzer vom Schlag des Prälaten Fittkau. Die regelmäßigen Besuche des Kardinals Alfrink kommen kaum dagegen an.
Die Länder-Sektionen im Staatssekretariat sind eher Relikte aus der alten Gliederung. Heute im Zeichen der Machtergreifung des Staatssekretariats über den Rest der Kurie sind andere Ämter wie die der Überwachung der restlichen Kurienstellen oder der Korrespondenz, der Beziehungen zu den internationalen Gesellschaften oder der Information und Dokumentation wichtiger geworden. Nicht eigens aufgeführt wird im päpstlichen Jahrbuch das wichtigste Amt: der engste Stab Benellis mit dem Deutschen Rauber, dem Italiener Sebastiani und dem Franzosen Bodet, der den Franzosen Poupard verdrängt hat. Manche Leute Benellis sind im Rang noch niedriger und haben dennoch einen Einfluß, wie der für soziale Fragen zuständige französische Pater Le Gall, welcher auf der niedrigen Stufe des »Scrittore«, des Schreibers, dennoch die wichtige Kommission »Iustitia et Pax« überwacht.
Die neueren Abteilungen des Staatssekretariates bedienen sich der modernsten Hilfsmittel, hier wird recherchiert, chiffriert, dechiffriert, telegraphiert, telefoniert, gefunkt, Radio, Fernsehen und Presse ausgewertet.

Manipulation mit »P« und »N«

Die Kurie ist aber viel zu realistisch, und die Römer sind im Grunde ihres Herzens zu sehr Zyniker, als daß sie nicht wüßten, daß sie heute mit ihren traditionellen Mitteln wie den Ablässen weniger ausrichten können als mit einer Manipulation der öffentlichen Meinung. Das Staatssekretariat unterhält deshalb ein internes Presseamt. Es verfolgt die Äußerungen zu kirchlichen, vor allem vatikanischen Problemen und gibt einen eigenen internen Pressedienst heraus. Daneben versorgt es die verschiedenen Kurialbehörden mit einschlägigen Zeitungsartikeln. Dieses Amt ist unter Pius XII. vom jetzigen Papst Montini gegründet worden. Gegenwärtig steht es unter der Leitung des italienischen Monsignore Cacciavillan. Von einer objektiven Erfassung der wichtigsten Artikel kann jedoch kaum die Rede sein. Die Presseausschnitte, die an die einzelnen Kurienbehörden verschickt werden, sind meist zufällig zusammengestellt. Das interne Presseamt liebt es besonders, romfreundliche und konservative Beiträge an erster Stelle zu bringen. Wer sich an diesen internen Pressedienst hält, bekommt ein schiefes, ein für Rom zu positives Bild. Auch die Nachrichten für den Papst werden so gefiltert. Paul VI. versucht das zu umgehen, indem er die französische Zeitung *Le Monde* und die italienische Zeitung *La Stampa* liest. Die Begründung der Manipulation: Man möchte den Heiligen Vater trösten.

In der Zeit unmittelbar nach der Veröffentlichung der Ehe-Enzyklika »Humanae vitae« fehlte im Staatssekretariat der Mann, welcher normalerweise die deutschen und skandinavischen Eingänge behandelte. Das Staatssekretariat bat deshalb das Personal von »Radio Vaticana« um Hilfe und übergab ihm einen Stoß Telegramme mit der Bitte, auf alle, welche sich für die Enzyklika aussprachen, ein »P« (positiv) und auf alle, welche dagegen sprachen, ein »N« (negativ) zu malen. »Radio Vaticana« erledigte diese Aufgabe und gab die gezeichneten Telegramme zurück. Es dauerte nicht sehr lange, da erhielt es alle Exemplare mit dem »P« zurück, dazu auch Telegramme in anderen Sprachen mit der Auflage, über mehrere Wochen während des Nachrichtendienstes drei Schreibmaschinenseiten lang positive Echos auf die jüngste Enzyklika auszustrahlen. Ähnliche Methoden wurden auch anläßlich der Zölibats-Enzyklika angewandt.

Eine besondere Schwierigkeit bereiten dem Staatssekretariat die gemeinsamen Pressekommuniques mit nichtkatholischen Organisationen. Es erhebt auch in diesen Fällen den Anspruch, nur nach der Prüfung in seinem Amt könne eine Publikation stattfinden. Praktisch läßt sich diese Zensur schwer durchführen. Ein Pressebericht, der beispielsweise gemeinsam von den Mitgliedern der anglikanisch-katholischen Studienkommission redigiert worden ist, kann nicht vom Staatssekretariat geändert werden, ohne nochmals der Studienkommission vorgelegt zu werden. Derartige Presseberichte werden in der Regel zunächst von der nichtkatholischen Organisation außerhalb Roms publiziert. Meist ignoriert das offiziöse Blatt des Vatikans, der *Osservatore Romano*, solche gemeinsamen Kommuniques.
In wichtigen Fällen scheut sich das Staatssekretariat nicht, einige Retuschen anzubringen, wie im Falle des gemeinsamen Kommuniques zur ersten Tagung einer offiziellen Delegation der Kurie und der Juden vom 20. bis 23. September 1970. Aus Rücksicht auf die Araber reduzierte man die Begegnung auf ein »ökumenisches Treffen« zwischen Katholiken und Juden, ließ die Sitzungen nur noch in Rom, nicht mehr im Vatikan stattfinden, sprach nicht mehr von Repräsentanten der katholischen Kirche, sondern nur noch von einer Delegation des Sekretariats für die Einheit der Christen. Auch inhaltlich änderte man: In dem Text, der vom gemeinsamen Kampf gegen Rassismus, Antisemitismus und alle Formen der Diskriminierung sprach, fehlte plötzlich das Wort Antisemitismus.
Das Staatssekretariat versucht, die Presse zu positiven Artikeln zu bewegen. Das wichtigste Mittel dazu sind die Kollaborateure. So hatte ein holländischer Professor in Rom in einer Zeitschrift den Papst verteidigt. Gleich darauf wurde er vom Staatssekretariat angerufen. Der Mann am Apparat wollte sich nicht zu erkennen geben, entpuppte sich aber schließlich als ein Monsignore der unteren Garnitur. In der später erfolgten Unterredung ließ der Prälat wissen, der Heilige Vater habe sich sehr über den Artikel gefreut und würde wünschen, daß er so weiterarbeite. Wenn er dazu bereit sei, gäbe das Staatssekre-

tariat alle vertraulichen Informationen, wovon es sehr viele besitze. Der Professor: »Ich habe diesen Artikel spontan geschrieben und den Papst in einem Punkt verteidigt, ich kann aber nicht systematisch so weiterarbeiten und mich gegen die holländischen Katholiken generell wenden.« Der Monsignore traute seinen Ohren nicht: »Was, wissen Sie denn nicht, um was es geht?« Der Professor verließ seinen Gesprächspartner mit der Gewißheit, nun nicht mehr so bald ein Angebot für vertrauliche Informationen aus dem Staatssekretariat zu erhalten.

Ignorante Informanten

Für die Außenwelt und die Beeinflussung der beim Vatikan akkreditierten Journalisten ist ein vom Staatssekretariat abhängiges Propagandaamt, die »Pontificia Commissione per le Communiazione Sociali« zuständig. Das Amt sitzt im Palazzo San Carlo, sein Chef ist der amerikanische Titularerzbischof Heston, der als Pater und Sekretär der Ordenskongregation die Untersuchung über den angeblichen Handel mit indischen Nonnen zur Auffüllung verwaister europäischer Klöster geleitet hatte. Praktisch schalten dort aber vor allem der polnische Sekretär Monsignore Deskur und Pater Panciroli, ein Schützling des päpstlichen Geheimsekretärs Macchi. Von diesem Propagandaamt hängt wiederum die »Sala Stampa«, das Presseamt des Heiligen Stuhls ab. Dieses Pressezentrum liegt außerhalb der ummauerten Vatikanstadt, an der Via della Conciliazione. Für jede Filmaufnahme innerhalb der Vatikanstadt wird eine Sondergenehmigung verlangt. Der Willkür sind damit keine Grenzen gesetzt. Stellt ein Team einen Antrag auf »Bilder der Vatikanstadt von außen«, so wird um Details zurückgefragt. Als einmal ein Team des Bayrischen Rundfunks in Rom, der ständigen Stelle der ARD-Teams, den Antrag stellte, einen Zug der Schweizergarde zu filmen, beschied Panciroli die Anfrager, er lehne solche Bilder ab, da sie zu martialisch seien und nicht mit dem Image des Heiligen Stuhls übereinstimmten.

Großzügig ist der Vatikan bei großen Ereignissen wie Synoden und Konzilen. Bevorzugter Augenzeuge ist stets die dem Vatikan über das italienische »Sottogoverno«, die Schattenregierung, weit mehr ans Herz gewachsene italienische Fernseh- und Rundfunkgesellschaft RAI. Besonders schwierig wird es für Fernseh-Teams, wenn sie vom Petersplatz aus filmen wollen. Dann ecken sie bei zwei filmfeindlichen Autoritäten an: den Italienern und dem Vatikan. Bekommt ein Team die Genehmigung, Aufnahmen vom Dach des Petersdoms aus zu machen, so kann es passieren, daß der päpstliche Wachbeamte darauf dringt, daß nur gemäß der tatsächlichen Genehmigung, beispielsweise von der linken Seite aus gefilmt wird.

Noch stiefmütterlicher behandelt der Vatikan die schreibende Zunft. Können die filmenden Leute wenigstens im Vatikan mit malerischen Bildern aufwarten, so müßten die Schreiber verhungern, wenn sie auf die offiziellen Informationen angewiesen wären. Das heutige vatikanische Presseamt geht zurück auf einen Pressedienst des *Osservatore Romano*. Einer der Redakteure dieser Zeitung hatte den akkreditierten Journalisten die offiziellen Informationen zu übermitteln. Während des Zweiten Vatikanischen Konzils wurde ein Pressebüro mit mehreren Abteilungen in den wichtigsten Sprachen eingerichtet. Mit dem Ende des Konzils wurde es wieder aufgelöst. Auf Anordnung des Papstes wurde es im Oktober 1966 neu errichtet. Der erste Sprecher war der kleine wendige Monsignore Fausto Vallainc aus dem Aosta-Tal. Ihm folgte am 20. 7. 1970 einer der bekanntesten katholischen Journalisten Italiens, der stellvertretende Chefredakteur des Osservatore Romano, Professor Federico Alessandrini. Doch weder Vallainc noch Alessandrini konnten bei aller Gutwilligkeit und dem Verständnis für die auf Nachrichten wartenden Journalisten wirkliche Pressesprecher werden. So übten sich beide Herren vor allem in der Tugend der Geduld und Demut, wofür Vallainc mit der Bischofsweihe belohnt wurde.

Die Pressesprecher des Vatikans sind in Wirklichkeit eher mit den alten Schallplatten zu vergleichen, die das Markenzeichen eines auf einen großen Trichter hörenden Hundes trugen, auch sie haben »the master's voice« wiederzugeben. Während die Regierungssprecher westlicher Demokratien ihre Informationen vor dem Hintergrund einer Kabinettssitzung geben können, an der sie teilnehmen, werden Vallainc oder Alessandrini von ihren Oberen ins Kreuzverhör der Journalisten geschickt, ohne daß sie vorher vom Staatssekretariat voll informiert worden sind. Da sie nur mit ausdrücklicher Genehmigung ihrer Vorgesetzten etwas bekanntgeben dürfen, müssen sie manchmal lügen. In dieser mißlichen Lage können die beim Vatikan akkreditierten Journalisten das Presseamt schwer gebrauchen. Was dort offiziell mitgeteilt wird, können sie ohnehin im Wortlaut wenige Stunden später im *Osservatore Romano* oder im »Radio Vaticana« nachgeliefert bekommen. Sie versuchen deshalb, »ihre« Monsignori zu pflegen und auf privater Basis zu erfahren, was sie auf offizieller Ebene nicht oder zu spät hören. Eine klassische Antwort Alessandrinis auf telefonische Anfragen von Journalisten »Caro mio, a proposito della sua domanda, non risulta veramente niente« (zu Ihrer Frage, mein Teurer, ist wirklich nichts zu erfahren). Da die Franzosen im Vatikan den Ton angeben, sind französische Korrespondenten glücklicher. Außerdem spricht Alessandrini nur französisch, nicht englisch. Deutsch versteht sein zweiter Mann, Dr. Croce. Jeder Journalist hat sich durch Wohlverhalten der Bürokratie zu unterwerfen, was nur diejenigen Korrespondenten ohne Murren hinnehmen, die zuvor im Ostblock gearbeitet hatten. Punkt 7 der Akkreditierungsnormen schreibt Wohlverhalten vor, ansonsten sei die Zurücknahme der Presseausweise zeitweilig oder endgültig möglich. Gegen diese Verfügung kann kein Einspruch erhoben werden. Dieser Gummiparagraph, der vage vom »Falle eines unkorrekten Verhaltens von seiten des Journalisten gegen die Kirche oder gegen den Heiligen Stuhl« spricht, erinnert an Einschüchterungsversuche der DDR. Punkt 8 würde die Journalisten, die sich an ihn hielten, zur beruflichen Impotenz verurteilen: »Die Direktion des Pressesaales ist der direkte Vermittler zwischen den Journalisten und den Organen des Heiligen Stuhls.«

Wenn die Bischöfe, in der Regel alle zwei Jahre, zur Synode kommen, wacht das vatikanische Presseamt aus seinem Dornröschenschlaf auf. Dann gibt es lebendige Pressekonferenzen nach Sprachgruppen, dann teilt man auch Details mit. Für diese Sonderfälle werden Pressesprecher ernannt, die besser informieren können, beispielsweise für die Italiener der Jesuit Tucci, einer der Verbindungsleute seines Ordens zum Staatssekretariat, oder für die Deutschen der charmante Luxemburger, Professor Fischbach. Ab und zu werden sie zurückgepfiffen, wie zum Beispiel Jean-Pierre Fischbach, der bei der vergangenen Synode ungeniert auch die Zahl der abgegebenen Stimmen im ersten Wahlgang für den Bischofsrat der Synode referierte. Sofort wurde das Presseamt vom Staatssekretariat angewiesen, Fischbach zu verbieten, die Zahlen im schriftlichen Bulletin nachzudrucken.

Es stand im Osservatore

Von solchen Ausnahmen wie den Synoden profitiert auch der *Osservatore Romano,* der römische Beobachter, die »Prawda« des Vatikans; im grauen Alltag zeichnet sich das Blatt durch Voreingenommenheit und mangelnde Objektivität aus. Während der letzten Synode erinnerten sich ältere Romkenner an Kriegszeiten, weil der *Osservatore* nämlich seine seltenen großen Stunden der Objektivität im Zweiten Weltkrieg hatte, als er die Kriegsberichte beider Seiten abdruckte. Ähnlich referierte er bei der letzten Synode sachlich und ausführlich die in Rom sonst nie gehörte Meinungsvielfalt innerhalb der katholischen Kirche, sowohl progressive Stimmen wie Suenens, Alfrink, Weber von Graz wie auch manche afrikanische und kritische lateinamerikanische Stimmen. Er verschwieg aber auch nicht die heftige konservative Kritik des alten ukrainischen Kardinals Slipyj. In der Regel erfahren die Leser des *Osservatore* solche Abweichungen vom Pfad der Tugend nämlich nur, wenn die Redakteure angewiesen worden sind, auf holländische oder deutsche Kritiken zu reagieren. Dabei wird das Thema nicht einmal nachrichtlich referiert.

Im Januar und Februar 1970, beim Konflikt zwischen der holländischen Kirche und Rom, veröffentlichte der *Osservatore* zwar eine bissige Stellungnahme des französischen Kardinals Danielou. Aber im Gegensatz zum vatikanischen Rundfunk erwähnte er nicht einmal nachrichtlich die Stellungnahme der niederländischen Bischofskonferenz mit der Bitte um Zulassung verheirateter Männer zum Priesteramt. Danach veröffentlichte er im Stil der Jubelpresse totalitärer Staaten Stellungnahmen für den Zölibat, völlig unabhängig von ihrer Bedeutung. Im Juli 1970 verschwieg er eine Audienz des Papstes für drei antiportugiesische afrikanische Revolutionäre. Erst als die linken italienischen Zeitungen diese Begegnung triumphierend vermeldet hatten, rückte der *Osservatore Romano* drei Tage später, am 4. Juli, mit der Nachricht heraus. Während er sonst nach Mittwoch-Audienzen kaum zu verdauen ist, weil er weder den Männerverein aus Hintertupfing noch die Jungfrauen aus Wuzelwang unerwähnt läßt, und an allen Tagen als Hofberichterstatter die Privataudienzen aufzählt, ließ er ausgerechnet diese wichtige Begegnung aus.

Für das Weltbild des *Osservatore Romano* sind liberale Politiker, vor allem aber Sozialdemokraten, für vielerlei Übel in der Welt verantwortlich zu machen. Kurz vor einem Rombesuch des katholischen SPD-Politikers Leber brachte der *Osservatore* die über Europa schwappende Sexwelle mit dem Vordringen der Sozialdemokraten in Zusammenhang. Während der deutschen Diskussion über die Abtreibungsproblematik winkte der *Osservatore* mit dem Zaunpfahl der Erinnerung an das Hitlerregime. Vom deutschen Katholikentag in Essen, der in einer Resolution den Papst um eine Revision der Ehe-Enzyklika gebeten hatte, schwieg er und brachte erst nach Monaten in der Ausgabe vom 27. und 28. Januar 1969 eine Würdigung durch Bischof Hengsbach von Essen.

Selten glückt dem *Osservatore Romano* eine humorvolle Passage, meistens unfreiwilliger Art. Einmal wurde zum Beispiel die gemischte Kommission zwischen dem Ökumenischen Rat in Genf und der katholischen Kirche als Vorbereitungskommission der Papstreise zum Marienheiligtum in Fatima vorgestellt. Oder als die deutschen Bischöfe vor die Wahl zwischen den Kardinälen Döpfner und Höffner für den Vorsitz ihrer Konferenz gestellt waren, hatten sie einen diskreten Wink aus Rom bekommen. Er ist nachzulesen auf Seite 1 der Ausgabe vom 25. Dezember 1970. Beim Anblick der fettgedruckten Unterzeile des Weihnachtsleitartikels: »Von Kardinal Josef Döpfner, Erzbischof von Köln« konnte sich der Leser fragen, ob der Artikel aus der Feder des Kardinals Josef Höffner, Erzbischof von Köln, oder von Kardinal Julius Döpfner, Erzbischof von München und Freising stammt. Auf jeden Fall war mit dem Kardinal Josef Döpfner, Erzbischof von Köln, gemischt aus Namens- und Titelelementen beider Herren, in der römischen Retorte ein neuer deutscher Großbischof entstanden. Eifrige deutsche Leser konnten sich kaum vorstellen, daß sich der Druckfehlerteufel an diesem frommen Platz vergangen haben sollte. Wenn schon der Teufel kein Weihwasser verträgt, wie hätte es da der Schreck der Setzer, Drucker und Redakteure im Weihrauchdunst des *Osservatore* ausgehalten.

Die klägliche Praxis im täglichen Umgang mit den Journalisten und in den eigenen dürftigen Presseerzeugnissen (Radio Vaticana ist etwas objektiver, aber nicht weniger salbungsvoll) hindert den Vatikan nicht daran, für Presse, Rundfunk und Fernsehen Maßstäbe zu setzen. Mindestens einmal im Jahr werden die Journalisten beim »Welttag der sozialen Kommunikation« gehätschelt. Dann halten katholische Pfarrer auf vatikanischen Rat hin Predigten über den »rechten Umgang« mit den Massenmedien, geben Bischöfe Empfänge für Journalisten. Und da es kaum etwas auf der Welt gibt, wozu sich die letzten Päpste oder ihre Beauftragten noch nicht geäußert hätten, so kam zu den zahlreichen kirchlichen Stellungnahmen am 3. Juni 1971 eine weitere hinzu, diesmal eine ausführliche Pastoral-Instruktion: »Communio et Progressio« (Gemeinschaft und Fortschritt) sind ihre programmatischen Anfangsworte. In ihr stehen viele schöne Worte nachzulesen, die jedoch eher in liberalen oder nichtchristlichen Zeitungen als im katholischen Pressewesen verwirklicht werden. Es fehlen weder Platitüden noch Selbstverständlichkeiten. Aber vielleicht ist Selbstverständliches in der Presse für die katholische Presse noch nicht normal. Von der Zensur heißt es, sie kann es »nur im äußersten Notfall geben«. Wie klar konstatiert dagegen das schon 1949 erlassene Grundgesetz der Bundesrepublik Deutschland: »Die Pressefreiheit und die Freiheit der Berichterstattung durch Rundfunk und Film werden gewährleistet. Eine Zensur findet nicht statt.« Das Dokument belehrt die Katholiken, sie sollten sich »völlig dessen bewußt sein, daß sie wirklich die Freiheit der Meinungsäußerung besitzen«. Offensichtlich muß man nach jahrhundertelanger umgekehrter Erziehung dies ausdrücklich einschärfen.

Fast von Hans Küng könnte der Satz geschrieben sein, daß Nachrichten der Kirche »mit einem Höchstmaß an Vollständigkeit, Wahrhaftigkeit und Offenheit gegeben werden. Wenn kirchliche Stellen Nachrichten zurückhalten oder nicht in der Lage sind zu informieren, öffnen sie schädlichen Gerüchten Tür und Tor, anstatt die Wahrheit ans Licht zu fördern ...« Der Leiter des vatikanischen Pressesaales Professor Federico Alessandrini urteilt realistischer: »Zwischen Worten und Tatsachen steht immer unsere Schwäche, die Dürftigkeit unserer Mittel, die Routine und damit der Widerwille dagegen, sich zu erneuern, kurz gesagt unsere menschlichen Grenzen.«

In diesem Pressedokument wird auch versprochen: »Die verantwortlichen kirchlichen Obrigkeiten werden dafür sorgen, daß sich innerhalb der Kirche auf der Basis der Meinungs- und Redefreiheit der Austausch legitimer Ansichten lebendig entfaltet.« Sie sorgten dafür, indem sie kurz nach der Veröffentlichung dieses Dokuments in Italien die linke katholische Zeitschrift *Il Regno* und im November darauf in Deutschland *Publik* sterben ließen.

Die Botschafter des Heiligen Stuhls

Die starke Stellung innerhalb der Kurie verdankt das Staatssekretariat nicht zuletzt seinen fast 100 Außenposten in allen Teilen der Welt. Das päpstliche Legatenwesen ist alt, blieb aber bis zum 16. Jahrhundert auf bestimmte Gelegenheiten beschränkt. Von Fall zu Fall schickte der Papst seine Delegaten, so wie er heute manchen Bischof oder Kardinal damit beauftragt, ihn bei einem Katholikentag oder Eucharistischen Kongreß zu vertreten.

Nuntien im heutigen Sinn bildeten sich erst im Laufe der Gegenreformation heraus, als sie neben den politischen auch immer mehr kirchliche Aufgaben bekamen. Sie mußten den Katholizismus bewahren und verteidigen. Dabei gerieten sie bald in Konflikt mit den Bischöfen der jeweiligen Länder, vor allem in Frankreich und Deutschland. Der Kampf gegen die Anmaßung der Nuntien erreichte vor der französischen Revolution einen Höhepunkt, vor allem in Bayern (sogenannter Münchner Nuntiaturstreit). Kurfürst Karl Theodor von Bayern wollte den Münchner Nuntius zum Quasi-Erzbischof mit Jurisdiktionsvollmacht über die bayerischen Bischöfe machen, scheiterte aber an ihrem Widerstand.

Der Heilige Stuhl genießt, obwohl er im internationalen diplomatischen Verkehr den übrigen Staaten völlig gleichgestellt ist, ein besonderes Privileg. Durch das Wiener Abkommen von 1815 wurde festgelegt, daß der Rang der diplomatischen Vertreter innerhalb jeder Klasse, zum Beispiel Gesandte, Bevollmächtigte, Minister, nach ihrem Dienstalter bestimmt wird, daß dem Vertreter des Papstes jedoch stets der erste Platz zuzubilligen sei. Die jüngste Konvention über die diplomatischen Beziehungen, die in Wien vom 2. bis 14. April 1961 ausgehandelt wurde, legte fest, daß der Vorrang des Vertreters des Heiligen Stuhls aus

dem allgemeinen Brauch hervorgehe und in das freie Ermessen der einzelnen Staaten gestellt sei. Der Vatikan macht jedoch keine Haupt- und Staatsaktion daraus, wenn ihm ein Land einmal nicht die Stellung des Doyen des diplomatischen Corps zugesteht. Dann ernennt er einen Internuntius, im Rang eine Klasse tiefer, der auch ohne den Ehrentitel des Doyen seine Arbeit versehen kann. Paul VI. machte aus dem Internuntius den Pro-Nuntius, der Chef einer wirklichen Nuntiatur und im Besitz eines Ernennungsschreibens als Gesandter ist, ohne jedoch die Stellung eines Doyens im diplomatischen Corps zu besitzen.
Sollte einem Staat wie den Vereinigten Staaten von Amerika aus Rücksicht auf ihre protestantische Majorität, nicht einmal ein Pro-Nuntius willkommen sein, dann ernennt der Vatikan einen Apostolischen Delegaten, formell einen Nicht-Diplomaten (in Wirklichkeit genießt auch er diplomatische Vorrechte), der nicht bei der Regierung, sondern bei den Bischöfen eines Landes akkreditiert ist. Die vatikanische Außenpolitik ist äußerst flexibel, wenn es darum geht, in den Hauptstädten der Welt präsent zu sein.

Bischöfe zu Oberpfarrern degradiert

Auf dem Zweiten Vatikanischen Konzil gaben die Nuntien viel Anlaß zur Klage. Die Konzilsväter wünschten eine Einschränkung ihrer Kompetenzen: »Es sind nicht wenige, denen diese Institution, insofern sie den diplomatischen Institutionen der weltlichen Macht nachgebildet ist, heute eher zu jenen Schatten gehören scheint, die den Menschen unseres Zeitalters das wirkliche Gesicht der Kirche verhüllen.« (Joachim Ammann, Schweizerischer Missionsbischof auf dem Zweiten Vatikanischen Konzil.) Auch nach dem Konzil verstummte die Kritik nicht. Kardinal Suenens verglich sie mit den Geheimdiensten der Regierungen.
Am 24. Juni 1969 ist Papst Paul dem Wunsch der Konzilsväter auf seine Weise nachgekommen und hat mit dem Erlaß »Sollici-

tudo omnium ecclesiarum« das Gesandtschaftswesen neu geordnet. Allerdings tat er genau das Gegenteil von dem, was die Bischöfe gefordert hatten. Er verstärkte die Stellung der Nuntien und erweiterte ihre Kompetenzen. Der weltweite Protest blieb nicht aus. Der Tübinger Kirchenrechtler Prof. Johannes Neumann: »Die Bischöfe sind praktisch zu Oberpfarrern degradiert worden.« Durch seine Legaten hat sich der Heilige Stuhl ein weltweites System der Überwachung und Leitung geschaffen. Es wird getragen von unbedingt ergebenen Beamten, meistens Italienern. Unter ihren ordentlichen Aufgaben wird zuerst genannt, »den Apostolischen Stuhl regelmäßig in Wahrheit und Billigkeit zu informieren über die Verhältnisse der Kirchen, zu denen er entstandt wurde, wie auch über alles, was sich auf das kirchliche Leben und das Wohl der Seelen bezieht«. Der päpstliche Botschafter hat zu berichten über die Ansichten und Wünsche der Bischöfe, Priester, Ordensleute und Laien seines Gebietes. Die Rechtgläubigkeit wird überwacht durch genaue Beobachtungen der Presse und anderer Publikationen. Jede Stimme von einiger Bedeutung, welche nicht mit dem offiziell festgelegten Kurs übereinstimmt, wird genauestens registriert und das entsprechende Material an das Staatssekretariat weitergeleitet. Die Nuntiatur allein schafft das nicht. Sie ist auf Mitarbeiter und Denunzianten angewiesen. Es gibt genug Katholiken, welche die Nuntiatur nur zu gern als Briefkasten gebrauchen. Jede Nuntiatur schafft sich mit der Zeit ihre Gewährsmänner, in der Regel sind sie konservativ, wenn nicht reaktionär. Dem päpstlichen Gesandten sind auch rechtliche Mittel an die Hand gegeben. Er hat das Recht, an der Eröffnungssitzung der Bischofskonferenz teilzunehmen, ferner an allen folgenden Sitzungen, wenn die Bischöfe oder der Heilige Stuhl es wünschen. Diese Überwachung wird nun von den deutschen Bischöfen widerstandslos hingenommen. Demgegenüber haben die ersten deutschen Bischofskonferenzen im vergangenen Jahrhundert großen Nachdruck auf die Abwesenheit des Nuntius gelegt. Sie informierten ihn erst post factum, aus eifersüchtiger Sorge um ihre Selbständigkeit. Nun können die Bischöfe gar nicht mehr zusammenkommen, ohne daß ein Vertreter der römischen Kurie mithört. Noch weitergehende Rechte hat der päpstliche Gesandte hinsichtlich der Ordensgemeinschaften und Klöster. Er kann dort nicht nur an den Eröffnungssitzungen teilnehmen, sondern entscheidet selbst, ob seine Teilnahme an den weiteren Sitzungen nützlich ist. Auch hier hat er Anspruch auf die Einsicht aller Unterlagen. So ergießt sich ein dauernder Strom von Informationen aus allen Ecken der Welt nach Rom. Schwerlich kann die Meinung aufrechterhalten werden, Rom sei nicht informiert.

Viele Katholiken, vor allem Professoren und manche Bischöfe fragen sich nur, ob Rom die richtigen Informanten hat und ob es mit den Informationen etwas anzufangen versteht. Für den Vatikan sind seine Gesandten auch die besten Theologen. Wird jemand für eine Kommission gebraucht, wird nicht die Bischofskonferenz über seine Eignung gefragt, sondern zuerst der Nuntius. So gilt zum Beispiel der Nuntiatur in Bonn ein Großteil der deutschen Theologen als verdächtig und für die internationalen theologischen Kommissionen nicht mehr zu gebrauchen. Die Bonner Nuntiatur steht damit in der Traditionsreihe der ehemaligen Münchner Nuntiatur, welche sich schon vor 100 Jahren in abschätziger Weise über die deutsche Theologie äußerte: Hauptmerkmal deutscher Theologen sei ihr Stolz.

Die Meinung in Rom, die eigenen Nuntiaturen wüßten über alle wichtigen Priester eines Landes Bescheid, stützt sich auch auf die Tatsache, daß die Diplomaten des Papstes auch für die Informationsprozesse bei Bischofsernennungen verantwortlich sind. Sie führen Buch über die möglichen Anwärter und erkundigen sich über Vorleben, Privatleben, Tugenden und Untugenden der potentiellen Bischofskandidaten. Die Katholiken, vor allem die Kleriker, sind dabei zur geheimen Auskunft verpflichtet: »Aus verständlicher und schuldiger Rücksichtnahme auf jene, die Rat erteilen sowie auf jene, die ihn erfragen, wie auch aus der Natur der Befragung selbst ist ihnen die Pflicht der Geheimhaltung aufzuerlegen.«

Vergeblich sind bisher alle Bemühungen gewesen, dem Klerus

und dem Volk das Recht der Bischofswahl zurückzugeben. Rom sieht klar: Dieses wäre der Anfang vom Ende seines Systems. Seine Macht beruht auf willfährigen Bischöfen. Erste Bedingung ist absolute Romtreue. Deshalb setzt die Kurie nun den Hebel in Holland bei den Bischofsernennungen an. Wer hinsichtlich der Ehe-Enzyklika »Humanae vitae« oder des Zölibatsgesetzes mit Rom nicht konform geht, hat keine Chancen, auf einen Bischofsthron zu kommen. Der Informationsprozeß über den Bischofskandidaten gibt dem Nuntius einen großen Einfluß. Im Notfall setzt er seinen Kandidaten gegen Bischöfe, Priester und Volk durch.

Der Päpstliche Legat steht im Rang über Bischöfen und Erzbischöfen seines Landes. Er hat den Vortritt nicht nur auf dem gesellschaftlichen und diplomatischen Parkett. Er interpretiert die Akten, Dokumente, Mitteilungen und Verordnungen des Apostolischen Stuhls und vertritt die Kirche nach außen bei den Staatsregierungen. So sind die Päpstlichen Gesandten zu Hohen Kommissaren des Heiligen Stuhls, zu Statthaltern, geworden. Der Kirchenrechtler Johannes Neumann: »Der Ordo der Bischöfe als Stand bleibt erhalten, weil er nicht abschaffbar ist, aber er ist so unter die primale Führung gebunden, daß der wahre Verantwortliche für die Kirche eines bestimmten Gebietes nicht mehr eigentlich die zuständigen Bischöfe sind, sondern der päpstliche Gesandte, der sie auswählt, der ihre Arbeit überwacht und sie indirekt anleitet. Die Bischöfe haben die Stellung gesetzlich vorgeschriebener, aber eben doch weisungsgebundener Beamten.« Dennoch verbergen sich hinter der Fassade der Nuntiaturen entscheidende Schwächen. Halbwegs gut organisierte Episkopate unterhalten zur Regierung ihres Landes eine eigene Verbindungsstelle, wie der deutsche zur Bundesregierung in Bonn durch das katholische Büro. Wenn es um die deutsche Gesellschaft und den Platz der katholischen Kirche in ihr geht, ist deshalb immer mehr Kardinal Döpfner als Vorsitzender der Bischofskonferenz der Gesprächspartner des Bundeskanzlers, erst in zweiter Linie der Nuntius. Eine weitere empfindliche Schwäche des Nuntiensystems liegt im Kontrast zwischen der vielschichtigen und dynamischen Entwicklung einzelner Länder und Kirchenprovinzen und den statischen, oft formelhaften Berichten der Nuntiaturen. So wäre manches römische Fehlurteil über die holländische Kirche weniger selbstherrlich gefällt worden, wenn die Verantwortlichen im Staatssekretariat das direkte Gespräch mit allen Beteiligten und die modernen Kommunikationsmittel wie das Telefon, dem schriftlichen Nuntiaturbericht vorgezogen hätten. Mancher Prälat im Staatssekretariat verurteilt ohne weiteres die holländischen kirchlichen Entwicklungen und kennt doch von Holland nichts anderes als die schriftlichen Berichte des diplomatischen Dienstes oder holländischen Käse als Delikatesse. Eine andere Schwächung des Systems ist der Hang und der Zwang, auch Kleinkram eifrig zu recherchieren. So bemühte sich der Nuntius in Bonn, Exzellenz Bafile, persönlich darum, herauszufinden, wer den römischen Korrespondenten der ehemaligen Wochenzeitung *Publik*, Dr. Helmut Herles, über den Sturz des deutschen Caritas-Generalsekretärs Carlo Bayer informiert habe.

Der diplomatische Dienst unter der gelbweißen Flagge ist nicht nur wegen der faktisch oder zumindest theoretisch vorhandenen Machtfülle interessant, man lebt in der Regel dabei gut. Die Nuntiaturen befinden sich meist in den vornehmen Diplomatenvierteln. Vor allem in der Dritten Welt sind sie oft wahre Paläste und mit einer orientalisch anmutenden zahlreichen Dienerschaft ausgestattet. Vor Jahren – unter Erzbischof Mojoli – besaß die Nuntiatur in Addis Abeba an Bediensteten mehrere Schwestern, einen Service-Boy, einen Chauffeur, zwei Gärtner, zwei Sekretäre, und das in einem Land von 180 000 Katholiken. Das Haus liegt wie ein Schmuckstück in einem wundervollen Garten.

Die päpstlichen Nuntiaturen genießen Zollfreiheit, deshalb gibt es mitten in Afrika erlesene europäische Delikatessen. Solche Annehmlichkeiten werden durch andere Bestimmungen gedämpft. In manchen Nuntiaturen gibt es schwarze Listen: Leute, meist Theologen, die von den Angestellten der Nuntiatur zu meiden sind. Zuweilen herrscht ab 20.00 Uhr allgemeines Aus-

gehverbot. In einer asiatischen Nuntiatur kletterten die geistlichen Angestellten um 21.00 Uhr über die Gartenmauer, um sich wenigstens einmal abends Ausgang zu verschaffen.
Einer der rührigsten Nuntien ist Erzbischof Corado Bafile in Bonn. Er bestimmt nicht unwesentlich, wer in Rom angeklagt wird oder zum Zuge kommt. Deutschland war für Rom schon immer eines der schwierigsten Länder, deshalb legt Bafile Wert darauf, im Vatikan auch die andere, die brave Richtung zu Gehör zu bringen. Manchmal passieren Pannen. So schickte er zwar den Artikel von Professor Iserloh für den Zölibat in der Wochenzeitung *Publik* an die römische Kurie, meldete jedoch kein Wort, daß Prof. Pfürtner im gleichen Organ einen gegenüber dem Zölibat kritischen Artikel publiziert hatte. Der Erzbischof vergaß, das übersandte Exemplar genauer zu prüfen. Auf der Rückseite hatte einer seiner Angestellten mit Rotstift die Leserbriefe zum Artikel Pfürtners mit Ausrufen und Fragezeichen und vielen Unterstreichungen versehen; so konnte der letzte Kurienangestellte in Rom erfahren, daß in *Publik* mehr zu lesen war als die Meinung Iserlohs.

Diplomatennachwuchs aus eigener Schule

Der Heilige Stuhl überläßt es nicht dem Zufall, wer sein Diplomat wird. Er schult den klerikalen Diplomatennachwuchs in einer eigenen Akademie, der »Pontificia Accademia Ecclesiastica«, mitten in der römischen Altstadt zwischen Pantheon und dem Minervaplatz gelegen. Früher hieß sie »die Nobelakademie«. Sie war eine Domäne der italienischen Oberschicht. Die meisten der führenden Männer der katholischen Kirche in Rom gingen aus ihr hervor, zum Beispiel Benelli, Casaroli, der Papst selbst. Auch heute geht es noch ziemlich vornehm in der Akademie zu. Diener servieren beim Mittag- und beim Abendessen, das acht Franziskanerinnen zubereiten. »Wir werden geprägt von der Atmosphäre dieses Hauses«, meinte einer der Zöglinge. Es ist immer noch eine ruhige, gediegene Anstalt. Der Umgang bei Tisch mit den Großen der päpstlichen Diplomatie und mit prominenten Gästen aus der italienischen Politik ist selbstverständlich. Benelli speist mit ihnen, Casaroli ist ihr Professor. Der italienische Staatspräsident Leone war vor seiner Wahl als Juraprofessor und Freund des Rektors oft zu Gast.

Jeder der potentiellen Diplomaten des Papstes hat im alten Palast eine kleine Appartementwohnung, bestehend aus einem Arbeitszimmer, einem Schlafzimmer und einer Art Badezimmer. Von der Dachterrasse ihres Hauses genießen sie einen der schönsten Ausblicke auf das alte Rom. Diese noble Pension im Herzen Roms ist nicht einmal teuer, 35 000 Lire pro Monat. 1972 studierten dort 31 künftige Diplomaten. Die Bedingungen für die Aufnahme eines jungen Klerikers ist ein abgeschlossenes Jurastudium an einer Universität. Die künftigen Diplomaten rekrutieren sich daher in Rom hauptsächlich aus Absolventen der Gregoriana oder der Lateran-Universität.

Es wird in einem ziemlich intensiven Kurssystem gearbeitet, sieben bis zehn bilden einen Kurs. Die vier Ausbildungsjahre entsprechen vier Stufen. In den ersten beiden Stufen wird vor allem das Kirchenrecht behandelt. Italienisch ist Umgangssprache, Latein wird vorausgesetzt. Außerdem sieht der Stundenplan Englisch, Französisch und Spanisch, wahlweise auch Deutsch vor. Zum Sprachstudium steht ein Sprachlabor zur Verfügung. Um die Sprachkenntnisse zu fördern, gehen die Diplomatenschüler des Papstes regelmäßig in englische oder französische Familien.

Nach dem Ausbau der kirchenrechtlichen Kenntnisse im ersten und zweiten Jahr werden im dritten und vierten Jahr Diplomatie, diplomatischer Stil, Missionsrecht, Historie der Diplomatie und politisches Recht gelehrt. Lediglich in Soziologie werden kurze Kurse angeboten. Im letzten Jahr der Ausbildung kommen die Chefs der römischen Kongregationen und stellen ihre Ämter vor. Jeder spricht etwa zwei bis drei Stunden zu den Zöglingen. In den Diplomatiekursen üben die künftigen Nuntien an Texten ihres jetzigen Meisters: es werden Reden, Vorträge und Schriftstücke Casarolis interpretiert und analysiert.

Die künftigen Diplomaten des Papstes üben in der Akademie die Abfassung nüchterner Berichte über aktuelle theologische und gesellschaftliche Probleme. Übungsmaterial war in der letzten Zeit: die internationale Diskussion unter Politikern, Ärzten und Soziologen über die Abtreibungsproblematik. Eine andere Aufgabe: die Abfassung eines Gesuches an einen Staatspräsidenten zur Begnadigung eines kirchlichen Würdenträgers. Da in kleinen Gruppen gearbeitet wird, schleifen die Schüler gegenseitig den Stil, bis er die kuriale Glätte erreicht hat.
Früher kamen die Diplomatenanwärter selten aus der praktischen Arbeit in einer Pfarrei, sondern direkt von der Schulbank. Heute ist es erwünscht, wenn sie zuvor seelsorgliche Erfahrung sammelten. Der jetzige Sekretär Benellis, Prälat Karl Rauber, war zwei Jahre in der Gemeindearbeit, ehe er die diplomatische Karriere begann. Der spätere deutsche Zögling, Dr. Schulz, ein Schützling von Kardinal Bengsch, kennt dagegen die praktische Seelsorge kaum. So ist der Wunsch des Papstes noch keineswegs erfüllt. Man lernt viel in der Akademie, aber das für Kirchenleute wichtigste Fach, die Theologie, fehlt. Sie wird der privaten Frömmigkeit überlassen. Deshalb verstehen die päpstlichen Legaten es besser, mit Politikern, gleich welcher Couleur, umzugehen als mit den wissenschaftlichen Theologen ihrer eigenen Kirche. Die Internationalisierung der Kurie spiegelt sich auch in der Akademie wider. Noch überwiegen bei weitem die Italiener. 1972 stellten sie etwa 50% (17 Italiener). Der Rest verteilte sich auf zwei Spanier, zwei Polen, einen Franzosen, einen Amerikaner, einen Inder, einen Philippino, einen Deutschen, einen Kongolesen, einen Vietnamesen, der der erste Vertreter seiner Nation in der Akademie ist, einen Kanadier, zwei Schweizer und einen Italo-Argentinier. Die Nationalität ist heute kein Hindernis mehr, theologischer Forscherdrang wäre es weit mehr. Ohne die Empfehlung eines hohen Herrn kommt niemand in die Kurie hinein. Sich selbst zu bewerben, wäre der sicherste Weg, nicht angenommen zu werden.

Die Repräsentanz der Staaten

Der Vatikan legt nicht nur großen Wert darauf, zur Überwachung seiner Bischöfe und möglicher ketzerischer Regungen in den Ortskirchen diplomatisch präsent zu sein sowie sein Verhältnis zu den Staaten durch einen eigenen diplomatischen Apparat zu pflegen, er ist fast so leidenschaftlich wie die DDR auf Anerkennung durch andere Staaten aus. Der heutige Vatikan sonnt sich in der diplomatischen Anerkennung durch die Welt. Die Überreichung der »Credenziali«, der Beglaubigungsschreiben durch einen neuen Botschafter wird zelebriert, die Bilder des Papstes mit den neuen Diplomaten aus aller Welt, oft in schmucken Uniformen oder der Landestracht, werden gern vorgezeigt. In der letzten Zeit gab es geradezu eine Anerkennungswelle, besonders durch nicht-christliche junge Staaten. Auf dieses Image, mit aller Welt auf gutem diplomatischem Fuß zu stehen, legt das Staatssekretariat größten Wert. Für 1972 zählte das päpstliche Jahrbuch 78 Länder auf, die Vertreter im »Exzellenten diplomatischen Corps beim Heiligen Stuhl« unterhalten. Darunter sind freilich auch Staaten wie San Marino und Monaco oder der souveräne Orden der Malteserritter, während Rumänien, Ungarn, die Tschechoslowakei oder die Vereinigten Staaten mit Pünktchen als unbesetzt gemeldet werden. Sonderregelungen bestehen mit überwiegend protestantischen Ländern wie den Vereinigten Staaten, Großbritannien oder der Schweiz. Seit dem 21. Januar 1893 zum Beispiel hat der Heilige Stuhl einen Apostolischen Delegaten in Washington ohne diplomatischen Charakter. Die Amerikaner lassen sich von Fall zu Fall im Vatikan durch Sonderbotschafter vertreten, zuletzt durch den Star-Diplomaten Cabot Lodge. Die Schweiz wiederum läßt zwar einen päpstlichen Diplomaten zu, ist aber selbst nicht beim Heiligen Stuhl vertreten.

Da der Vatikan so viel Sinn für diplomatische Anerkennung hat, besteht er nicht einmal darauf, daß die Repräsentanten der Staaten in Rom oder in Vatikannähe wohnen. Indien läßt sich beim Vatikan von Bern aus vertreten. Der Irak, Syrien und Pakistan von Madrid, Liberia von London, Burundi und Madagaskar von Bad Godesberg aus. Sowenig streng es der Vatikan mit dem Wohnsitz der bei ihm akkreditierten Diplomaten nimmt, so sehr achtet er auf ihr Geschlecht. Er reagiert in der Regel mit der Verweigerung des Agréments, sobald sich Damen unter die Exzellenzen mischen wollen. Freilich bestätigen auch hier Ausnahmen die Regel: Holland steht mit der Signorina M. Y. Bartelds im päpstlichen Jahrbuch verzeichnet, Uganda mit der Signorina S. Kunsa.

Diener zweier Herren

Werden Damen im Vatikan also höchstens geduldet, so sind dort geistliche Herren, die Diener zweier Gewalten sind, um so willkommener, nämlich die kirchlichen Berater bestimmter Botschafter. Meistens sind sie vom Staat besoldet oder gar beamtet, zugleich sind sie als Prälaten treue Söhne ihrer Kirche. Der Vatikan hat damit ein Privileg, das sonst keinem diplomatischen Partner eingeräumt wird. Übertragen auf die Welt hieße das vergleichsweise: Bei der Aufnahme diplomatischer Beziehungen zwischen der Bundesrepublik und der Sowjetunion bedingt sich die Sowjetunion aus, in der deutschen Botschaft in Moskau einen Sowjetmenschen beispielsweise als »Berater für Fragen des Marxismus-Leninismus« auf deutsche Kosten zu installieren. Geistliche Berater dienen in den Botschaften folgender Länder: Belgien, Bolivien, Burundi, National-China, Costa Rica, Frankreich, Deutschland, Italien, Luxemburg, Malta, den Niederlanden, Spanien und Portugal, das gleich zwei beschäftigt.
Die Deutschen berät der ehemalige Friedland-Pfarrer Prälat Heinrich Joseph Krahe, Ehrenprälat Seiner Heiligkeit seit dem

28. September 1962. Sein Amt verdankt er den deutschen Bischöfen, die bei dem damaligen Außenminister der Großen Koalition, Willy Brandt, den »freundlichen Fuchs« aus Friedland und den einstigen kämpferischen Spiritusrektor des Zentralkomitees der deutschen Katholiken, Bernhard Hanssler, gleichrangig vorschlugen. So fiel es dem Auswärtigen Amt leicht, den zu Unrecht als weniger konservativ geltenden Krahe zu ernennen. Hanssler wurde später mit dem Amt des Rektors der ältesten deutschen Stiftung in Rom, dem »Campo Santo Teutonico«, abgefunden. Krahe ist in Wirklichkeit nur geschickter als Hanssler, seine Gesinnung zu bemänteln. Wie sein vormaliger Vorgesetzter Berger ist auch Krahe ein Gegner der Ostpolitik. Doch war er stets schlau genug, dies nie zu prononciert zu sein. Im deutschen Episkopat pflegt er Beziehungen zu allen. Aber die Bischöfe seines Herzens heißen eher Höffner von Köln oder Bengsch von Berlin. Zu seinen Freunden zählt auch einer der »Hollandfresser« im westdeutschen Katholizismus, Prälat Fittkau. Nach dem Sturz des Katholiken Berger ist sein Einfluß innerhalb der Botschaft noch mehr gewachsen. Berger hatte immerhin eigene Vorstellungen, während der neue Botschafter Boeker als Protestant und Ästhet dem römischen Katholizismus ohne den Beistand seines geistlichen Botschaftsrates, zumindest am Anfang, ziemlich hilflos ausgeliefert war. Auch die anderen höheren Beamten der Botschaft sind Protestanten und eher respektvoll dem Vatikan zugeneigt. In dieser Umwelt kann Krahes katholischer Stern strahlen. Dem geistlichen Botschaftsrat, der zugleich Prälat Seiner Heiligkeit und Beamter Bonns ist, bleiben Loyalitätskonflikte in der Regel erspart. Käme es aber zwischen Bonn und dem Vatikan zu einem Streit, dann wäre Krahe sicher auf der Seite des Vatikans zu finden. Andere römische Diplomaten über Krahe: »In dubio pro vaticano« (im Zweifel für den Vatikan).

Imagepflege auf Gegenseitigkeit

Eine der wenigen verbliebenen Aufgaben der Botschaften beim Heiligen Stuhl ist die Vorbereitung der Staatsbesuche. Die Großen der Welt sind im Vatikan willkommen. Der Papst zeigt sich gern mit Willy Brandt oder Gustav Heinemann, mit Tito, Nixon oder Podgorny. Diese Begegnungen helfen ihm, in der Weltöffentlichkeit präsent zu bleiben, stets als Großer unter den Großen zu gelten. Umgekehrt sonnen sich die Staatsbesucher im Glanze des höfischen Zeremoniells. Wo sonst noch schultern Hellebardiere in Renaissanceuniformen zu ihren Ehren die Waffen? Sie drängen sich zum Papstthron, um bei ihren katholischen Wählern als würdig und gerecht zu erscheinen. Der Glanz und das moralische Prestige des Papsttums auch unter Nichtkatholiken soll auf die Staatsmänner abfallen, zumindest erhalten sie publicity-trächtige Fotos vor einer einmaligen Kulisse. Der Staatsbesuch im Vatikan ist ein Herrschaftsinstrument für beide: für Gastgeber und Besucher. Man prägt sein Image auf Gegenseitigkeit.

Die vatikanischen Gastgeber wissen in ihrem Protokoll freilich abzustufen, wen sie mehr und wen sie weniger ehren wollen, ob sie dem damaligen katholischen CDU-Kanzler Kiesinger oder dem nicht-katholischen SPD-Kanzler Brandt oder dem protestantischen Präsidenten Heinemann die Ehre geben. Auf Brandt warteten in der »Sala Clementina« im Vatikan nur deutsche Journalisten, umsorgt von vatikanischen Polizisten in Zivil. Zwei Jahre zuvor hatten sich für Kiesinger deutsche Patres, Studenten und Schwestern eingefunden, um »Großer Gott, wir loben Dich« zu singen. Bei Brandt sang keiner. Dagegen wurde 1973 der aktive Protestant Heinemann, dessen Tochter, Ute Ranke-Heinemann, katholische Theologin ist, mit außergewöhnlichen Ehren empfangen.

Nicht nur die gedruckten Protokolle der Präfektur des Apostolischen Palastes, der ehemaligen Zeremonialkongregation, verraten die Distinktionen. Auch die Jahrbücher der Schweizergarde spiegeln sie wider. Je größer die Ehre, desto zahlreicher die abkommandierte Mannschaft. In der letzten Zeit hält den Rekord der Negus von Abessinien: Er ist nicht nur ein vom vatikanischen Protokoll bevorzugtes gekröntes Haupt, sondern sogar Kaiser und das Oberhaupt einer christlichen Kirche. So muß er politisch und ökumenisch zugleich geehrt werden. Aber auch in Fällen, in denen man keine diplomatischen Beziehungen unterhält, zum Beispiel zur Sowjetunion oder zu den USA, weiß sich der Vatikan zu helfen. Er empfängt die Sowjets im sachlichen Stil eines Arbeitsbesuches.

Show in der Sala Clementina

Den Amerikanern gestattet der Papst für ihren Dauerwahlkampf hin und wieder einen werbewirksamen Auftritt. Als Nixon am 30. September 1970 im Vatikan war, wurde für ihn mehr Aufwand getrieben als für Bundeskanzler Brandt. Eigens für den Nixon-Besuch war eine Klimaanlage in der »Sala Clementina« eingebaut worden, wofür auf der Rückseite eines Nebenraumes manieristische Malerei zerstört werden mußte. Benelli, der Amerika-Fan in der Kurie, lächelte zufrieden wie ein satter Säugling. Als Nixon zurückkam, machte er die »Sala Clementina« zur Wahlkampfarena vor amerikanischen Priesterstudenten. Er schmeichelte der Macht des Katholizismus als geistlicher Macht, indem er sie mit seiner persönlichen und der Macht der sechsten Flotte im Mittelmeer verglich – Imagepolitur auf Gegenseitigkeit. Nixon parlierte, als sei er hier zu Hause. Danach gab es langes Händeschütteln mit den jungen Amerikanern. Es hätte nur noch gefehlt, daß er seinem fetten Landsmann Kardinal Wright auf die Schultern geklopft hätte. Vor dem Petersplatz zeigte Nixon persönlichen Mut. Er durchbrach die Absperrungen der ängstlichen italienischen Polizei, stieg plötzlich aus einem Wagen aus und eroberte die Herzen in einer strahlenden Wahlkämpferhaltung vor der Kulisse des Petersdomes. Der Hubschrauberstart auf dem Petersplatz gab Nixons Papstbesuch erst recht den »Glory-Halleluja-Appeal«.

Die Gesprächsthemen des Papstes und seiner Gäste reichen vom Himmel bis zur Erde, sie unterliegen der Geheimhaltung und gehen auch stets auf die Situation der Katholiken in den jeweiligen Ländern ein.

Ein Gespräch mit dem Duce

Wie die Gespräche manchmal verlaufen, macht eine Notiz Mussolinis für den italienischen König über eine Audienz bei Pius XI. deutlich. Der Papst drückte Mussolini sein Gefallen aus, daß er den Direktor des *Herold der Wahrheit* in Florenz, der eine absolut unwürdige Sprache gegenüber dem Heiligen Stuhl und dem Papst geführt habe, bestraft habe, überhaupt erfülle ihn die protestantische Propaganda in Italien mit Sorge. »Die Protestanten nehmen eine kühne Haltung ein und sprechen von Missionen, die sie in Italien durchführen müßten.« Mussolini erwiderte, daß gemäß den Daten der letzten Volkszählungen die Protestanten nur 135 000 zählten, von denen 37 000 Ausländer seien, gegenüber 42 Millionen Katholiken. Pius XI. überreichte darauf Mussolini ein Dossier über die Situation.
Auch in diesem Gespräch mit Mussolini spielte die Frage nach der Zusammenarbeit von Staat und Kirche ihre Rolle. Der Politiker und der Papst stimmten darin überein, daß Staat und Kirche, jeder auf eigene Weise, selbständig seien und miteinander kollaborieren könnten. Wie die Unterstützung des Papstes für politische Schachzüge seiner Gesprächspartner funktioniert, verrät die Notiz Mussolinis. Der Außenminister Mussolinis hatte einen Abrüstungsvorschlag gemacht. Der Papst zu Mussolini: »Ich bin es gewesen, der den *Osservatore Romano* ermuntert hat, die Vorschläge des Außenministers mutig zu nennen.« Mussolini: »Sicherlich gäbe ein Wort Eurer Heiligkeit einen sehr starken Impuls für das Problem.« Der Papst: »Ich werde morgen in St. Peter einiges zum Argument sagen, natürlich ohne in die Details einzusteigen.« Der Papst beklagte sich bei seinem Gast über die anti-christliche Aversion des Judentums: »Als ich

in Warschau war, sah ich, daß in allen bolschewistischen Regimentern der zivile Kommissar oder der militärische Kommissar Jude war. In Italien jedoch bilden die Juden eine Ausnahme.« Solche Konferenzen mit Politikern sind in etwas schwächerem Maße auch heute noch ein bedeutendes Mittel der päpstlichen Einflußnahme.

Konkordate als weltlicher Arm

Wichtiger für die Stabilität der päpstlichen Herrschaft über die Katholiken und die Festigung katholischer Privilegien gegenüber Nicht-Katholiken sind Politiker für den Papst aber dann, wenn sie den Büttel der Kirche machen und die katholische Moral in staatlichen Gesetzen für alle verankern: Die Politiker werden erst dann vollends zum päpstlichen Herrschaftsinstrument, sobald sie Ehen nicht scheiden, weil die Kirche nicht scheidet, oder für die Kirche die Steuern eintreiben oder Ketzer vom staatlichen Dienst fernhalten, wie früher die Staaten im Auftrag der Heiligen Inquisition die Ketzer zu verbrennen hatte. Sobald der Staat schriftlich garantiert und in die feierliche Form eines Konkordats gießt, ist er in römischen Augen ein guter Staat. Theoretisch werden diese Konkordate gerechtfertigt als Rechtstitel und Garantien, keineswegs als Privilegien der Kirche. Es gehe darum, ihre Freiheit vor Übergriffen des Staates zu schützen.

In der jüngsten Vergangenheit hat der Vatikan durch die Konkordatspolitik seine Affinität zu totalitären Regierungen immer wieder unter Beweis gestellt (Mussolini-Italien, Hitler-Deutschland, Franco-Spanien).

Italiens Emanzipationsversuch

In Italien gilt nach wie vor das 1929 zwischen Mussolini für den italienischen König und Kardinalstaatssekretär Gasparri für Papst Pius XI. abgeschlossene Konkordat.

Auf eine Phase heftiger laizistischer Angriffe und öffentlicher Klagen des Papstes über die Konkordatsverletzung folgte ab 1969 eine stillere Zeit der Konkordatsrevision. Der Vatikan versucht, den Einfluß in Italien zu erhalten, indem er Ballast abwirft. Offiziell prägen aber noch immer vorkonziliare und undemokratische Rechtszustände das Verhältnis zwischen Staat und Kirche in Italien.

Die Politik der führenden Leute der katholischen »Democrazia Cristiana« und der Kommunistischen Partei verhinderte, daß sich eine Partei der Abschaffung des Konkordats bei den laizistischen Kräften durchsetzen konnte. Damit übernahmen die Kommunisten wie schon bei der Durchsetzung des Lateranvertrages als Verfassungsbestandteil der italienischen Republik durch Artikel 7 der Verfassung gemeinsam mit der DC, den Sozialisten, den Sozialdemokraten und den Republikanern die Verantwortung für die künftige Gestaltung des Verhältnisses von Staat und Kirche.

Die italienischen Regierungen unter ihrer katholischen Führung möchten eine Reihe von Artikeln revidiert sehen. Der ehemalige Ministerpräsident Colombo nannte die Artikel 1, 5, 36 und 43. Außerdem erwähnte Colombo, daß durch die Ereignisse bereits Verbesserungen des Konkordats geschehen seien, hauptsächlich durch die Einführung der Ehescheidung in die italienische Gesetzgebung.

Artikel 1, der dem Klerus bei seinen geistlichen Amtshandlungen im Bedarfsfall behördlichen Schutz gewährt und der Rom als Heilige Stadt erklärt, ist unhaltbar. Die Garantie Roms als Heilige Stadt ist ein Wunschtraum. Sie kann höchstens noch zu Unterdrückungen der geistigen Freiheit mißbraucht werden, beispielsweise wenn Hochhuths Drama »Der Stellvertreter« in Rom nicht gespielt werden darf.

Artikel 5 ist ein Knüppel der Kirche gegen ihre Diener. Weder der italienischen Verfassung noch der Kirche, noch dem Zweiten Vatikanischen Konzil entspricht der dritte Absatz dieses Artikels: *»Auf jeden Fall können Abgefallene oder mit einer kirchlichen Zensur belegte Priester zu einem Lehramte, einem Amte oder einer Anstellung, bei denen sie unmittelbar in Berührung mit dem Publikum kommen, nicht angenommen noch darin gehalten werden.«* Nach diesem Recht könnte ein ehemaliger Priester nicht einmal Straßenkehrer der Kommune von Rom werden, denn dies wäre ein öffentliches Amt, und er hätte Kontakt mit dem Publikum. In diesem Artikel hat sich der Geist der Inquisition mit dem Faschismus vermählt und Unmenschlichkeit gezeugt.

Artikel 8 behandelt den Klerus selbst bei Straffälligkeit bevorzugt: *»Im Falle der Verhaftung wird der Geistliche oder Ordensangehörige mit der seinem Stande und seinem hierarchischen Rang zukommenden Rücksicht behandelt. Im Falle der Verurteilung eines Geistlichen oder eines Ordensangehörigen wird die Strafe nach Möglichkeit in Räumen verbüßt, die von den für Laien bestimmten getrennt sind, es sei denn, daß der zuständige Ordinarius den Verurteilten in den Laienstand zurückversetzt hat.«*

Am heftigsten zwischen Staat und Kirche bleibt bei den Revisionsgesprächen der Artikel 34 umstritten, der Eheartikel, den der Vatikan durch die Einführung des italienischen Scheidungsgesetzes als verletzt, der Staat jedoch nur als ergänzt betrachtet.

Der Artikel 36 wird in der jetzigen Form nicht mehr von den Italienern hingenommen. Einmal widerspricht er der weltanschaulichen Vielfalt in den heutigen Schulen, indem er *»als Grundlage und Krönung des öffentlichen Unterrichts die Unterweisung in der christlichen Lehre in der durch die katholische Überlieferung überkommenen Form«* definiert. Zum anderen überläßt der Artikel wiederum der Kirche ein unkontrollierbares Druckmittel gegen ihre eigenen Diener: *»Die Entziehung des Zeugnisses seitens des Ordinarius nimmt dem Lehrer ohne weiteres die Lehrfähigkeit.«* Gemeint sind damit die aushilfsweise Religionsunterricht erteilenden staatlichen Lehrer und Professoren.

Nicht ausdrücklich erwähnt hatte der Ministerpräsident den Artikel 42, nach dem Italien auch die vom Papst nach dem Ende des Kirchenstaates 1870 verliehenen und künftig zu verleihenden Adelstitel durch königliche Verordnungen anerkennt.

Der Artikel 43 stand auf Colombos Wunschliste, um mit der gleichen Freiheit aller Staatsbürger Ernst zu machen, wogegen sich der zweite Absatz richtet: *»Der Heilige Stuhl benutzt die Gelegenheit des Abschlusses dieses Konkordates, um für alle Geistlichen und Ordensleute in Italien das Verbot zu erneuern, sich bei irgendeiner politischen Partei einzuschreiben und zu betätigen.«*

Noch ist nur die Rede von der Revision des Konkordats. Aber auch der damit nicht zu verwechselnde Lateranvertrag, der den Vatikanstaat wiederherstellte und damit die römische Frage löste, entspricht nicht dem heutigen Stand der Rechtsentwicklung auf beiden Seiten.

Artikel 1 des Lateranvertrages ist heute auch unter Katholiken umstritten, weil es dort gegen das vom Konzil anerkannte Prinzip der Religionsfreiheit heißt, daß »die katholische, apostolische und römische Religion die einzige Staatsreligion« sei. Gleiches gilt von Artikel 10, der die vatikanischen Staatsangehörigen vom Militärdienst, vom Geschworenenamt und von jeder persönlichen Leistung befreit.

Kaum ein Kardinal möchte wohl heute noch den Artikel 21 in dieser Form auf sich angewendet wissen: »Sämtliche Kardinäle genießen in Italien die den Prinzen von Geblüt zustehenden Ehren . . .«

Der Vatikan hält bei diesen Revisionsverhandlungen mit staatlichen Regierungen jedoch nicht nur aus Prestigegründen an alten Rechten fest, solange er es vermag. Seine Erfahrungen lehren ihn, daß die Konkordate – samt ihrer Rechte und Privilegien – sich nicht immer reaktionär auswirken. Im Fall Spaniens gibt ein reaktionäres Konkordat heute progressiven Katholiken Rückhalt, beispielsweise durch die Immunität kirchlicher Gebäude oder die Schwierigkeiten für die Franco-Polizisten, Priester zu verhaften.

Ist die Zeit der Konkordate nach dem Zweiten Vatikanischen Konzil abgelaufen? Der jetzige Außenminister des Papstes, Casaroli, meinte einmal in einem Interview mit einer italienischen Zeitung: »Konkordanz ist für mich wichtiger als ein Konkordat.«

Die Kirche ist durch die harten Realitäten in den kommunistischen Staaten gezwungen, keine Privilegien mehr zu suchen, sondern ihr Lebensrecht garantiert zu bekommen. So kommt Casarolis Stil bisher mehr in Osteuropa zur Geltung, wo die unter Pius XII. noch als Teufelswerk bekämpften Regierungen keine klassischen Konkordate zulassen. Daher strebt der Vatikan dort weniger feierliche, jedoch pragmatische Agreements an, sucht den modus vivendi. Am besten funktionierte dieses System »Konkordanz statt Konkordate« bisher in Jugoslawien. Tito im Frack und mit Zylinder, Frau Jovanka geziemend verschleiert, am Petersplatz die jugoslawischen neben den päpstlichen Farben, die Hymne einer kommunistischen Volksrepublik im Damasushof erklingend: So wurde am 29. März 1971 zum erstenmal der Präsident eines kommunistischen Staates in feierlicher und offizieller Form von Papst Paul im Vatikan empfangen. Der vorhergegangene Besuch des sowjetischen Staatsoberhauptes Podgorny stand in bescheidenerem privatem Rahmen. Die Begegnung zwischen Papst und dem revisionistischen Kommunisten krönte den langwierigen Prozeß der Normalisierung des kirchlichen Lebens unter kommunistischer Herrschaft. Dieser Prozeß ist damit nicht abgeschlossen, aber er ist bekräftigt worden, noch stärker als durch den Austausch der Botschafter 1970. Das überraschend lange Gespräch des einstmals als »haßerfüllten Verfolger der Kirche« qualifizierten Tito mit dem Papst, kam der Ostpolitik Pauls VI. und seines Außenministers Casaroli damals gelegen wie selten, es sollte ansteckend wirken.

Wieviel Geduld alle Beteiligten noch brauchen, verdeutlicht gerade das jugoslawische Muster. Nach dem Abbruch der diplo-

matischen Beziehungen 1952 – Pius XII. hatte den jugoslawischen Kommunisten zum Trotz dem verurteilten Zagreber Erzbischof Stepinac den Kardinalspurpur verliehen – konnte Casaroli erst im Juni 1964 die Verhandlungen mit der jugoslawischen Regierung wieder aufnehmen. Nach vier Konferenzen von über 30 Tagen in Belgrad und Rom unterzeichnete der vatikanische Unterhändler am 25. Juni 1966 das Protokoll, das noch heute als Vorbild anderer Verträge mit kommunistischen Staaten gilt. Der Vatikan nimmt darin die Trennung von Staat und Kirche zur Kenntnis und bestätigt den strikt religiösen Rahmen der Seelsorge. Der Staat garantiert die religiöse Freiheit und die päpstliche Zuständigkeit für die kirchliche Jurisdiktion. Die diplomatischen Beziehungen werden wieder angeknüpft, bleiben aber zunächst auf einer Vorstufe.
Jugoslawien schickte den Gesandten Cvrlje nach Rom, der Vatikan entsandte als Delegaten den Monsignore Cagna. Nach vier Jahren Probezeit wurde im Sommer 1970 der Rang der beiden Herren erhöht. Die diplomatischen Beziehungen sind damit vollgültig wiederhergestellt. Daraufhin bereiste Casaroli im August 1970 drei Tage als Staatsgast Jugoslawien und führte mit Präsident Tito auf der Insel Brioni »ein langes und herzliches Gespräch«. Außerhalb der diplomatischen Kanäle geizten beide Seiten nicht mit Gesten. Der Papst lobte die Politik der blockfreien Staaten aus Anlaß ihrer afrikanischen Konferenz von 1970. Im Juni verstopften die Autobusse von fast 15 000 jugoslawischen Pilgern die römische Innenstadt, als Paul VI. einen kroatischen Franziskaner heilig sprach. Die Worte des Vatikans für die Jugoslawen waren im Grunde auch an alle anderen kommunistischen Regierungen Europas gerichtet: »Die Kirche verlangt keine Privilegien, aber sie braucht den erforderlichen Lebensraum für ihre Mission ... Je freier die Kirche ist, ihr inneres Leben zu entwickeln, um so mehr wachsen ihr die Möglichkeiten zu, wirksam zu Lösungen der großen und bedrückenden Probleme der Allgemeinheit beizutragen.«

Nach jugoslawischem Muster

Holpriger ist die Straße der vatikanischen Ostpolitik, die zu drei traditionell katholischen Ländern unter kommunistischer Herrschaft führt: Polen, Ungarn und der Tschechoslowakei. Auch hier soll nach dem jugoslawischen Muster verfahren werden. Unterdessen sind einige Hindernisse gefallen: In Ungarn hat sich das lebendige Symbol des Widerstands von 1956 und des Antikommunismus der Kirche, der alte Kardinal Mindszenty, der vatikanischen Staatsräson gebeugt. Im Herbst 1972, gerade rechtzeitig zur Bischofssynode, gab er dem jahrelangen römischen Drängen nach und ging ins Exil. Im Gegensatz zu anderen »lebenden Hindernissen« der vatikanisch-kommunistischen Annäherung, wie dem im römischen Exil gestorbenen Prager Kardinal Beran und dem im römischen Exil lebenden ukrainischen Erzbischof Kardinal Slipyj, gehorchte er Rom aber nicht völlig. Er ging nach Wien an die Pforten Ungarns. Der Regierung Ungarns wäre es lieber gewesen, wenn der Papst ihn zum Schweigen verurteilt hätte. 1969 hatte die ungarische Regierung noch auf einem Schweigegebot bestanden.

In Polen ist durch den westdeutschen Verzicht auf die Rechtstitel in Schlesien, Pommern und Preußen eine entscheidende Barriere aus dem Weg geräumt worden. Damit stand der Errichtung polnischer Bistümer nichts mehr im Wege. Der Machthaber Gierek hatte zuvor seinen Verständigungswillen signalisiert, indem er das Kirchenvermögen der kirchlichen Verwaltung übergab.

Trotz des Besuches von Casaroli in der Tschechoslowakei im Frühjahr 1973 und der Weihe dreier Bischöfe gestalten sich dort die Verhältnisse noch immer am schwierigsten.

Wahrscheinlich hätte es der Vatikan in Prag und Budapest leichter, wenn er mit Moskau schon vorangekommen wäre, wenn ihm wie Brandt die Synchronisation zwischen einem Moskauer und einem Budapester oder Prager Vertrag halbwegs geglückt wäre. Bisher scheint Moskau aber den Vatikan eher zur Aufwertung des eigenen Ansehens in der Welt aufgesucht zu haben, als daß es der Kirche in der Sowjetunion jugoslawische Verhältnisse zugestehen würde. Jedoch der Faden zwischen Moskau und dem Vatikan besteht. Casaroli und der Jesuitengeneral Arrupe, der Chef des Einheitssekretariats Willebrands, Staatschef Podgorny und Außenminister Gromyko bemühten sich um ihn. Die ersten Auflockerungen bewirkten Papst Johannes und Nikita Chruschtschow, der seinen Schwiegersohn zum Papst schickte.

Am Aschermittwoch 1971 war Casaroli zur bisher delikatesten Mission seiner seit 1962 betriebenen Konkordanz-Politik in Osteuropa nach Moskau aufgebrochen. Das offizielle Reiseziel: die Unterzeichnung des Atomsperrvertrages durch den Vatikan in Moskau. Als längst schon in italienischen Zeitungen über Casarolis Äußerungen in Moskau berichtet worden war, schwieg das vatikanische Presseamt auf Anordnung Benellis immer noch. Nach seiner Rückkehr äußerte sich Casaroli vorsichtig optimistisch über seine Besprechung mit sowjetischen Funktionären: »Ein Funke hat gezündet. Die sowjetischen Autoritäten haben das Gespräch aufgenommen, aber das bedeutet noch nicht, daß die Probleme schon gelöst sind.«

Das Gespräch zwischen dem Vatikan und Moskau über die fast vollständig verwaisten Diözesanverwaltungen wird dadurch erschwert, daß die Kurie die Besetzung der ostpolnischen Gebiete durch die Sowjetunion und die Annexion der baltischen Staaten nicht sanktioniert. Auch als Casaroli in Moskau war, lagen in den Buchhandlungen über 50 000 Bücher bereit, die sowjetischen Lehrern an die Hand gegeben werden, um sie zur Immunisierung der Kinder gegen die Religiösität zu rüsten.

Davon sind aber Orthodoxe wie Katholiken betroffen. Vielleicht geht es den angeblich 3,5 Millionen Katholiken in der Sowjetunion tatsächlich schon besser als den am stärksten unterdrückten kleinen Gruppen wie den Baptisten. Ähnlich schlecht wie den Baptisten geht es höchstens noch den mit Rom unierten ukrainischen Katholiken, die von Stalin zwangsweise in die orthodoxe Kirche zurückgeführt worden waren. Über sie schweigt sich die vatikanische Diplomatie aus. Nicht zuletzt deshalb explodierte ihr im Exil lebender Groß-Erzbischof Slipyj während der Bischofssynode 1971. Die Unierten fühlen sich zwischen den Blöcken zerrieben. Sie passen weder Moskau noch dem Vatikan ins Konzept.

Ordnung im Himmel und auf Erden

Mit Titeln und Orden

Der Vatikan verläßt sich bei seiner Regierung nicht auf den Staat als Garanten seiner Herrschaft, er versucht selbst, durch landesfürstliche Methoden Menschen in aller Welt an sich zu binden. Er verleiht Titel und Orden wie ein Kaiser oder Staatspräsident. Zwar gibt es als kirchliche Ehrentitel seit 1968 nur noch drei Stufen: die apostolischen Proto-Notare (die wirklichen und die überzähligen), die Ehren-Prälaten und die Kapläne Seiner Heiligkeit. An der Häufigkeit und Praxis dieser Auszeichnung, welche die Geehrten besonders an den Apostolischen Stuhl bindet, hat sich aber nichts geändert. Jahr für Jahr werden Hunderte solcher Auszeichnungen verliehen. Nur wer sich durch doktrinelle Zuverlässigkeit ausgezeichnet hat, darf den Titel »Monsignore« führen. Andere Verdienste zählen wenig, wie auch Verstöße gegen die Sexualmoral weit eher toleriert werden als kritische Äußerungen gegenüber dem Papstamt.
Reichhaltig ist das Angebot an Ordens- und Ehrenzeichen. Sie kommen immer noch häufig zur Verteilung. Die offizielle Publikation des Vatikans, die »Acta Apostolica Sedis«, erwähnt in ihrem Jahrgang 1970 an die 700 Ordensverleihungen. Es gibt den »Christus-Orden« (nur 1. Klasse), den »Orden vom Goldenen Sporn« (nur 1. Klasse), den »Gregorius-Orden« mit 4 Klassen: Großkreuz, Komptur, Stern und Ritter, den »Pius-Orden« und den »Silvester-Orden« mit je drei Klassen: Groß-, Komptur- und Ritterkreuz. Leo XIII. stiftete ein weiteres Ehrenzeichen: Das Kreuz »Pro ecclesia et pontifice« (Für Kirche und Papst). Der höchste Orden ist der »Christus-Orden«. Er wurde von Papst Johannes XXII. in Avignon gestiftet und besteht aus einer doppelten goldenen Kette und den Symbolen

Christi, der Krone und dem Kreuz. Ihn erhalten im allgemeinen nur katholische Staatsoberhäupter. Bundeskanzler Adenauer wurde mit ihm geehrt, aber auch schon Bismarck hatte ihn erhalten. Der zweithöchste Orden ist der vom »Goldenen Sporn«, mit dem Bundespräsident Heuß ausgezeichnet wurde. Gustav Heinemann erhielt 1973 das Großkreuz des »Pius-Ordens«.
Mehrere Orden sind militärischer Herkunft und gelten noch heute als Militär-Verdienstorden, zum Beispiel der »Gregorius-Orden«. Letztlich ist mit ihnen aber der Kampf gegen die Ungläubigen gemeint. Der Papst möchte mit den Orden nicht nur seine weltliche Herrschaft und Souveränität betonen; Ordensverleihungen sind wie Öl in einer Maschine. Ein in Rom in Ungnade gefallener Prälat auf die Frage, wie die Kirche regiert wird: »Mit dem Sitzfleisch, mit Orden, Titeln und mit Geld.«

Die Heiligen und der Anwalt des Teufels

Rom regiert nicht nur die Gläubigen auf der Erde. Es schafft sogar Ordnung in den himmlichen Gefilden. Der Vatikan lenkt und leitet seine gläubigen Scharen auch dadurch, daß er ihnen Heilige als Vorbilder zur Nachahmung empfiehlt, sie zur Ehre der Altäre erhebt, andere Heilige der allgemeinen Verehrung entzieht und vom universalen zum Ortsheiligen degradiert. Heilige, die nicht existiert haben, wie die Heilige Philomena, die Lieblingsheilige des Heiligen Pfarrers von Ars, werden stillschweigend aus dem Verkehr gezogen. Für die Heiligsprechungsprozesse – denn auch über die Heiligen befindet der Vatikan in juristischen Kategorien – gibt es eine eigene Kongregation, die Heilige Kongregation »per le cause dei Santi«. Sie wurde 1969 durch Paul VI. von der Riten-Kongregation abgetrennt und verselbständigt.
Bevor jemand heilig gesprochen wird, werden seine Schriften, der heroische Grad seiner Tugend, sein Martyrium oder seine Verehrung in der Vergangenheit überprüft. Erst wenn der po-

tentielle Heilige in einem langwierigen Prozeß, der sich über Jahre hinziehen kann, gedreht und gewendet worden ist, wird er vom Papst in einem dann als unfehlbar geltenden Akt kanonisiert. Bei einer Heiligsprechung werden Wunder verlangt. Sie werden von einem »Kollegium von wohlerfahrenen Ärzten, die aufgrund ihrer wissenschaftlichen und charakterlichen Eignung rechtsmäßig ausgewählt sind«, festgestellt, heißt es im Kurienreglement Pauls. Damit auch alles mit rechten Dingen zugeht, gibt es das Amt des »Generalglaubensanwaltes« (Advocatus diaboli). Er legt unter Mithilfe des Generalunterglaubensanwaltes »... Einwände hinsichtlich der Gültigkeit der Akten und der Zweifel an den heroischen Tugenden, am Martyrium, an der Nichtverehrung oder altgewohnten früheren Verehrungen und der Wunder vor«.

Die Vorstufe zur Heiligkeit ist die Seligkeit, die ebenfalls in einem Prozeß erstritten wird. Die Seligsprechung ist ein vorläufiges Urteil. Deshalb dürfen den Seligen noch keine Altäre in öffentlichen Kirchen und Kapellen geweiht werden. Auch sie müssen zwei Wunder nachweisen. Wie fragwürdig diese römischen Prozesse sind, kann gerade einer der jüngsten Seligen, der polnische Franziskaner, Pater Maximilian Kolbe, bezeugen. Er wurde im Oktober 1971 vom Papst, der sich in der Regel nur die Heiligsprechung vorbehält, persönlich selig gesprochen. Rolf Hochhuth hat diesem Pater neben dem Berliner Dompropst Lichtenberg sein Drama »Der Stellvertreter« gewidmet. Diese Geistlichen taten, was Papst Pius XII. nach Rolf Hochhuths Überzeugung unterließ: Kolbe rettete durch seinen freiwilligen und stellvertretenden Opfertod einen noch heute lebenden polnischen Familienvater. Nach biblischem Zeugnis ist diese Tat der höchste Ausdruck der christlichen Liebe und der Heiligkeit, sein Leben für einen anderen hinzugeben. Selbst diesen erschütternden Fall hat der Vatikan in sein juristisches Korsett gepfercht und amtlich zwei Wunder bestätigt, als ob Kolbes Tod nicht schon Wunder und glaubhaft genug wäre.

Nach einer jahrhundertelangen Flaute hat das 20. Jahrhundert eine wahre Invasion von Heiligen erlebt. Pius XI. brach alle

Rekorde mit 27 Heiligen und 41 Seligen. Pius XII. übertraf ihn schon bedeutend, aber der glücklich regierende Papst Paul VI. hat sich allein durch die Kanonisation von 40 englischen Märtyrern, die von Protestanten umgebracht worden sind, und durch die Heiligsprechung der afrikanischen Blutzeugen in Uganda einen numerischen Vorsprung gesichert. Obwohl es auch immer mehr Katholiken schwerfällt, den Sinn von Heiligsprechungsprozessen einzusehen, werden sie stetig fortgesetzt. In der »Heiligen Kongregation für die Heiligen« warten über 800 Prozesse auf ihren Abschluß, darunter auch die von Paul VI. eingeleiteten Prozesse für seine Vorgänger Pius XII. und Johannes XXIII. Seit der Gründung der zuständigen Kongregation im Jahre 1588 hat die katholische Kirche offiziell 211 Heilige und 162 Selige zur Ehre der Altäre erhoben.

Wenn das Geld im Kasten klingt ...

Der Ablaß war früher ein stärkeres Mittel als heute, Menschen an die Kirche zu binden, bis in ihre Seelen hinein zu regieren. Die römisch-katholische Kirche glaubt, daß sie den von Christus erworbenen Heilsschatz verwaltet, durch den sie bußfertige Menschen von den zeitlichen Sündenstrafen befreien kann.
Der Ablaß war einst eine der äußeren Ursachen für die Reformation und ein wirksames Mittel der päpstlichen Finanzpolitik (»Wenn das Geld im Kasten klingt, die Seele in den Himmel springt«, soll der Ablaß-Prediger Tetzel ausgerufen haben).
Trotz der Kritik vieler Bischöfe auf dem Zweiten Vatikanischen Konzil wurde der Ablaß keineswegs aufgegeben. Wie im Mittelalter ist er auch heute noch ein Regierungsinstrument des Papsttums. Nach vatikanischer Doktrin ist dem Papst allein die Verwaltung des Heilsschatzes der Kirche übertragen. Niemand kann ohne seine Erlaubnis einen Ablaß gewähren. Durch den Ablaß soll der Gläubige eng an den Papst und an die Stadt Rom gebunden werden. Daher rührt die Bestimmung, daß ohne ein Gebet kein voller Ablaß gewonnen werden kann.

Viel häufiger sind die Teilablässe. Wer richtig disponiert ist, auf wessen Herzen keine schwere Sünde lastet, für den mag schon eine fromme Anrufung genügen, die mit einem Ablaß angereichert ist, wie etwa das Titelzeichen des vatikanischen Radiosenders »Christus vincit, Christus regnat, Christus imperat« (Christus siegt, Christus regiert, Christus herrscht). Nach der Reform Pauls sind die Rechenexempel frommer Seelen, ob sie nun 100 oder 500 Tage Ablaß gewonnen hätten, hinfällig geworden. Es wird nur noch zwischen einem vollkommenen und einem Teilablaß unterschieden. Obwohl nach der neuen Ordnung weniger die Gegenstände als das Tun der Gläubigen bewertet werden sollen, werden immer noch einfache Seelen zur Magie verführt, weil man Andachtsgegenstände mit Ablässen auszeichnet. »Wenn dieser Andachtsgegenstand aber vom Papst oder einem Bischof geweiht wurde, kann der Gläubige, der ihn in frommer Gesinnung benützt, am Fest der Heiligen Apostel Petrus und Paulus einen vollständigen Ablaß gewinnen, wenn er nach einer rechtmäßigen Form das Glaubensbekenntnis spricht.« So in dem mit Billigung des damaligen römischen Groß-Pönitentiars, des obersten Gewissensrichters des Papstes, des Kardinals Ferretto, im Münchner Rosenkranzverlag 1971 herausgegebenen offiziellen »Handbuch der Ablässe«. Die magische ritualisierte Verdinglichung äußert sich in römischen Detailbestimmungen: *»Ablässe, die mit dem Besuch einer Kirche verbunden sind, erlöschen nicht, wenn die Kirche von Grund auf zerstört wurde und innerhalb von 50 Jahren an demselben oder an ungefähr demselben Ort wieder aufgebaut wird. Der mit dem Gebrauch eines Andachtsgegenstandes verbundene Ablaß erlischt, wenn dieser Gegenstand wesentlich verdorben ist oder verkauft wird.«* Aus diesem Geist heraus ändert Rom unbekümmert heute, was gestern noch galt. Ein begehrter vollkommener Ablaß, der von frommen Katholiken, vor allem den armen Seelen im Fegefeuer zugewendet wurde, um sie aus ihren Qualen zu befreien und in den Himmel zu befördern, war der »Toties-quoties-Ablaß«. Wie der Name schon sagt, gewann man einen vollkommenen Ablaß, sooft man eine Kirche besuchte und die vorgeschriebenen Gebete verrichtete. Das führte dazu, daß wegen »toties-quoties« an Allerheiligen (1. November) dieselben Beter dabei beobachtet werden konnten, wie sie kurz an der Kirchentür auftauchten, um sofort wieder in der Kirche zum nächsten »toties-quoties« zu verschwinden. Im Kölner Witz: Tünnes hat sich eine Schaukel ins Kölner Domportal gebaut und schaukelt unverdrossen herein und hinaus. Scheel kommt dazu: »Was machst Du denn da?« Tünnes: »Toties-quoties«.

Dies hätte Tünnes zwar für die frommen Seelen noch 1967 tun können, aber nicht mehr nach dem 29. Juni 1968, als Josef Kardinal Ferretto, der Großpönitentiar, im Namen des Papstes verfügte: »Ein Vollablaß kann nur einmal am Tage gewonnen werden.« Auch wenn heutzutage die Zeit beispielsweise zum immer mehr aus der Übung kommenden Rosenkranzgebet nicht reicht, weiß Rom Rat. Es zerlegt den Vollablaß in Teilablässe. *»Wenn ein Werk, das mit einem Vollablaß versehen ist, bequem in Teile zerlegt werden kann (zum Beispiel der Rosenkranz), so kann jeder, der aus vernünftigem Grund nicht das Ganze durchführen kann, für den verrichteten Teil einen Teilablaß gewinnen.«*

Rom steht mit der Stoppuhr hinter seiner Herde. Wer eine Viertelstunde vor dem Allerheiligsten Altarsakrament betet, gewinnt keinen Vollablaß, er muß es wenigstens eine halbe Stunde lang tun. Der Vollablaß zeichnet die andächtige Lesung der Heiligen Schrift ebenfalls nur dann aus, wenn sie wenigstens eine halbe Stunde lang geschieht.

Inquisition — Heiliges Offiz — Glaubenskongregation

Das omnipotente päpstliche Staatssekretariat, die Nuntien, die hilfswilligen Regierungen und die lokalen Bischöfe, das Heer der romtreuen Prälaten und Laien allein halten das Kirchenregiment nicht aufrecht. Neben dem Zuckerbrot der Auszeichnungen, der Ablässe, Heilig- und Seligsprechungen, der Ordens- und Titelverleihungen weiß der Heilige Vater auch heute noch die Rute der Inquisition zu schwingen. Es ist eine Inquisition, die subtiler geworden ist. Aber das Amt der Glaubenswächter und Ketzerrichter im Palazzo del Sant' Uffizio bereitet Katholiken noch immer seelische Gänsehaut, auch wenn heute durch dieses Amt nur noch Akten verbrannt werden, die falsche Anschuldigungen enthalten. Aber nicht nur die Erinnerungen an die dunkle Geschichte haben das Amt bedrohlich erscheinen lassen, auch in humaneren Zeiten der Kirchengeschichte bleibt der Stachel der Rechtsunsicherheit sitzen. Diese Heilige Kongregation hat wahrlich keine rühmliche Geschichte.

Als die Scheiterhaufen brannten

Papst Lucius III. erließ 1184 auf dem Konzil in Verona ein Ketzergesetz, in welchem für Häresie die Todesstrafe festgesetzt wurde. Der letzte Scheiterhaufen für Ketzer erlosch erst Anfang des 19. Jahrhunderts. In der dazwischenliegenden Zeit starben Abertausende auf Veranlassung der Kirche.

Ein Augenzeuge aus dem Jahre 1680: »Einen Monat, nachdem der Akt des Glaubens (Auto da fe) verkündet worden war, ward die Feier mit einer Prozession eröffnet, die von der Kirche der Heiligen Maria in folgender Ordnung einherschritt: An der Spitze marschierten 100 Kohlenhändler, alle bewaffnet mit Pieken und Musketen. Diese Leute lieferten das Holz, mit dem die Verbrecher verbrannt wurden. Ihnen folgten die Dominikaner ... dann kam der Herzog ... der das Banner der Inquisition trug. Danach wurde ein schwarz verhängtes grünes Kreuz vorangetragen, hinter welchem mehrere Granden und andere vornehme Personen folgten, welche die familiares (Vertrauensleute) der Inquisition waren. Die Marschordnung beschlossen fünfzig zur Inquisition gehörende Wächter, in schwarz-weiße Gewänder gekleidet .... Der Zug ... schritt ... zum Platz, wo das Banner und das grüne Kreuz auf dem Gerüst befestigt wurden ... die Mönche verbrachten einen Teil der Nacht mit dem Singen von Psalmen, und am Altar wurden von Tagesanbruch an bis sechs Uhr morgens mehrere Messen zelebriert ... um acht begann die Prozession ... mit der Gruppe der Kohlenhändler ... alsdann kamen dreißig Männer, die aus Pappe gemachte, lebensgroße Figuren trugen. Einige davon stellten die im Gefängnis verstorbenen Personen dar, deren Knochen aufgebracht wurden ..., und die übrigen Figuren stellten diejenigen dar, die den ... Inquisitoren entwichen und geächtet waren ... nach diesen kamen zwölf Männer und Frauen, die Stricke um ihre Hälse und Fackeln in den Händen hatten, mit drei Fuß hohen Mützen aus Pappe, auf denen ihre Verbrechen verzeichnet waren. Ihnen folgten fünfzig andere, die auch Fackeln in den Händen hatten und als Kleidung einen gelben Kittel ohne Ärmel trugen, auf dem vorn und hinten große Andreaskreuze in roter Farbe gemalt waren. Das waren die Verbrecher, die (es war dies ihre erste Gefangenschaft) ihre Verbrechen bereut hatten ... als nächste kamen weitere zwanzig Verbrecher beiderlei Geschlechts, die dreimal in ihre früheren Abirrungen zurückgefallen und zum Feuertod verurteilt waren. Jene, die gewisse Anzeichen von Reue erkennen ließen, sollten vor dem Verbrennen erwürgt werden, die übrigen jedoch, weil sie hartnäckig auf ihren Irrtümern bestanden, lebend verbrannt werden ... Die zum Sterben Verurteilten waren von Mönchen umgeben, welche sie unterwegs auf den Tod vorbereiteten ... der Groß-Inquisitor kam als letzter von allen, in pur-

purfarbenem Gewand ... dann begannen sie mit der feierlichen Messe. Etwa um zwölf Uhr wurde mit der Verlesung der Strafen ... angefangen ... die ganze Zeremonie dauerte bis neun Uhr abends, und als sie dann zum Schluß noch eine Messe zelebriert hatten, entfernte sich der König. Die zum Feuertod verurteilten Verbrecher wurden dem weltlichen Gericht überantwortet, auf Esel gesetzt, durch das ›Foncaral‹ genannte Tor gebracht und um Mitternacht in dessen Nähe alle hingerichtet.« (Henry Kamen: Die spanische Inquisition, München 1969, 216–218.) Sie kamen nicht auf den Scheiterhaufen, weil sie Räuber und Mörder, sondern weil sie Ketzer und vom rechten katholischen Glauben abgewichen waren. Ja, es genügte, im Verdacht zu stehen, Ketzer zu sein. Um dem Tod zu entrinnen, mußte man seine Unschuld beweisen können. Dies gilt heute noch: Der bloße Häresieverdacht ist bereits Straftatsbestand (vgl. Kanon 2315 des Kodex des Kirchenrechts CIC). Das kanonische Recht arbeitet im Gegensatz zum weltlichen Recht nach wie vor mit der Schuldvermutung, d. h. der Angeklagte muß die Unschuld beweisen (vgl. Kanon 2200, § 2 des CIC).

Die Kirche selbst hielt sich die Hände sauber. »Ecclesia non sitit sanguinem«, »die Kirche dürstet nicht nach Blut«. Dieser theoretische Grundsatz war in der Praxis eine reine Heuchelei, denn an den weltlichen Arm ausgelieferte Ketzer m u ß t e n mit dem Tode bestraft werden. Das Auslieferungsurteil der Inquisition war die einzige Grundlage für das Todesurteil der weltlichen Gewalten. Papst Bonifaz VIII. befahl allen weltlichen Herrschern und deren Beamten, »daß sie die ihnen Ausgelieferten sofort übernehmen, um sie dann ohne Verzug mit der gebührenden Strafe zu belegen; ... daß sie selbst über dieses Verbrechen weder ermitteln noch urteilen, weil es rein kirchlicher Art ist ... und wer es wagt, dem zu widerstreben, ... der soll sich mit dem Pfeil der Exkommunikation durchbohrt erkennen und werde nach einem Jahr der Verstockung als Ketzer verurteilt«.

Auch mit der grausamen Vollstreckung des Todesurteils war die Kirche einvertanden, denn sie gewährte jedem, der Holz auf den Scheiterhaufen legte, einen Ablaß. Sie rechtfertigte ihr Vorgehen damit, das höhere Gut, auch das der Ketzer selber, ihre unsterbliche Seele, zu retten. Zu welch unglaublichen Perversionen man dadurch gelangen konnte, zeigt der Bericht eines Inquisitors aus dem Jahre 1719. Er beginnt, wie das Opfer bereits an den Brandpfahl gebunden ist: »Eine brennende Fackel wird vor das Gesicht des Verurteilten gehalten, um ihn warnend auf das hinzuweisen, was ihn erwartet, wenn er nicht bereut. Um das Opfer herum stehen zahlreiche Mönche, die ... den Verbrecher immer intensiver und eifriger bedrängen, sich zu bekehren. Ganz gelassen sagte er: ›Ich will mich zu dem Glauben Jesu Christi bekehren‹, also Worte, die bis dahin von ihm noch nicht gehört worden waren. Das erfreute alle die Mönche übermächtig. Sie begannen ihn zärtlich zu umarmen und dankten Gott unendlich dafür, daß er ihnen eine Tür zur Bekehrung dieses Mannes geöffnet hatte ... und ich begab mich, wünschend, daß die Seele, die so viele Zeichen für ihre Bekehrung gegeben hatte, nicht verloren gehe, wie zufällig hinter den Pfahl, wo der Henker stand, und befahl ihm, den Mann sofort zu erwürgen, weil es sehr wichtig war, das nicht zu verzögern. Und er tat es sehr schnell. Als gewiß war, daß der Mann nicht mehr lebte, wurde der Henker angewiesen, an allen vier Ecken das zum Scheiterhaufen geschichtete Buchholz und die Holzkohle anzuzünden. Das machte er sofort, und es begann an allen Seiten zu brennen, wobei die Flammen rasch zur Plattform hinaufleckten ... sobald die den Verbrecher fesselnden Stricke durchgebrannt waren, fiel er durch die offene Falltür in die Glut des Scheiterhaufens und sein ganzer Körper wurde zur Asche.« (Leo Waltermann, Rom, Platz des heiligen Offiziums, Nr. 11, 181; Kamen, a. a. O. 219 f.)

Nicht weniger grausam als die Strafen waren die Prozeßordnungen, besser gesagt, das Fehlen einer Prozeßordnung. Erst dadurch wurde die Inquisition zur erfolgreichen Vernichtungswaffe gegen alle, welche von der rechten Bahn des Glaubens abwichen. Bonifaz VIII. bestimmte: »Wir gestatten, daß in Sachen der Inquisition nach häretischer Bosheit vorgegangen werden kann: simpliciter (d. h. ohne nähere Bestimmungen) und ... ohne ordentliches Gerichtsverfahren sowie ohne Lärm und Form, welche Anwälte und richterliche Prozeßakte mit sich bringen.«

Der Angeklagte war völlig rechtlos. Das Verfahren war von strikter Geheimhaltung umgeben. Die Namen der Belastungszeugen durften den Angeklagten verschwiegen werden, später auch der Gegenstand der Anklage. Das Verfahren der Inquisition vollzog sich möglichst unauffällig in abgelegenen Gemächern, Gefängnissen oder Kellern. Jeder, ob Angeklagter oder Zeuge, mußte unter Eid versprechen, nichts preiszugeben, was er gesehen oder erlebt hatte.

Das Verfahren der Inquisition zielte darauf ab, möglichst Geständnisse vorzuweisen. Der Angeklagte hatte keine Möglichkeit, sich zu wehren, er durfte kein Schreibmaterial besitzen und von einem Verteidiger, der seine Sache übernommen hätte, läßt sich nicht reden. Kam kein Geständnis heraus, so konnte die Haft verschärft werden durch Dunkelheit, Hunger und Fesselung. Seit 1254 war auch die Anwendung der damals üblichen Torturen erlaubt. Die gebräuchlichsten Qualen: Der Wippgalgen, die Wassertortur, die Seiltortur. Der Wippgalgen war ein Flaschenzug, an dem das Opfer langsam in die Höhe gezogen und ruckartig heruntergelassen wurde. Während der Gestreckte schwebte, so hieß es, sollte man dreimal still den Bußpsalm »Misere« beten und, falls erforderlich, dasselbe mit immer mehr Gewichten, die an die Füße gehängt wurden, wiederholen. Bei der Wassertortur wurden bei Fesselung auf der Folterbank bei gewaltsam geöffnetem Mund Wassermengen bis zu acht Litern eingegossen. Seit dem 16. Jahrhundert verwendete man eine dritte Folterungsart, die Seiltortur. Viele Stricke wurden mit einer Haspel immer enger um Körper und Glieder des Opfers gewunden. Diese Torturen konnten über Tage hin fortgesetzt werden. Niemand war vor Folterung sicher, weder Minderjährige noch Greise. Es ist belegt, daß 13jährige Mädchen und 70 bis 80jährige Frauen gefoltert wurden. Schwangere wurden nicht auf der Folterbank gestreckt, sondern sitzend gefoltert.

Neben der schwersten Strafe, der Tötung, gab es eine ganze Reihe anderer Sanktionen, welche die gesellschaftliche Vernichtung anstrebten. Dazu gehörten die sonntäglichen Geißelungen vor versammelter Gemeinde. Viele, denen die Aussöhnung mit der Kirche gewährt wurde, mußten lebenslänglich oder auf Zeit einen gelben Kittel tragen mit verschiedenen Symbolen, je nach ihrer Verfehlung. Damit das Verbrechen nach ihrem Tod nicht vergessen werde, sondern der Familie weiter größte Schande eintrug, wurden die Kittel mit ihrem Namen in der Pfarrkirche aufgehängt. Als sogenannte Nebenstrafen galten: Unfähigkeit zu öffentlichen Ämtern und das Verbot, bestimmte Berufe auszuüben, wertvolle Kleidung zu tragen und auf Pferden zu reiten. Auch lebenslängliche Einzelhaft kam nicht selten vor. Ebenso wurden die Kinder und Enkel eines Häretikers bestraft. Sie waren erbunfähig. Seine Güter wurden konfisziert.

Sogar gegen Tote ging die Inquisition vor. Lautete das Urteil auf Häresie, so hieß es: Ausgrabung und Auslieferung. Dazu Papst Alexander IV.: »Wer es wissentlich wagt, Häretiker, ihre Anhänger, Verteidiger oder ihre Begünstiger kirchlich zu beerdigen, soll wissen, daß er bis zur angemessenen Genugtuung exkommuniziert ist und nicht eher die Wohltat der Lossprechung verdient, bis er jene mit eigenen Händen öffentlich ausgegraben und die Leichen dieser Verdammten weggeworfen hat ...« Eine Puppe sowie die exhumierte Leiche des Ketzers wurden dann dem weltlichen Arm zur öffentlichen Verbrennung übergeben. Mit dem Urteil war auch das Vermögen rückwirkend enteignet. Wer es nicht mindestens vierzig Jahre lang besaß, mußte alles herausgeben. Im 16. Jahrhundert ging die Inquisition mit großer Entschiedenheit gegen die protestantischen Ketzer vor, besonders mit Hilfe der Spanier in den Niederlanden.

In der Folgezeit wurde die Inquisition auch für Tatbestände zuständig, von denen man annahm, sie würden mit einem häretischen Glauben zusammenhängen, wie Bigamie, Gotteslästerung, Wucher, Homosexualität, Sodomie, Kuppelei, Vergewaltigung, Prostitution.

Seit dem 16. Jahrhundert wurden die Theologie und ihre Professoren zum wichtigsten Tätigkeitsbereich der Inquisition. 1572 wurde der Augustiner und berühmte Professor zu Salamanca, Franz Louis de Leon, für viereinhalb Jahre in Untersuchungshaft gehalten, weil er u. a. die Genauigkeit der offiziellen lateinischen Bibelübersetzung bezweifelt und den Urtext der Übersetzung vorgezogen hatte. Nach einem erneuten Verfahren erhielt er Redeverbot. Gegen andere Theologen wurden strengere Strafen verhängt. Bald hieß es unter ihnen: »Es ist besser, vorsichtig vorzugehen und klug zu bleiben«, eine Meinung, die heute noch die Mentalität vieler Theologie-Professoren bestimmt.

Auch gegenwärtig begnügt sich die Kirche nicht, gegen andersdenkende oder abweichende Theologen kritisch Stellung zu beziehen, sondern sie eröffnet in ihrer Glaubensbehörde ein Inquisitions-Verfahren. Von den Strafen abgesehen, hat sich am Vorgehen wenig geändert: Verdächtigungen, keine vollständige Akteneinsicht, keine Möglichkeit, unterschiedliche Auffassungen im Gespräch mit Fachleuten zu klären, keine wirkliche Verteidigung.

Ein großes Tätigkeitsfeld eröffnete sich für die Inquisitionsbehörde bei der Kontrolle des Schrifttums. Die Druckerei wurde lange Zeit als Hauptfeind der katholischen Kirche betrachtet. Eine Nachzensur hatte die Aufgabe, beanstandete Werke zu vernichten, die Vorzensur, eine freie Meinungsäußerung zu verhindern. Wissenschaftliche Erörterungen sollten in festgesetzte Bahnen gelenkt werden. Lange Kataloge von verbotenen Büchern erschienen. In Spanien war das System am perfektesten. Nicht nur der Druck und die Einfuhr von Büchern wurde genauestens überprüft, auch alle privaten und öffentlichen Bibliotheken wurden gereinigt. Tausende von Bänden gingen in Flammen auf.

Die Errichtung eines päpstlichen Amtes für die Inquisition im 16. Jahrhundert bedeutete nichts anderes als eine Zentralisierung der bereits jahrhundertelang bestehenden regionalen Inquisitionen. 1542 errichtete Papst Paul III. ein Inquisitionstribunal, das als zentrale Instanz über die Reinheit des Glaubens in allen Ländern wachen sollte. 1545, drei Jahre nach seiner Gründung, fällte es das erste Todesurteil. Papst Pius IV. dehnte die Kompetenz des Amtes auf die höchsten Herren der Kirche aus, außer auf sich selbst, auf alle Prälaten, Bischöfe, Erzbischöfe, Patriarchen und Kardinäle. Eine Akte über einen Kardinal wird auch heute erst dann vernichtet, wenn er zum Papst gewählt worden ist. 1963 wurde die Akte des Kardinals Montini verbrannt. Von Papst Johannes wird berichtet, daß er einmal Lust bekam, in seinen eigenen Akten im Heiligen Offiz nachzublättern: »Ich habe mit Überraschung festgestellt«, sagte er zu einem seiner Vertrauten, »daß sich dort noch immer der teilnehmende Brief befindet, den ich eines Tages, als ich noch Apostolischer Delegat in der Türkei war, meinem alten Studienkollegen von S. Apollinare, Ernesto Buonaiuti, schrieb, den man vorher wegen seiner modernistischen Bestrebungen bestraft hatte. Ha!, dieser Brief ist abgefangen worden. Ich habe ihn nicht zerrissen ...«

Papst Sixtus V. (1587) machte aus dem römischen Inquisitionstribunal eine »Heilige Kongregation«, welche schließlich den Namen »Kongregation der römischen und der universalen Inquisition oder des Heiligen Offizium« führte. Derselbe Papst errichtete 1571 eine Kongregation für den Katalog der verbotenen Bücher, die sogenannte »Index-Kongregation«. Sie wurde 1918 mit dem »Heiligen Offizium« vereinigt. Der Index der verbotenen Bücher ist inzwischen abgeschafft, die Vorzensur bleibt bestehen. Paul VI. unternahm geringfügige Reformen in diesem Amt. Im apostolischen Schreiben »Integrae Servandae« vom 7. Dezember 1965 umschreibt er die Kompetenzen dieser Kongregation, welche nun »Heilige Kongregation für die Glaubenslehre« heißen soll. Die Kongregation wird bei Strafverfahren an das allgemeine Prozeßrecht der Kirche gebunden. Zudem wird die Veröffentlichung der internen Regeln der Kongregationsverfahren angekündigt. Mit der allgemeinen Kurien-Reform »Regimini Ecclesiae« (1967) verliert die Glaubenskongregation ihre oberste Stellung. Präfekt ist nun nicht mehr der

Papst selbst, sondern ein Kardinal. Namen und Ordnungen haben sich geändert, die Rechtsunsicherheit ist geblieben. Die Ausübung kirchlicher Herrschaft durch die Glaubenskongregation bleibt nach wie vor unkontrollierbar. Das »Secretum Sancti Officii« gilt auch heute noch: Papst Clemens XI. im Jahre 1709: »Zuverlässige Geheimhaltung haben alle zu bewahren, so daß weder direkt noch indirekt, weder durch einen Wink noch schriftlich, noch durch ein Wort, noch auf irgendeine andere Weise unter irgendeinem beliebig gefärbten Vorwand, sei es um eines höheren Gutes willen, sei es aus schwersten und drängendsten Gründen, sei es auch auf Grund einer Berechtigung oder Dispensation durch irgend jemanden, das Geheimnis gebrochen wird. Diese Pflicht trifft auch die Ordinarien und deren Kurien und die Angeklagten und die Zeugen (letztere ohne Strafandrohung).«

Die Ansichten des Paters Spellucci

Nicht zuletzt wegen ihrer schlimmen Vergangenheit war und ist die Glaubensbehörde die umstrittenste Kurieneinrichtung. Einer der spannendsten Tage des Zweiten Vatikanischen Konzils war der 8. November 1963. Der Erzbischof von Köln, Josef Kardinal Frings, stand auf und nannte die Verfahren der damals noch obersten römischen Kongregation einen Skandal. Der nach ihm sprechende faktische Chef der Behörde, Kardinal Ottaviani, bekam vor Zorn einen roten Kopf; er bezeichnete diesen Angriff als Angriff auf den Papst, da der Papst damals noch Präfekt des »Heiligen Offiziums« war.

Es gibt auch heute noch Katholiken, denen die Kritik von Frings unverständlich erscheint. Für sie sind selbst blutige Urteile der Inquisition aus früheren Jahrhunderten gerechtfertigt. Niccolo del Re, dessen Buch über die römische Kurie (La Curia Romana, Rom 1970) im Vatikan als besonders zuverlässig empfohlen wird, bescheinigt der römischen Inquisition auf Seite 94, daß sie in der Justizgeschichte des päpstlichen Rom Seiten beschrieben habe, »die großer Beachtung würdig sind, vor allem, wenn man die Prozesse betrachtet, die gegen Pietro Carnesecchi, verurteilt 1567, und gegen Giordano Bruno, verbrannt am 17. Februar 1600, geführt worden sind.« Auch für den dienstältesten deutschen Mitarbeiter des Staatssekretariates, den Salvatorianer Joseph Spelucci, ist der Prozeß und das Ende Giordano Brunos das Selbstverständlichste in seiner heilen Welt. In einem von ihm bearbeiteten und nach dem Zweiten Vatikanischen Konzil aufgelegten Rom-Führer heißt es: »Unweit des Farnese-Palastes breitet sich ein belebter Marktplatz aus, der Campo dei Fiori (Blumenmarkt). Während der Freimaurer-Herrschaft fand dort 1889 unter heftigem Protest Leos XIII. und der ganzen katholischen Welt die Aufstellung eines Denkmales für den Apostaten Giordano Bruno statt. Seiner pantheistischen Ideen wegen aus dem Orden des Heiligen Dominikus ausgestoßen und von der römischen Inquisition angeklagt, floh er nach Genf, führte ein unstetes Wanderleben durch Frankreich, England und Deutschland, wurde 1592 in Venedig von der Inquisition ergriffen und am 17. Februar 1600 auf dem Campo dei Fiori lebendig verbrannt.« Für Spelucci geht das in Ordnung. Zwei Absätze davor spricht er nämlich davon, daß gegen Mitte des 16. Jahrhunderts das »verderbliche Gift der unheilvollen Pseudoreformation fast alle Völker germanischer Rasse ergriffen hatte ...«

Der Protest der Professoren

Vor diesem düsteren Hintergrund ist es verständlich, daß immer wieder katholische Kritik an der ehemals obersten römischen Behörde laut wird. Vor allem die Theologie-Professoren fordern ein durchschaubares Verfahren. Trotz der päpstlichen Zusage, die internen Regeln der Glaubenskongregation bei Lehr-Verfahren zu veröffentlichen, bestand im Apparat des Palazzo del S. Ufficio wenig Neigung, das Wort des Papstes einzulösen. Der dienstälteste Sektionschef, der Italiener Lino Lanciotti, zu-

ständig für die Laisierung der Priester, sagte noch im Herbst 1969 in einem Interview mit Leo Waltermann im WDR auf die Frage, warum diese Verfahrensordnung bis heute noch nicht veröffentlicht sei: »Vielleicht wird sie auch nicht veröffentlicht, denn sehen Sie, zunächst bedarf es einer Übung, damit die Geschäftsordnung ausgearbeitet und perfekt ist, ehe sie veröffentlicht wird ... Ich sehe keine Notwendigkeit, daß das Offizium diese Verfahrensordnung veröffentlichen muß ... Man darf nicht hetzen und Eile haben, um nicht neue Dinge schlecht zu schaffen. Man sollte es in Ruhe tun, und Roms Mühlen mahlen langsam, um gut zu mahlen. Rom hat nie Eile.«
Diese Verschleppungstaktik im alten Beamtenstab wurde im Dezember 1968 durch die Eingabe führender Köpfe der katholischen Theologie zugunsten einer veröffentlichten Verfahrensordnung gestört. Die Professoren, die zum größten Teil der progressiven Fachzeitschrift »Concilium« nahestanden, begnügten sich nicht mit Protesten, sondern machten eine Reihe Vorschläge. Damit sie nicht untergehen konnten, veröffentlichten sie sie sicherheitshalber zugleich in der »Frankfurter Allgemeinen Zeitung« und in »Le Monde«. Unter den Unterzeichnern waren sowohl Professoren wie Rahner, die das Amt schon zur Verteidigung herangezogen hatte, als auch Professoren wie Schillebeeckx und Küng, die dort auf der Anklagebank sitzen. Der Vorstoß der Theologie-Professoren hat Beamten in der Lehrabteilung, die ebenfalls eine öffentliche Verfahrensordnung anstrebten, genutzt, als sie sich daranmachten, den Entwurf der neuen Regeln für die Lehrüberprüfungen vorzubereiten. Aber vielleicht wäre dieser im Lauf des internen Verfahrens sowieso verwässerte Entwurf dem Papst Anfang 1971 immer noch nicht zur Entscheidung vorgelegt worden, wenn sich Kardinalpräfekt Šeper in einer seiner üblichen Freitags-Audienzen beim Papst nicht entschlossen hätte, auf die Bremser in seinem Amt keine Rücksicht mehr zu nehmen. Nachdem Paul VI. Šepers Alleingang gebilligt hatte, unterzeichnete der Kardinalpräfekt am 15. Januar 1971 den lateinischen Text, 18 Punkte der neuen Verfahrensordnung.

Das unordentliche Verfahren

Vorgesehen sind zwei Arten des Verfahrens, das außerordentliche und das ordentliche. Das außerordentliche Verfahren soll angewandt werden, wenn ein Autor in einer Schrift oder in einem Vortrag »sicher und klar« gegen die Glaubenslehre der Kirche verstoßen habe und ein Schaden unmittelbar zu erwarten sei oder schon bestehe. Für die Feststellung solch eines klaren Irrtums sei eine Überprüfung in erster Instanz ausreichend, d. h. in der wöchentlichen Konferenz der Glaubenskongregation am Samstag, die sich aus den Vorgesetzten und den Beamten zusammensetzt, also nicht aus den Kardinälen und Bischöfen der Kongregation, die unter dem Vorsitz von Šeper jeden Mittwoch tagen.

Wenn diese erste Instanz feststellt, daß Gefahr im Verzuge ist, werden der Bischof des Autors und eventuell auch andere Bischöfe informiert, damit sie den Verfasser des umstrittenen Textes auffordern, den Irrtum zu berichtigen. »Wir schreiben deshalb jetzt viele Briefe«, heißt es in der Glaubenskongregation. Sobald die Antwort des Bischofs über die Haltung des Autors eingetroffen ist, geht das Verfahren gemäß der letzten Phase eines ordentlichen Prozesses weiter. Die Mittwoch-Sitzung der Kardinäle und der sieben Bischöfe, die außerhalb Roms wohnen, übernimmt die Prüfung, wobei freilich die auswärtigen Bischöfe und Kardinäle viel zu selten in Rom sind, um wirklich mitzuentscheiden. Dann erst kann der Autor sich selbst äußern.

Ohne Akteneinsicht

Das ordentliche Verfahren beginnt in der doktrinellen Abteilung der Kongregation. Nach diesem ersten Studium wird in der wöchentlichen Konferenz am Samstag die Entscheidung gefällt, ob das ordentliche Verfahren eröffnet wird. Falls das geschieht, beauftragt die Samstags-Konferenz der etwa 30 Beamten des Hauses und ihrer Vorgesetzten mindestens zwei Experten, die unabhängig voneinander ihre Voten über die beanstandeten Äußerungen abgeben, und es wird sogleich ein Offizial-Anwalt, welcher bei einem weltlichen Gericht mit einem Pflichtverteidiger zu vergleichen wäre, als »Relator pro Auctore« bestellt. Im Artikel 6 der Regeln wird bestimmt, daß dieser Pflichtverteidiger die positiven Aspekte der examinierten Meinung und die Verdienste des Autors im Kontext seiner anderen Schriften darstellen soll. Er hat auf die beiden Voten zu erwidern und genießt Einsicht in alle mit dem Fall zusammenhängenden Akten. Nach dieser ersten Phase werden alle Dokumente, die beiden Voten und der Bericht »Pro Auctore« der Versammlung der Konsultoren der Glaubenskongregation vorgelegt. Die Konsultoren, vergleichbar mit einem Sachverständigenausschuß, tagen jeden Montag. Sie hören zuerst die Darstellung des Anwalts des Autors. Danach kann sich jeder der Konsultoren äußern. Der Vertreter des Autors hat nochmals die Gelegenheit zur Klarstellung. Wenn die Konsultoren ihr endgültiges Votum formulieren, muß der Anwalt des Autors den Saal verlassen. Alle nun vorliegenden Schriftstücke werden an die zur Kongregation gehörenden Kardinäle verteilt. In dieser ordentlichen Kongregation der Kardinäle und sieben Bischöfe spricht jeder, angefangen vom Kardinalpräfekten, sein Urteil. Die Voten dieses obersten Gremiums der Glaubenskongregation werden vom Kardinalpräfekten oder dem Sekretär in der regelmäßigen Freitags-Audienz, welche der eine oder andere beim Papst hat, dem Pontifex zur Annahme vorgelegt.

Dann erst wird das Ergebnis des Verfahrens dem Autor mitgeteilt, der sich innerhalb eines Monats schriftlich dazu äußern soll. Wenn die Behörde es für notwendig hält, soll der Autor zu einer persönlichen Begegnung mit Beauftragten der Kongregation aufgefordert werden. Sowohl die schriftliche Erwiderung des Autors als auch das Protokoll der eventuellen Aussprache werden nun wiederum der Kongregationsversammlung der Kardinäle und sieben Bischöfe vorgelegt. Falls sich neue Gesichtspunkte ergeben, wird die schriftliche Erwiderung des Autors oder das

Protokoll des Kolloquiums zwischen dem Autor und dem Beauftragten noch einmal der Versammlung der Konsultoren vorgelegt. Nun erst ergeht der endgültige Spruch, der, sobald er vom Papst angenommen ist, dem Ortsbischof und dem Autor mitgeteilt wird.

Die jetzige zweigleisige Verfahrensordnung ist ein Kompromiß zwischen den alten Inquisitoren und der Konzilspartei im Amt. Das außerordentliche Verfahren (das »unordentliche«, wie ein vatikanischer Prälat meinte) ist dem ursprünglichen Text aufgepropft worden. Durch das außerordentliche Verfahren entsteht eine zusätzliche Rechtsunsicherheit.

Es bleibt ungeklärt, worin die Kompetenz der Glaubenskongregation liegt. Auch ist nicht sicher, wofür die Lehrkommissionen der Bischofskonferenz und wo die römische Instanz zuständig sind. Da die Mitteilung über ein in Rom eröffnetes Verfahren nur bei schweren Fällen erfolgen muß – die Definition der Schwere des Falles liegt wiederum im Ermessen der Glaubenskongregation – können parallele Verfahren nicht ausgeschlossen werden. Das außerordentliche Verfahren geht davon aus, daß eine Verletzung der katholischen Lehre klar und sicher zu erkennen sei. Mit dieser allgemeinen Formulierung wird der Kompetenzüberschreitung der römischen Instanz Tür und Tor geöffnet, weil in der theologischen Diskussion keineswegs klar und sicher feststeht, worin ein Irrtum besteht. Die außerordentlichen Verfahren sind Notstandsgesetze. In einem dialektischen Klimmzug ist dann nicht mehr vom Recht des Autors, das nach dem Willen des Konzils vom Papst geschützt werden sollte, die Rede, sondern vom Recht des Volkes Gottes auf die wahre Lehre, dem Genüge geschehen soll.

Auch das ordentliche Verfahren, das rechtsförmiger ist, hat seine Tücken. Es beginnt damit, daß nicht etwa nur authentische Bücher und Aufsätze examiniert werden, sondern auch Referate. Nach wie vor genügen dafür mündliche Anschwärzungen. In der letzten Zeit hatte das Offiz darauf verzichtet, auf die schwer nachweisbaren mündlichen Äußerungen in Vorträgen einzugehen. »Nach fast jeder Akademie-Tagung lagen hier

Denunziationen vor.« Die Gestalt des Pflichtverteidigers, des »Relator pro Auctore« krankt daran, daß ihn nicht der Autor selbst aussucht, sondern daß er vom Amt bestellt wird. Auch die von den katholischen führenden Theologen 1968 geforderte Akteneinsicht findet nicht statt. Die Theologen hatten verlangt: »Nach erfolgter Begutachtung werden alle beanstandeten Lehren den betreffenden Theologen schriftlich mitgeteilt, zugleich mit allen eventuell vorliegenden Gutachten, Dekreten, Relationes und wichtigen Aktenstücken. Der betreffende Theologe nimmt zu diesem Material schriftlich Stellung. Befriedigt diese Stellungnahme nicht, so sind zu den strittigen Fragen zwei oder mehrere Fachgutachten anerkannter Theologen einzuholen, von denen wenigstens die Hälfte der betreffende Theologe selbst bestimmen kann.«

Schwerpunkte heutiger Ketzerei

Wer sitzt heutzutage auf der Anklagebank? Das ist zunächst der große Haufen moraltheologischer Ketzer, die mit der Kirchendoktrin nicht vereinbare Ansichten zu Homosexualität, Masturbation oder vorehelichem Geschlechtsverkehr vertreten. Stephan Pfürtner, Moraltheologe und Dominikaner in Freiburg in der Schweiz konnte der Suspension durch den zuständigen Bischof Mamie nur entgehen, da ihm ein freies Jahr, ein Sabbatjahr, vorgeschlagen wurde (die Exekutive des Kantons). Der Freiburger Staatsrat akzeptierte die zwangsweise Beurlaubung des Professors jedoch nicht. Pfürtner doziert nach wie vor. Wie die Sache allerdings weitergeht, ist ungewiß, denn der Anklagepunkt der Glaubenskongregation lautet: Pfürtners Geschlechtsmoral sei nicht mehr katholisch.
Pfürtner hatte am 3. November 1971 in Bern einen Vortrag gehalten über: »Moral – was gilt heute noch? Das Beispiel der Sexualmoral.« Er stellte die Ansicht zur Diskussion, Selbstbefriedigung (Masturbation) sei in den meisten Fällen nicht sündhaft, ebenso sei vorehelicher Geschlechtsverkehr erlaubt, wenn

er in einem Vorraum zur Ehe stattfinde. Rom forderte den Widerruf seiner Thesen.
In der Schweiz löste der Fall Pfürtner einen wahren Proteststurm aus. Fragen wurden laut, wie es um eine staatliche Universität bestellt sei, deren Professoren von einer dritten Macht abgesetzt werden könnten. Kulturkämpferische Gefühle wurden wieder wach. Auf der anderen Seite gruppierten sich die kirchlichen Ultrakonservativen, ihnen voran der Freiburger Bischof Mamie, Intimus von Kardinal Journet und bei Paul VI. und der Glaubenskongregation gern gesehener Gast. In der Pose eines Verteidigers des Glaubens zog er gegen den schon lange mißliebigen Pfürtner los und alarmierte neben Erzbischof Philippe, dem damaligen Sekretär der Glaubenskongregation, gleich auch den Dominikaner-General, den Spanier Pater Fernandez. Eine Absetzung Pfürtners als Universitätsprofessor gelang Mamie bisher nicht, er tat jedoch alles, was in seiner bischöflichen Macht liegt: für seine Diözese, praktisch die gesamte französisch sprechende Schweiz, belegte er Pfürtner mit dem Verbot, seine priesterlichen Dienste auszuüben (Predigt und Beichte, Lehrtätigkeit außerhalb der Universität). Das Verfahren gegen Pfürtner läuft in Rom weiter, trotz eines relativ günstigen Gutachtens der Freiburger Universität, trotz der Behandlung dieses Falles auf der Schweizerischen Bischofskonferenz.
In der Schußlinie des heiligen Offiziums liegen weitere bekannte Moraltheologen, wie der deutsche Redemptorist Bernhard Häring, der in den letzten Jahren Narrenfreiheit genoß, sowie die beiden Jesuiten Waldemar Molinski und Roman Bleistein, aber auch der junge holländische Dozent für Moraltheologie in Nymwegen, Theo Beemer. Dem Franzosen Marc Oraison wird vorgeworfen, vom Psychologismus angesteckt zu sein und die Sündenlehre der Kirche nicht mehr korrekt zu vertreten. Unter Ketzerverdacht steht ebenso der große Horst von katholischen Theologen, welche nach Ansicht der römischen Behörden die Unauflöslichkeit der Ehe in Frage stellen.
Zweiter Schwerpunkt gegenwärtiger Ketzerei ist die Christolo-

gie. Wer auch immer die sanktionierte Kirchenlehre, welche in Christus praktisch nur noch einen Gott sieht und darüber den Menschen Jesus vergißt, nicht teilt, steht unter Häresieverdacht, wie etwa der Holländer Schoonenberg. Aber bereits eine nicht auf der herkömmlichen Linie liegende Exegese der Kindheitsgeschichte genügt, um angeklagt zu werden, wie im Fall des in München lehrenden Josef Kerschensteiner, der vom Regensburger Oberhirten Graber, bekannt für seine reaktionäre Haltung, beim Nuntius in Bonn angezeigt und auf dessen Bitten der Prozeß in Rom eröffnet wurde. Besonders die Seiten 60 und 61 seines Buches »Die Kindheitsgeschichte bei Matthäus und Lukas«, München 1971, werden inkriminiert. Kerschensteiner stellt darin die Geschichtlichkeit vieler Fakten in Frage, wie die Verkündigung der Geburt durch den Engel, die jungfräuliche Empfängnis und Geburt, die Erzählungen von der Geburt in Bethlehem, den Besuch der Magier, die Erscheinung des Sterns, die Flucht nach Ägypten, die Darstellung Jesu im Tempel und schließlich den Bericht vom Bleiben und Auffinden Jesu im Tempel. Nach Kerschensteiner sind diese Geschichten erzählt worden, um theologische Wahrheiten zu veranschaulichen.

Auch gegen Josef Blank, Exeget in Saarbrücken, liegt Material vor. In »schlechter Gesellschaft« befindet sich ebenso Adolf Holl, der in seinem Buch »Jesus in schlechter Gesellschaft« von einer Vergottung Jesu spricht. Bereits eine wohlwollende Rezension dieses Buches kann große Schwierigkeiten mit sich bringen: Der Jesuit Norbert Lohfink, Frankfurt, ein bekannter Bibliker und vormals am päpstlichen Bibelinstitut in Rom, ist wegen seiner Besprechung in der Zeitschrift »Orientierung« angeschwärzt. Verdächtig sind auch die neuen Interpretationsversuche der Erbsünde durch den Tübinger Alttestamentler Herbert Haag. Wegen seines Erbsündenbüchleins und seines »Abschied vom Teufel« schwelt schon seit Jahren ein Verfahren. Ein Kurienkardinal dazu: Es ist nur zu fragen, ob der Teufel von Haag Abschied genommen hat.

Die seit längerer Zeit erwartete christologische Erklärung ist inzwischen erschienen. Am 8. März 1972 veröffentlichte die Glaubenskongregation nach der Approbation durch den Papst eine Erklärung zur Verteidigung des Glaubens vor einigen neuen Irrtümern zu den Geheimnissen der Inkarnation (der Fleischwerdung Christi) und der Heiligen Dreifaltigkeit. Weit gefehlt, daß darin der Kampf gegen die Leugner der Gottheit Jesu und des Heiligen Geistes geführt wurde. Als gefährliche Irrlehrer werden vielmehr diejenigen betrachtet, welche die vom Konzil in Chalzedon im Jahre 451 sanktionierte Formel von einer Person in zwei Naturen verlassen wollen.

Die Glaubenskongregation soll heute genauso streng sein wie ihre Vorfahren der Inquisition, sie soll aber diese Haltung weniger zeigen. Die eventuellen Strafmaßnahmen gegen freigeistige Professoren sollen besser die Bischöfe exekutieren. Die Glaubenskongregation selbst hat nach dem Willen Pauls VI. nach außen eher als positives Instrument zu erscheinen, das weniger *gegen* die Irrlehren und ihre Vertreter als *für* den wahren Glauben eintritt. Diesem stilistischen Prinzip, in der Sache negativ, in der Form positiv, ist die jüngste christologische Erklärung verpflichtet. Dasselbe gilt auch für ein Dokument über die Sexualität, das gegenwärtig im Offiz vorbereitet wird und in dem man sich gegen Moralisten wie Pfürtner und Häring wiederum so wenden wird, daß man sie verurteilt, ohne sie beim Namen zu nennen.

Am wenigsten läßt der Vatikan mit sich spaßen, wenn es um das Formalprinzip des Katholizismus, das unfehlbare Papsttum und die daraus folgenden ekklesiologischen Postulate geht. Seit Jahren sind die Offiz-Leute damit beschäftigt, häretische Sätze aus Küngs Büchern »Die Kirche« und »Unfehlbar?« auszuziehen. Der Fall ist für die maßgebenden Vertreter der Glaubenskongregation klar: Küng ist ein Irrlehrer. Charles Moeller, bis 1973 Untersekretär der Glaubenskongregation, hatte es gewagt, in einem Interview in Australien zu erklären, nach seiner persönlichen Ansicht verlasse Küng nicht die Grenzen der kirchlichen Lehre. Er wurde gleich nach seiner Rückkehr von seinem Chef Šeper zur Rede gestellt. Küng hatte inzwischen die Flucht nach vorn angetreten. Er entschloß sich, seine Korrespondenz mit dem Kongregationschef, dem jugoslawischen Kardinal Franjo Šeper, einigen Dutzend Freunden bekanntzumachen. Damit kam sie in die Gazetten. Erst aus der Korrespondenz Küng–Šeper geht hervor, daß Papst Paul bereits in den Glaubensstreit eingegriffen hat: er hat das von der vierundzwanzigköpfigen Vollversammlung der Kongregation beschlossene Vorgehen am 25. Juni 1971 ausdrücklich gebilligt.

Der jetzige Konflikt mit Rom, der zur Verurteilung seines Buches »Unfehlbar?« und zum Entzug des für jeden Theologie-Professor wie für jeden Religionslehrer vorgeschriebenen kirchlichen Lehrauftrages führen kann, ist nicht die erste Aktion der römischen Glaubenswächter gegen Küng. Ein Dossier gibt es seit 1957, als er sein erstes Buch veröffentlichte. Zeichen der Akte, die auch Küng selbst nicht einsehen darf: 399/57 i.

Wer in der Glaubenskongregation für das neue Verfahren gegen ihn zuständig ist, hat Küng nicht erfahren. Er weiß auch nicht, welche Gutachten dem Verfahren zugrunde liegen. Nach dem Erscheinen des »Unfehlbarkeits«-Buches schickten die römischen Glaubenshüter dem Autor lediglich einen Katalog inquisitorischer lateinischer Fragen, um ihn womöglich der Häresie zu überführen. Küng will sich jedoch am Verfahren »nur bei voller Kenntnis und freier Benutzung meiner Akten« beteiligen.

Wenn ein Verfahren jahrelang ruht, bedeutet das nicht viel. So kann der Prozeß Schillebeeckx jederzeit wieder akut werden. Auch weniger streng theologische Bücher, wie das von Fritz Leist (»Der Gefangene des Vatikan«) oder das wohlmeinende Buch über Paul VI. von D. A. Seeber, dem Chefredakteur der katholischen Herder-Korrespondenz, werden einer eingehenden Behandlung für würdig befunden. In diesem Fall hat das Staatssekretariat die Initiative ergriffen. Die beiden letzten Verfahren sind vorläufig ad acta gelegt worden, nicht zuletzt weil man nicht sehen kann, was gegen diese beiden Laien wirksam unternommen werden könnte.

In den Vereinigten Staaten verdächtigen die vatikanischen Glaubenshüter unter anderem zwei prominente Jesuiten:

Avery K. Dulles, Sohn des früheren amerikanischen Außenministers und Daniel O'Hanlon. Dulles ist nach römischer Ansicht in die Irre gegangen, weil er für Bibeltexte geltende Interpretationsgesetze auf kirchliche Dogmen anwenden wollte. O'Hanlon hat seine höchsten Chefs in Rom durch seine Äußerungen über kirchliches Amt und Eucharistie verstimmt. Überhaupt sind die Jesuiten im Augenblick in der Glaubenskongregation fast schon generell verdächtig.

Theologische Hofnarren

Den verdächtigten Theologen können auch ihre Zunftgenossen in der internationalen Theologenkommission kaum zu Hilfe kommen. Sie wurde am 11. April 1969 vom Montini-Papst eingesetzt und soll dem Heiligen Stuhl, vor allem der Glaubenskongregation, in der Prüfung von Glaubensfragen von höherem Interesse behilflich sein. Aber Statut und Zusammensetzung haben bisher verhindert, daß sie ein römisches Wässerlein trüben konnte. Der Jesuit Karl Rahner, einer der bekanntesten Mitglieder dieser Kommission, bei einem Tischgespräch: »Ich bin ja hier nur ein Hofnarr. Die lassen mich reden, aber hören nicht zu, geschweige denn, daß sie sich anschicken, etwas zu unternehmen. Ich kann sagen, was ich will, anschließend wandert es in die Schubladen.«

Auch wer auf der Bischofsebene nicht spurt, hat mit Schwierigkeiten zu rechnen wie die holländischen Bischöfe Zwartkruis (Haarlem) und Ernst (Breda), der Limburger Wilhelm Kempf, der Grazer Johann Weber, der Baseler Hänggi, verdächtigt wegen angeblicher Kommunions- und Liturgieexperimente. Dem Bischof Leiprecht von Rottenburg wurde seine angeblich laxe Haltung gegen Professor Halbfas und gegen die Tübinger Theologie-Fakultät vorgeworfen. Seine Stellung hat sich in letzter Zeit wieder etwas gefestigt. Leiprechts scharfe Kritik am Interview von Professor Greinacher in der linken Zeitschrift *Konkret* zum Abtreibungsparagraphen 218 wurde in der deut-

schen Wochenausgabe des *Osservatore Romano* wohlwollend abgedruckt.
Ins Gerede kommen selbst Purpur-Träger wie Pellegrino, König, Suenens und Alfrink. Der Kardinal Lercaro, eine Symbolgestalt der konziliaren Erneuerung, wurde von der Glaubenskongregation in die Wüste geschickt.
Die Glaubenskongregation richtet nicht nur über die Rechtgläubigkeit von Professoren. Mit ihr regiert, bindet und löst der Papst bis ins Privatleben hinein. Mit ihr entscheidet er, ob ein bisher dem Zölibatsgesetz der Ehelosigkeit unterworfener katholischer Priester in den Laienstand zurückversetzt werden und damit heiraten kann, was eines der Hauptmotive dieser Anträge ist. In der Glaubenskongregation wird auch jedes Jahr Katholiken ermöglicht, »in favore fidei« (zugunsten des wahren Glaubens) sich von ihren ungetauften Ehepartnern wieder scheiden zu lassen, selbst wenn sie diese Ehe mit Dispens vor einem katholischen Priester geschlossen haben. Wegen ihrer delikaten Entscheidungen ist die Glaubenskongregation als Regierungsinstrument Zuckerbrot und Peitsche in einem in der Hand des Papstes. Ein Priester kann dort sowohl verurteilt als auch von seiner Zölibatsbürde befreit werden.
Nach dem Verlöschen der Scheiterhaufen sind die modernen Inquisitoren der Glaubenskongregation ein wichtiges Herrschaftsinstrument der Kirche, ein Instrument, das heute vor allem der Domestizierung der eigenen mittleren und unteren Führungsschicht der Professoren und Priester dient.
In keinem Rechtsstaat der Welt würden solche Verfahren zugelassen, wie sie im Namen des Papstes gegen katholische Professoren geführt werden. An Denunzianten fehlt es nie. Der Kommentar eines erbitterten Gelehrten: »Seht, wie sie einander lieben.«

Die nachkonziliare Restauration

Mit dem Zweiten Vatikanischen Konzil schien sich ein neuer Regierungsstil anzukündigen. Es wurden Ämter und Sekretariate aus der Taufe gehoben, auf die erneuerungswillige Katholiken Hoffnungen richteten: das Einheitssekretariat, das Sekretariat für die Nichtchristen, die Kommission »Justitia et pax« (Gerechtigkeit und Frieden) und der Weltlaienrat. Aber gerade in diesen konziliaren Ämtern der Kurie herrschen nun Unsicherheit, Frustration und Resignation. Mitarbeiter kündigen oder werden gekündigt. Die Konzilsstimmung ist verflogen. Das Staatssekretariat unterwirft sie seiner Regie. Die nachkonziliare Restauration ist auf dem Vormarsch, die neuen Einrichtungen werden Stück um Stück der alten Kurie angeglichen. Spürbar ist dieser Prozeß überall in den Konzilsgründungen, nicht zuletzt in der ältesten jener neuen Behörden, im Einheitssekretariat.

Ökumenisches Strohfeuer

Als der bereits zu einem Mythos gewordene Papst Johannes XXIII. 1959 ein ökumenisches Konzil ankündigte, knüpften sich an das Wort »ökumenisch« euphorische Erwartungen. Schon sah man die Versöhnung der Christen anbrechen, das Tor zu einer neuen Zeit schien sich zu öffnen. In dieser erwartungsvollen Situation wurde das »Sekretariat für die Einheit der Christen« (Secretariatus ad christianorum unitatem fovendam) von Papst Johannes am 5. Juni 1960 zur Vorbereitung des Zweiten Vatikanischen Konzils gegründet. Der damals 79-jährige Jesuitenpater und Professor am Päpstlichen Bibelinstitut, Pater Augustin Bea, wurde sein erster Chef (wegen der Erlasse von Papst Paul für Altersgrenzen an der Kurie wäre Bea unter ihm niemals so weit vorgerückt). Für den vom patriarchalischen Alter Gezeichneten begann eine zweite Jugend, getragen von einer weltweiten Welle der Sympathie, der Erwartung und Begeisterung.

Das neue Sekretariat sollte sich um die Beobachter nichtkatholischer Kirchen kümmern und Textentwürfe für Konzilsdokumente herstellen. So wurde die Konzilszeit zu seiner glanzvollsten Zeit. Es vermochte Siege zu erringen, wie die Verabschiedung des Ökumenismus-Dekretes und des Dekretes über die Religionsfreiheit. In dieser Zeit hatte es die überwiegende Mehrheit der 3000 Bischöfe hinter sich, die jedes Jahr für einige Monate nach Rom kamen. Auch in der ersten nachkonziliaren Zeit hielt der freundliche Trend zunächst an: Das Einheitssekretariat wurde in seiner Existenz bestätigt und weitete seine Aktivitäten erheblich aus. Das Personal verdreifachte sich, Studienkommissionen mit allen wichtigen Konfessionsfamilien wurden eingesetzt, Besucher strömten herbei, Reisen häuften sich. Der Tag schien nicht mehr fern, da sich ein Beitritt der römisch-katholischen Kirche zum Ökumenischen Rat in Genf von selbst ergäbe. Im stillen rechnete man sich schon aus, wer dann wohl nach Genf gehen würde. Ab 1968 wurde immer deutlicher, daß hier ein Strohfeuer brannte. Im Ökumenismus-Dekret des Konzils war bewußt vermieden worden, eine klare Konzeption auszuarbeiten, so daß sich die katholischen Professoren heute noch streiten, ob den protestantischen Gemeinschaften der Name »Kirche« zugelegt werden dürfe. Man sprach weiter viel von Erneuerung und Reform, verstand sie aber vor allem individualistisch. Man drückte den Wunsch nach einem unvoreingenommenen ökumenischen Dialog aus, wollte dabei jedoch die integrale katholische Position bewahren. Man vermied zwar das Wort »Rückkehr«, aber tat es nur aus taktischen Gründen. Nicht alle denken so, aber immer weniger wagen ihre Alternativvorschläge vorzubringen. Der tonangebende Teil der römischen Kurie erwartet nach wie vor die Konversion aller Nicht-Katholiken. Der historische Name des Palastes, in dem das Ein-

heitssekretariat untergebracht wurde: »Palazzo dei convertendi« (Palast der Menschen, die bekehrt werden sollen).
Ohne den Rückhalt der Bischöfe wußte sich das Einheitssekretariat kaum zu wehren. Durch die apostolische Konstitution »Regimini ecclesiae« wurde es völlig der römischen Kurie einverleibt. Dieser Prozeß wurde gefördert vom Kurienfachmann des Einheitssekretariates, dem Korsen Monsignore Gian-Francesco Arrighi. Arbeitsstil und Arbeitsmethoden sollten ganz den alten römischen Kongregationen gleichen. Sein oberstes Ziel: Das Einheitssekretariat soll selbst »Heilige Kongregation« werden. Angeblich ist dafür bereits ein Gesuch eingereicht worden. Die Chancen scheinen nicht schlecht zu stehen. Für Arrighi wäre das ein persönlicher Triumph, von anderen würde es als Bestätigung der ökumenischen Arbeit durch den Heiligen Stuhl interpretiert. Wahrscheinlicher aber wäre, daß damit die Kurialisierung perfekt würde.
Die Leiter des Einheitssekretariates, der holländische Kardinal Willebrands, der französische Dominikaner Hamer (jetzt Glaubenskongregation), der für die Orthodoxen zuständige französische Pater Duprey und der Korse Arrighi wußten sich nicht nur gegen die Kurialisierung nicht zu wehren, es fehlte ihnen auch eine klare Konzeption der eigenen Arbeit. So ließen sie sich immer mehr in einen unverbindlichen Schmalspurökumenismus abdrängen. In kaum noch übersehbaren zahlreichen Kommissionen wurden alle möglichen theologischen Fragen erörtert, das Einheitssekretariat vermied es aber sorgfältig, irgendwie Stellung zu innerkirchlichen Entscheidungen, welche auch ökumenisch von größter Wichtigkeit waren, zu beziehen. Solche Entscheidungen durften nicht einmal diskutiert werden. Die päpstlichen Enzykliken über die Eucharistie, den Zölibat, die Geburtenkontrolle, nahmen für den innerkatholischen Raum zurück, was anderen Christen versprochen war. Die Glaubwürdigkeitslücke wurde so von Jahr zu Jahr größer. Der hier fehlende Widerstand bedeutete den Anfang vom Ende. Für eine Plenarsitzung des Einheitssekretariates war geplant worden, die päpstlichen Entscheidungen in ihrer ökumenischen

Auswirkung zu untersuchen. Dieser Programmpunkt kam den eingeladenen Bischöfen nicht einmal zu Gesicht. Der Ökumenismus des Einheitssekretariates ist nur als papsthöriger Ökumenismus denkbar. Das wird auch der neue Sekretär, der aus der Glaubenskongregation versetzte Belgier Charles Moeller, nicht ändern können.

Die führenden Leute des Staatssekretariats sind mittlerweile von der Gefährlichkeit des Ökumenismus überzeugt. Ihm wurde nicht zum geringsten Teil die Schuld für die innerkirchlichen Krisen angelastet. Das Staatssekretariat ist argwöhnisch darauf bedacht, allen Anfängen zu wehren. Mit Mißtrauen werden die Ergebnisse der interkonfessionellen theologischen Gespräche beobachtet. Gemeinsame Berichte werden schnell als gefährlich angeschwärzt. So erging es dem Bericht der lutherisch-katholischen Studienkommission der USA über Eucharistie und Amt. Die katholischen Mitglieder drückten darin ihre Überzeugung aus, sie sähen keine Gründe mehr, welche die römisch-katholische Kirche hindern könnten, das Amt der lutherischen Kirche als ein gültiges Amt anzuerkennen. Aufgeschreckt durch solche systemgefährdende Aussagen, setzte das Staatssekretariat seine Maschinerie in Bewegung. Über den Apostolischen Delegaten Luigi Raimondi und den damaligen Präsidenten der katholischen ökumenischen Kommission, Kardinal John Carberry, sollte alles versucht werden, um die Publikation zu stoppen. Es gelang nicht mehr, vor allem auch deshalb nicht, weil die Katholiken nicht unter sich waren und die Lutheraner auf einer Veröffentlichung bestanden. In Zukunft wird man noch mehr Sicherungen ersinnen, damit solche unerwünschten Effekte nicht mehr eintreten.

Dem Bericht der internationalen lutherisch-katholischen Studienkommission erging es nicht viel anders. Seine offizielle Publikation wurde so lange hinausgezögert, bis ein Mitglied der Kommission aus eigener Initiative den Text des Berichtes der Herder-Korrespondenz und den Evangelischen Kommentaren zur Verfügung stellte. Hauptpunkte, an denen das Staatssekretariat Anstoß nimmt: Der Bericht tendiert zu einer Anerkennung der Gültigkeit des lutherischen Amtes und empfiehlt eine weitherzigere Interkommunionspraxis. Die alte Taktik Roms, in strittigen Fragen Zeit zu gewinnen, hat sich bewährt. Nachdem ursprünglich die Mehrheit der katholischen Mitglieder (fünf von sieben) empfahl, in bestimmten Fällen den Katholiken die Teilnahme am lutherischen Abendmahl zu gestatten, geriet sie im Verlauf eines Jahres in die Minderheit. Nun hatten plötzlich vier von sieben Angst vor der eigenen Courage und schwächten mit Sondervoten ihre ehemalige Stellungnahme ab. Wie wenig ökumenische Übereinkünfte in Rom besagen, bekam auch die anglikanisch-katholische Studienkommission zu spüren. Auf der Sitzung vom 1. bis 8. September 1971 in Windsor gelang ihr ein »Agreed statement on eucharistic doctrine«. Die Kommissionsmitglieder stellten ihre Übereinstimmung in der Lehre von der Eucharistie fest. Auf Grund eines persönlichen Bittschreibens des anglikanischen Erzbischofs Ramsey an Papst Paul VI. wurde trotz Schwierigkeiten von seiten der römischen Glaubenskongregation eine Veröffentlichung vereinbart. Als der Termin jedoch nicht genau eingehalten wurde, nahm das Staatssekretariat dies zum Anlaß, vom Sekretär des Einheitssekretariats eine Erklärung zu verlangen, in der das Statement redimensioniert wurde. In den Satz Hamers, es würden noch Fragen bleiben, redigierte das Staatssekretariat allerdings hinein: Es würden noch wesentliche (substantial) Fragen bleiben. Inzwischen ist das »Statement« schon auf dem toten Gleis: Die Glaubenskongregation hat eine gemischte Kommission zusammen mit dem Einheitssekretariat wegen dieser Frage verlangt. Das Einheitssekretariat setzt deshalb gegenwärtig wieder mehr auf die Begegnung mit der Orthodoxie, wohl in der Meinung, daß dem Katholizismus von diesen noch konservativeren Kirchen keine ernsthafte Gefahr drohe. Auch sind die Orthodoxen trotz ihrer sakramentalen und liturgischen Nähe noch nicht zu theologischen Gesprächen bereit, welche für die römischen Positionen erschütternd wirken könnten. Dafür blüht der unverbindliche Ökumenismus gegenseitiger Besuche mit großen Empfängen, Küssen, Erklärungen und Reliquientransporten.

Nicht nur die theologische, auch die praktische Zusammenarbeit stockt. Kein Eingeweihter denkt mehr im Ernst daran, die römisch-katholische Kirche könnte in den nächsten Jahren dem Ökumenischen Rat der Kirchen beitreten. Aber auch die praktische Zusammenarbeit gilt als gefährlich. Als von verschiedenen Kreisen, von katholischen und von seiten Genfs, gewünscht wurde, es möchte eine gemeinsame medizinische Kommission gebildet werden, wußte das Staatssekretariat dies zu verhindern. Da die mit diesem Thema befaßte Expertengruppe zu einem befürwortenden Votum neigte, wurde sie kurzerhand umbesetzt, um ein negatives Ergebnis zu sichern. Augenscheinlichstes Beispiel der Krise des praktischen Ökumenismus ist der Verlust der Eigenständigkeit des gemeinsam von der katholischen Kirche und dem Genfer Weltkirchenrat getragenen Organs für Gesellschaftsentwicklung und Frieden »Sodepax«. Es wurde in die ausgetretenen Fußstapfen der institutionellen Kirchen zurückgedrängt. »Sodepax« war für die kirchlichen Autoritäten zu wenig greifbar. So drehte man ihm zunächst den Geldhahn zu. Das Budget des Organs von 378 000 US-Dollar für 1971 wurde auf 75 000 US-Dollar für das Jahr 1972 reduziert. Damit die Mittel nicht anderweitig beschafft werden, wurde dem Organ verboten, Geld zu sammeln und Geldgeschenke anzunehmen. »Sodepax« hat zwar für die nächsten drei Jahre in Pater Spae einen neuen Generalsekretär erhalten, aber die Mitglieder von »Sodepax« sind entweder von ihrem Amt zurückgetreten oder führen ihre Aufgabe innerhalb des Weltkirchenrates oder der päpstlichen Kommission für Gerechtigkeit und Frieden weiter. Da »Sodepax« neue Formen und Methoden der interkonfessionellen Zusammenarbeit suchte, befand es sich für die Autoritäten im kirchlichen Niemandsland, wurde es ihnen zu gefährlich.
Rom und Genf sind inzwischen bemüht, das negative Bild zu verwischen. Es werde jetzt klarer zwischen dem administrativen Budget und dem für die Programme unterschieden. Als zu Anfang des Jahres 1972 der langjährige Mitarbeiter des Einheitssekretariats, der Schweizer Theologe Dr. August Bern-

hard Hasler, zuständig für die Kirchen der Reformation, in einem *Spiegel*-Interview als einen Grund seines Ausscheidens aus den Diensten des Vatikans angab, Papst und Staatssekretariat seien gewillt, die ökumenische Bewegung für die nächsten Jahre auf Eis zu legen, gab es nur lendenlahme Gegenartikel, und dies, obwohl das Interview, das ursprünglich in *Publik* veröffentlicht werden sollte, durch Indiskretion aus dem theologischen Beirat dieser Zeitung den kirchlichen Behörden längere Zeit bekannt war. So konnte der Nuntius in Deutschland, Erzbischof Bafile, zusammen mit dem Staatssekretariat, in aller Ruhe eine Erwiderung vorbereiten. Bafile lieferte denn auch das Material für den Journalisten Lipp, der in der Katholischen Nachrichten-Agentur *KNA* gegen Hasler polemisierte. Das Staatssekretariat selbst beauftragte Pater Hoffmann, den Leiter der deutschen Abteilung von Radio Vatikan und der deutschen Wochenausgabe des *Osservatore Romano*, mit einem Gegenartikel. An Argumenten wurde nichts Nennenswertes vorgebracht, auch nicht in den gesteuerten Beiträgen westdeutscher Kirchenblätter. Trotz mehrmaliger Bitten weigerte sich der frühere Chef Haslers, Kardinal Willebrands, ein Dementi zu geben. Zum Schluß blieb als größter Vorwurf zurück: »So etwas veröffentlicht man nicht im *Spiegel*.« Hoffmann im Gespräch über das deutsche Nachrichtenmagazin: »Satanische Dreckschleuder«. Haslers Nachfolger, dem Assumptionisten-Pater Dr. Olaf Wand, ging es nicht viel besser, er hielt sich auf diesem Stuhl nicht einmal ein Jahr und schied mit Wirkung vom 15. Mai 1972 aus dem Einheitssekretariat aus. Nach der Meinung des Evangelischen Pressedienstes (epd) war auch Wand »unzweifelhaft ein Opfer der vatikanischen Bürokratie«.

Die kafkaeske Betriebsamkeit im Einheitssekretariat geht indessen weiter. Man richtet sich auf lange Fristen ein. Die Mitarbeiter werden stärker nach den Kriterien der Kurie ausgelesen. So hat der ehemalige Privatsekretär von Kardinal Bea, der konservative Jesuit Stephan Schmidt, wieder Einzug gehalten und versieht den gleichen Dienst bei Kardinal Willebrands.

Das Einheitssekretariat hat keine leichte Zeit vor sich. Der Druck des Staatssekretariats wächst, ebenso das Mißtrauen der tonangebenden Kurialen gegenüber der ökumenischen Bewegung. So ist es in Gefahr, zu einem Handlanger des Staatssekretariats zu degenerieren. Es ist nicht verwunderlich, daß man noch vom Mythos der Anfangszeit lebt, als die Telefonapparate des Einheitssekretariats auf dem bloßen Boden lagen und die die Sekretärinnen in der Küche tippten.

Rom und die Juden

Das Einheitssekretariat »ist auch zuständig in Angelegenheiten, welche die Juden in religiöser Hinsicht betreffen«. So bestimmt es Papst Paul im Kurien-Reglement. Doch dem vatikanischen Büro für jüdisch-katholische Beziehungen geht es noch schlechter als den übrigen Abteilungen. Seit langem wird vom Staatssekretariat ein Dokument zurückgehalten, welches die halbherzige Juden-Erklärung des Konzils endlich durch einen klareren Text ergänzen würde. Das Dokument macht Ernst mit den jüdischen Wurzeln des christlichen Glaubens und verurteilt den Antisemitismus in aller Form.
Bereits im November 1969 legte eine Kommission, die sich aus dem unterdessen zurückgetretenen Leiter des vatikanischen Büros für jüdisch-katholische Beziehungen, dem holländischen Professor Cornelius Rijk, den Beratern des Einheitssekretariats Flannery, de Kruijf und Rudloff, einem ehemaligen Benediktiner-Abt aus Jerusalem, sowie dem Professor am Bibelinstitut in Rom, Le Deault, zusammensetzte, den redigierten Text vor. Er wurde von den Mitgliedern und Beratern des Sekretariats am 24. November 1969 gebilligt. Seitdem schlummert der Text in den Schubladen des Staatssekretariats.
Das Staatssekretariat möchte es im Nahen Osten nicht mit den Arabern verderben. So wird Israel, der Staat der Juden, bis heute vom Vatikan nicht offiziell anerkannt. Als der Papst 1964 für zehn Stunden in Israel war, vermied er für das israeli-

sche Staatsoberhaupt die Anrede »Herr Präsident«. Hingegen pflegt der Vatikan vollgültige diplomatische Beziehungen mit einer Reihe von Gegnern des jüdischen Staates. Von Madrid aus vertritt ein Generalleutnant den Irak. Beim Heiligen Stuhl sind Vertreter des Libanons, Syriens und Ägyptens akkreditiert. In Ägypten, Syrien und im Irak vertritt ein Pro-Nuntius den Vatikan, im Libanon ist der Nuntius Doyen des Diplomatischen Korps. Am Anfang des Jahres 1972 kamen weitere nordafrikanische Staaten hinzu.

Schon in der Einleitung des zurückgehaltenen Juden-Dokumentes finden sich Aussagen, die den Argwohn des Staatssekretariates wecken, da sie diplomatische Verwicklungen mit den Arabern befürchten lassen. Für die Juden könnten sie allerdings wie ein erlösendes Wort aus Rom wirken. Im Entwurf von 1969 heißt es:

»Nachdem so zahlreiche Generationen ein schmerzhaftes Exil erlebt und erfahren haben, ein Exil, das oft noch bitterer durch Verfolgung und moralische Unterdrückung gemacht wurde, wofür die Christen ihre jüdischen Brüder um Verzeihung bitten, haben die Juden tausendfach ihre Anhänglichkeit an das Land bewiesen, das ihren Vorfahren seit der Berufung des Abraham verheißen ist. Es erscheint notwendig, daß die Christen versuchen, die religiöse Bedeutung dieses Bandes zwischen dem Volk und dem Land zu verstehen und zu respektieren. Die Existenz des Staates Israel soll nicht von dieser Perspektive getrennt werden, was keine Beurteilung der historischen Zusammenstöße und der Entscheidungen rein politischer Natur einbegreift.«

In jenem Dokument werden Vorschläge für den Dialog, die Liturgie, für Unterricht und Bildung sowie für die soziale Zusammenarbeit gemacht. Während die Juden-Erklärung des Konzils das Wort »Damnat« (verurteilt) gegenüber dem Antisemitismus abschwächt, spricht dieses Dokument klar von der *Verdammung* aller Formen des Antisemitismus, allein schon wegen der Würde der menschlichen Person, aber auch wegen der heilsgeschichtlichen Verbindungen zwischen der Kirche und

dem jüdischen Volk, die den Antisemitismus als dem Geist des Christentums wesentlich entgegengesetzt erkennen lassen.
Nicht viel kleiner sind die Schwierigkeiten, denen der jüdisch-katholische Dialog auf internationaler Ebene begegnet. Der Stellvertreter des Kardinalstaatssekretärs Benelli über diesen Dialog: »Man muß ihn halten, er läßt sich nicht vermeiden.«
Vom 20. bis 23. Dezember 1970 trafen sich zum erstenmal offizielle Delegationen der Kurie und der Juden zu ausführlichen Gesprächen im Haus des vatikanischen Einheitssekretariates. Dabei wurden konkrete Pläne für einen Dialog auf Weltebene erörtert. Ferner sprach das gemeinsame Pressekommuniqué von einer vermehrten Zusammenarbeit für Frieden und Gerechtigkeit, Menschenrechte und religiöse Freiheit, von einer Verstärkung des Kampfes gegen Rassismus, Anitisemitismus und alle Formen der Diskriminierung. Das vatikanische Hofblatt »Osservatore Romano« schwächte diesen Pressebericht auf Geheiß des Staatssekretariats mehrfach ab und strich u. a. das Wort »Antisemitismus«. Aber nicht genug damit: Das Staatssekretariat startete einen Angriff auf das Arbeitsprogramm der Zusammenkunft vom Dezember 1970. Hatte das jüdisch-katholische Arbeitsprogramm von legitimen Unterschieden zwischen der Kirche und dem Judentum gesprochen, so kommentierte dazu das Staatssekretariat: *»Kann man in diesem Fall von legitimen Unterschieden sprechen? Während in der Tat die fundamentalen Punkte unseres Glaubens als legitim betrachtet werden können, scheint es unmöglich, das Zurückweisen dieser Punkte von jüdischer Seite als legitim, d. h. auf der Wahrheit beruhend, anzuerkennen.«* Zu den gemeinsamen Aufgaben weiß der Mann des Staatssekretariats anzumerken: *»Unter den Fragen von allgemeinem Interesse wird der Kampf gegen die Armut, den Rassismus und alle Formen der Diskrimination erwähnt. Ohne von den Problemen zu reden, welche hinsichtlich der Armut durch die Rolle wichtiger jüdischer Anteile in der internationalen Finanz entstehen (wo auch der Grund eines Antisemitismus liegt, der nichts mit christlichen Ursachen zu tun hat), scheint es riskant, den Kampf gegen den Rassismus zu be-*

ginnen auf der Grundlage der Zusammenarbeit mit dem theokratischen Rassismus, dessen sich das Judentum bedient.«
Trotz dieser Querschüsse des Staatssekretariats resignieren die katholischen Gesprächspartner der Juden noch nicht. Noch wollen sie weiterarbeiten, weil sie davon ausgehen, daß in diesem Fall auch die Spitze des Einheitssekretariates, Kardinal Willebrands, und der Sekretär Hamer die Forderung unterstützen, ein klärendes Gespräch mit dem Staatssekretariat herbeizuführen. In diesen Kreisen wird auch gefragt, ob der starke Mann im Staatssekretariat, Erzbischof Benelli, bei seiner »Pilgerfahrt« am Anfang des Jahres 1972 ins »Heilige Land« nichts dazugelernt habe. Die Klärung, ob der jüdisch-katholische Dialog in der bisherigen Weise weitergeführt werden könne und ob das Staatssekretariat seine »Bremser«-Haltung aufgeben wolle, verlangten alle katholischen Delegierten der katholisch-jüdischen Konferenz vom 16. Dezember 1971, darunter der Erzbischof von Marseille, Roger Etchegaray, der Bischof von Brooklyn in den USA, Francis Mugavero, der Sekretär des Einheitssekretariates, Pater Jérôme Hamer, der Sekretär der bischöflichen Kommission für Beziehungen mit dem Judentum in Frankreich, Pater Bernard Dupuy und der damalige Leiter des vatikanischen Amtes für die jüdisch-christlichen Beziehungen, der holländische Professor Cornelius Rijk.
Der vom Staatssekretariat erschwerte Dialog zwischen Juden und Katholiken geht vorerst weiter. Zwei kleine gemeinsame Arbeitsgruppen sollen folgende Fragen studieren:
a) die Art und Weise, in der die Beziehungen zwischen religiöser Gemeinschaft, Volk und Land in der jüdischen und in der katholischen Tradition gefaßt werden,
b) die Förderung der Menschenrechte und der religiösen Freiheit.
Wie schwer es dem Staatssekretär fällt, überkommene antijüdische Positionen zu verlassen, zeigt ein neuerer Zwischenfall: Der Orden der Assumptionisten hatte das an der ehemaligen Grenze zu Jordanien gelegene Haus »Notre Dame de France« mit Genehmigung der »Vatikanischen Kongregation für die

Ostkirchen« an die jüdische Universität von Jerusalem verkauft. Da besann sich das Staatssekretariat auf den katholischen Rechtsstandpunkt: Christengut, noch dazu sakrales, darf nicht an Juden verkauft werden. Es erklärte den Verkauf im nachhinein für nichtig. Vor jüdischen Gerichten versuchte es, den Kauf rückgängig zu machen.
Aus der Politik des Staatssekretariats zog Professor Rijk anfangs 1973 die Konsequenzen, weil er sich von seiner Arbeit im Büro für jüdisch-christliche Beziehungen nichts mehr versprach; er trat zurück. Die Juden hatten gemerkt, daß im Vatikan für ihre Belange keine Unterstützung zu bekommen war, und sich immer seltener an das für sie gedachte Büro gewandt.
Während Professor Rijk seinen Posten in aller Stille verließ, warf der Besuch der israelischen Ministerpräsidentin Frau Golda Meir beim Papst zu Beginn des Jahres 1973 höhere Wellen. Im nachhinein brüskierte der Vatikan seinen Gast mit der Erklärung, es würde sich an seinen Beziehungen zu Israel nichts ändern.

Stockender Dialog mit Atheisten

Der Vatikan kümmert sich nicht nur um die Nicht-Katholiken, die Christen sind (Sekretariat für die Einheit der Christen) und um die Nichtchristen, welche den verschiedenen Weltreligionen angehören (Sekretariat für die Nichtchristen), er will auch ins Gespräch mit denjenigen Nichtchristen kommen, welche Atheisten sind, seien es Humanisten oder Marxisten. Zu diesem Zweck wurde am 9. April 1965 das Sekretariat für die Nichtglaubenden errichtet. Präsident ist der Erzbischof von Wien, Franz Kardinal König. Im Büro für die Nichtglaubenden stehen sich zwei Konzeptionen gegenüber: Mehrheitlich ist man der Auffassung, das Sekretariat diene der Konversion von Atheisten. Das Ziel ist damit das gleiche geblieben, nur die Mittel haben sich geändert. So sieht der für den Marxismus zuständige tschechische Emigrant Francesco Skoda seine Aufgabe als Kampf gegen den Marxismus. Eine kleine Minderheit vertritt die Auffassung, ihr

Amt diene dazu, die katholische Kirche in die Situation einer pluralistischen Gesellschaft einzuüben. Für sie sind Bekehrungserwartungen illusorisch.

Auch im Sekretariat für die Nichtglaubenden ist die verheißungsvolle Zeit schon abgelaufen. Zunächst konnten weiterführende Texte veröffentlicht werden, wie das Dokument über den Dialog mit den Nichtglaubenden und über das Studium des Atheismus. Durch die Ernennung eines Vizepräsidenten, des Erzbischofs Antonio Mauro, der ständig in Rom anwesend ist, hat Benelli dieses Sekretariat praktisch schachmatt gesetzt. König ist in Wien und damit weitab vom Schuß. Außerdem neigt er dazu, sich in den Schmollwinkel zurückzuziehen. Wie schwach es um seinen Einfluß bestellt ist, zeigte sich, als 1969 Professor Girardi, einer seiner Konsultoren, gemaßregelt wurde, ohne daß König seine Hand über ihn halten konnte.

Persönliche Querelen und Bespitzelungen haben die Arbeit praktisch lahmgelegt; dies entspricht wahrscheinlich dem politischen Kalkül des Staatssekretariats, das durch eine weitere Öffnung des Katholizismus zum Marxismus hin einen Linksrutsch in Italien befürchtet. Dem Sekretariat für die Nichtglaubenden ist es verboten, mit Vertretern politischer Parteien zu sprechen. So gibt es kaum Kontakte zu Marxisten. Auch mit Vertretern der Humanistischen Union finden nur gelegentlich Gespräche statt. Tagungen des Sekretariates für die Nichtglaubenden bleiben häufig im katholischen Ghetto und sind gelegentlich Sitzungen ähnlich, wie sie ein Missionsverein abhalten würde. Wie im Einheitssekretariat fehlt auch hier eine wirkliche Diskussion, was man eigentlich will, welche konkreten Modelle verwirklicht werden sollen.

Ohne Rom und ohne die herrschenden kommunistischen Parteien ließe sich der Dialog zwischen Christen und Marxisten besser an. Katholische Franzosen wollten unlängst keine Vertreter aus Rom bei einem Dialog mit Marxisten. Ihre Begründung: Es ist ein denkbar schlechter Ausgangspunkt für eine Diskussion, wenn die Teilnehmer katholischerseits von Rom ernannt sind. Analoge Bedenken haben viele Kommunisten,

wenn ihre Vertreter von Moskau ernannt werden. Im Fall dieser Dialoge ziehen Moskau und der Vatikan an einem Strang, sie bremsen solche »aufwieglerischen« Gespräche.
Nicht weniger bedeutungslos ist das Sekretariat für die Nichtchristen. Sein vormaliger 78jähriger Chef, der umgängliche italienische Kardinal Marella, ein charmanter Plauderer auf diplomatischen Parties, sprachengewandt, und sein Generalsekretär Pierre Humbertclaude boten dem Staatssekretariat alle Gewähr, daß keine Experimente gemacht wurden. Das Büro beschränkte sich darauf, eine Zeitschrift und Broschüren für die Missionare herauszugeben.
Das Sekretariat scheint seinen Hauptzweck gegenwärtig darin zu erschöpfen, dem Papst fotogene Begegnungen mit buddhistischen Bonzen zu vermitteln. Wird sein neuer potenter Chef, der Papstfreund und Kardinal Pignedoli, frischen Wind in dieses unbedeutende Sekretariat bringen oder wird er als »Papabile« seine Kräfte für höhere Ziele schonen?

Welcher Laie ist katholisch?

Im Zusammenhang mit dem letzten Konzil errichtete der Heilige Stuhl zum erstenmal ein Amt für die Laien, den »Laienrat« (Consilium de Laicis). Der Weltkongreß der Laien hörte zu existieren auf. Damit war ein Unsicherheitsfaktor für die vatikanische Diplomatie ausgeschaltet. Der Weltkongreß der Laien hatte sich auf seiner letzten Zusammenkunft in Rom im Jahre 1967 mehrfach durch Resolutionen gegen die gleichzeitig tagende Bischofssynode gestellt. Dem Staatssekretariat genügte die Beseitigung des selbständigen Weltkongresses nicht, er versuchte mit allen Mitteln, den Dachverband der internationalen katholischen Organisationen (O. I. C.) in den vatikanischen Laienrat zu integrieren. Dieses Bemühen scheiterte zunächst an ihrem Widerstand. Das Staatssekretariat sah die Schwierigkeit ein, eine Organisation, die von unten entstanden ist, durch eine Organisation von oben her zu ersetzen. Die Versuche, die in-

ternationalen katholischen Organisationen besser unter die Kontrolle des Staatssekretariats zu bringen, wurden dennoch nicht aufgegeben.
Ein willkommener Anlaß für weiteres Vorgehen bot das internationale katholische Filmbüro (Office catholique internationale du cinéma). In Venedig verlieh seine Jury einen Preis an Pasolinis Film »Teorema«, bald darauf zeichnete sie in Berlin den amerikanischen Film »Midnight-Cowboy« aus. In der Kurie reagierte man wutschnaubend auf diese Auszeichnungen. Der Papst sah sich in seinem Kampf gegen die Pornographie verraten, das Staatssekretariat entsetzte sich, daß katholische Preise an Filme gingen, in denen Männer und Frauen nackt auftraten. Benelli erklärte, der Heilige Stuhl erkenne das internationale katholische Filmbüro nicht mehr als katholische Organisation an. Dies veranlaßte die Frage, wann sich eine Organisation »katholisch« nennen könne.
Das Staatssekretariat hatte die Lösung parat: Künftig sollten sich nur noch diejenigen internationalen Organisationen als katholisch bezeichnen können, welche sich in ein Register eintrugen. Die Eintragung in dieses Register, mit dessen Eröffnung der Laienrat beauftragt wurde (unter dem Aktenzeichen 1610/71/s–10 verschickte er am 23. Juni 1971 an alle Bischofskonferenzen entsprechende Schreiben), kann allerdings erst erfolgen, wenn einige Bedingungen erfüllt sind. Zunächst müssen die Statuten der Organisation vom Staatssekretariat approbiert worden sein. Weiter behält sich das Staatssekretariat einige Rechte hinsichtlich der Leitung vor. Präsident kann nur werden, wer die Zustimmung des Staatssekretariates erhält. Den geistlichen Berater ernennt es selbst. Von einem Widerstand der Laien ist bis jetzt wenig zu spüren. Wie so oft haben katholische Stellen, die sonst auf ihre Unabhängigkeit bedacht sind, diesen römischen Brief nicht genügend ernst genommen.
Auch der Laienrat selbst wird in der Rolle gehorsamer Kinder gehalten. Er hat keinerlei Entscheidungsbefugnisse, sondern ist ein Instrument in der Hand des Staatssekretariates. Er soll Informationen aus der ganzen Welt nach oben vermitteln und die

Kontakte mit verschiedenen katholischen Organisationen pflegen. Der Papst zu seinen Mitarbeitern im Laienrat: »Ihr seid meine Lebensexperten.« Die »Lebensexperten« haben wenig zu sagen, weder im Fall der Ehe-Enzyklika »Humanae vitae« noch der Mischehenordnung »Matrimonia mixta«. Intern gewährt man ihnen eine gewisse Freiheit, in ihrem Büro konnte länger über »Humanae vitae« diskutiert werden als in anderen römischen Stellen. Der Arbeitsstil entspricht mehr der modernen Zeit. Wie gering der Einfluß der »Lebensexperten« des Papstes auf die angeblich weltfremde Kurie ist, zeigt sich darin, daß sie trotz fünfjähriger Bemühungen die Stellung der Laien in Vatikandiensten nicht entscheidend verbessern konnten. Daß der Laienrat vor allem ein schönes Dekor des Papstthrones durch Laien ist, zeigt auch die Tatsache, daß ihm aus Deutschland nicht etwa jemand aus der jüngeren katholischen Generation wie Kultusminister Vogel oder Oberbürgermeister Beckel angehört, sondern der ehemalige Präsident des Zentralkomitees der deutschen Katholiken, Karl Fürst zu Löwenstein.

Ein Herz und keine Seele

Die Krise der neueren vatikanischen Ämter äußert sich noch deutlicher in der päpstlichen Studienkommission für Gerechtigkeit und Frieden »Iustitia et Pax«. Im Mai 1971 verlor die Kommission gleich drei Mitarbeiter ihres Büros auf einen Schlag. Wie üblich suchte der Vatikan die Rücktritte mit persönlichen Schwierigkeiten zu begründen. Doch die ausscheidenden Stabsmitglieder konnten ihre sachlichen Gründe nennen. Es handelte sich um den holländischen Karmeliterpater Marc Reuver, zuständig für moderne Kommunikation innerhalb des Büros, den französischen Kleriker Philippe de La Chapelle, Sekretär des Friedenskomitees, und die Holländerin Carline Cohen, die in der Dokumentation arbeitete.

Reuver begründete stellvertretend für die anderen seinen Rücktritt am 19. Mai 1971 in einer Presseerklärung an die Journalisten. Er sagte deutlich, er stimme nicht mit der künftigen Arbeit der Kommission überein. Sie werde ein integrierter Bestandteil der Kurie. Reuver arbeitet unterdessen in der progressiven Dokumentationszentrale *Idoc* in Rom.

Nicht nur bei den ständigen Mitarbeitern des römischen Büros von »Iustitia et Pax« zeigten sich Krisensymptome, auch bei den Mitgliedern der Kommission, die von Fall zu Fall aus aller Welt zusammengerufen werden, wechselte die Stimmung zwischen Aufbegehren, dem Verfassen kritischer Briefe an Benelli bis hin zu Rücktrittsandrohungen und zur Resignation. Schon 1970 hatte sich der deutsche Prälat Dr. Paul Adenauer, der Sohn des verstorbenen Bundeskanzlers, zurückgezogen. Sein Rücktritt signalisierte die Spannungen, die zwischen der Kommission und dem Staatssekretariat wegen der Geburtenkontrolle herrschen. Die Bevölkerungsexplosion, gerade in den Entwicklungsländern, sollte in einer Unterkommission von »Iustitia et Pax« studiert werden. Adenauer war als Präsident dieser Arbeitsgruppe (Population) vorgeschlagen worden. Die Nominierung wurde »oben«, wie man im Vatikan sagt, nicht genehmigt. Der deutsche Prälat gilt wegen seiner Haltung zu »Humanae vitae« als nicht linientreu. Diese Einschätzung hat Adenauer gekränkt und verletzt.

Mit seinem Rücktritt waren in der römischen Kommission freilich noch nicht die kritischen Stimmen zur Geburtenregelung verstummt. Der katholische Demograph und »Mill-hill«-Missionar Arthur McCormack klopfte regelmäßig, aber vergeblich im Staatssekretariat mit einem Dossier über das alarmierende Ansteigen der Bevölkerungszahlen in den unterentwickelten Ländern an. Jahr für Jahr ließ er sich abweisen. Sein ehemaliger Kollege Reuver: »Der Mann hat ein Denkmal verdient.« Mc Cormack will die Katholiken und ihre Führer wachrütteln. Die Öffentlichkeit in Kirche und Welt sei sich noch gar nicht des Ausmaßes der Geburtenprobleme bewußt. Während der letzten Bischofssynode im Herbst 1971 wurde von den oppositionellen katholischen Priestergruppen seine Schrift »Population explosion – a christian concern« verteilt.

Auch diese unbequeme Stimme ist in der römischen Kommission »Iustitia et Pax« nun verstummt. Im päpstlichen Jahrbuch für 1972 fehlen die Namen unter der Rubrik »Personale straordinario« (außerordentliches Personal) der päpstlichen Kommission. Unter dieser Gruppe wurde 1971 Pater McCormack noch aufgeführt. Mit ihrer Auflösung hat sich der Vatikan weiterer kritischer Mitarbeiter entledigt. Die Unterdrückung von Stimmen wie die des katholischen englischen Demographen verwundert nicht, wenn man bedenkt, daß Kardinalstaatssekretär Villot am 14. September 1970 alle Nuntien und die ständigen Vertreter des Vatikans bei den Vereinten Nationen und ihren Unterorganisationen anwies, gegen Programme der Geburtenkontrolle einzelner Regierungen, besonders der Vereinigten Staaten, Protest zu erheben. Dieser Auftrag hat jedoch nicht einmal in Italien verhindert, daß das Verfassungsgericht ein altes Gesetz als verfassungswidrig aufhob, welches die Propagierung von Verhütungsmitteln verbot.

Vom Staatssekretariat abhängiges Kurienamt oder Organ der Gesamtkirche – das ist die Frage, vor die die päpstliche »Iustitia et Pax«-Kommission sich in den ersten fünf Jahren ihres Bestehens immer wieder gestellt sah. Diese Frage ist unterdessen eindeutig zugunsten der Vorrangstellung des Staatssekretariats entschieden. Auch für die letzten Optimisten wurde diese Tendenz bei der Gründung des päpstlichen Rates »Cor Unum« (ein Herz) sichtbar. Dieses neue Kurienamt soll die katholischen Aktivitäten in der Entwicklungs- und Katastrophenhilfe koordinieren. Mit »Cor Unum« wurde eine allmählich heranwachsende eigene Initiative von »Iustitia et Pax« auf diesem Gebiet mit einem Federstrich des Staatssekretariats null und nichtig.

Noch im Januar 1971 hatten katholische Entwicklungsfachleute, Caritashelfer und Missionare gut gelaunt eine Konferenz im Palazzo San Calisto im römischen Volksviertel Trastevere verlassen. Dort ist der Sitz der Kommission von »Iustitia et Pax« und der »Caritas Internationalis«. Sie glaubten, einen Sieg über die Zentralisierungstendenzen des Staatssekretariates errungen zu haben. Die Konferenzteilnehmer waren zu einer

Gipfelkonferenz der katholischen Entwicklungshilfe zusammengekommen. Während der Diskussionen äußerte sich das gewachsene Selbstbewußtsein der Entwicklungspolitiker. Sie meinten, dem französischen Monsignore Bodet, dem Vertrauten Benellis in dieser Runde, müßte im Palazzo San Calisto klargeworden sein, daß sich die Entwicklungshelfer nicht an die römische Kurie fesseln lassen wollten, aber eine Zusammenarbeit anstrebten, bei der zuerst der Sachverstand und nicht die hierarchische Stellung des Gesprächspartners gewogen werden sollte. Bodet saß damals mit den anderen am runden Tisch als Gleichberechtigter, nicht auf dem unsichtbaren, leicht erhöhten Podest der »higher authority«, von der er gerne redete.
Selbständigkeit gegenüber der Kurie äußerte sich darin, daß der Versuch, eine Lieblingsidee des Substituten Benelli und seines Abgesandten Bodet – ein katholisches Musterprojekt im afrikanischen Staat Mali – einfach per Akklamation vom runden Tisch in San Calisto annehmen und finanzieren zu lassen, scheiterte. Die Konferenz verstand sich nicht als Geldspender für einzelne Projekte des Staatssekretariates, sie verwies auf schon bestehende katholische Einrichtungen wie den Dachverband der katholischen Entwicklungsorganisationen CIDSE (Coopération internationale pour le développement socio-économique) in Brüssel. Damals gab man sich ein vorläufiges Statut (Guidelines) für drei Jahre zur Koordinierung der eigenen Arbeit. Die selbstbewußten Entwicklungsexperten hatten sich zu früh gefreut. Während sie sich auf ihre Parallel-Tagung zur Bischofssynode im Herbst einstellten, bereiteten Benelli und Bodet den entscheidenden Schlag vor. Wenige Tage vor Pfingsten, am 26. Mai 1971, unterzeichnete Kardinalstaatssekretär Villot in Rom ein dreiseitiges Schreiben. Am gleichen Tag beorderte der Substitut im Staatssekretariat, Erzbischof Benelli, eine Anzahl von Persönlichkeiten, darunter den Präsidenten der »Caritas Internationalis« Rodhain, zu sich, um ihnen nacheinander mit einer kurzen Erklärung den Brief Villots auszuhändigen. Am selben Tag setzte das Staatssekretariat Kuriere in Marsch, die in alle Himmelsrichtungen ausschwärmten und bis Pfingst-

samstag in der Bundesrepublik, in Belgien, in Frankreich, in den USA und anderen Ländern das Schreiben des Kardinalstaatssekretärs überbrachten. Nach langen Jahren der Unsicherheit und Unentschiedenheit versuchte die Kurie in diesem Schreiben, die verschiedenen nationalen Einrichtungen und Hilfswerke in den Griff zu bekommen. Auf Seite 1 des Schreibens von Villot hieß es, fast beleidigend für die katholischen Entwicklungswerke, die seit mehr als 10 Jahren weit über 15 000 Hilfsmaßnahmen mit einem Volumen von rund 1 Milliarde Mark gefördert hatten: »Sicher haben sich seit einigen Jahren die Initiativen in praktischer Zusammenarbeit und Hilfeleistung in dringenden Notfällen, in der Entwicklungshilfe und der allgemeinen caritativen Tätigkeit verdoppelt. Organisationen sind ins Leben gerufen worden, die sich mit großzügigen und weitschauenden Maßnahmen darum bemühten, bei allen Christen Verantwortungsbewußtsein zu wecken und sie bei ihrer Hilfstätigkeit zu koordinieren.«

Rom hielt das nicht für ausreichend. Der Vatikan dekretierte auf Seite 2 des Villot-Briefes: »Aus diesem Grunde glaubt der Heilige Vater den Augenblick für gekommen, sobald als möglich ein päpstliches Büro für alle katholischen Organisationen einzurichten, die ihre Tätigkeit in den oben angegebenen Bereichen ausüben. Der Vorsitz über dieses Büro wird dem Kardinalstaatssekretär übertragen werden.« Die damals noch lebende katholische Wochenzeitschrift *Publik* kam diesem geheimgehaltenen Brief auf die Spur und schlug in ihrer Ausgabe vom 16. Juli 1971 Alarm: »Vor der Bischofssynode: Stirbt Misereor in Rom?« Diese Schlagzeile schreckte den auf seine Geheimdiplomatie vertrauenden Vatikan auf, als er in der trägen Sommerhitze 1971 sich gerade zur üblichen Ferienruhe begeben wollte. Das vatikanische Staatssekretariat, die Nuntiatur in Bad Godesberg, Bischöfe, Sprecher katholischer Entwicklungs- und Hilfsorganisationen wurden alarmiert. Der vatikanische Pressesprecher mußte rasch eine Pressekonferenz für den 22. Juli einberufen. Professor Alessandrini gab nun einen Papstbrief an Kardinalstaatssekretär Villot bekannt. Der Papst an

Villot: »Wir verfügen die Einsetzung eines päpstlichen Rates ›Cor Unum‹ in Rom zur Förderung des menschlichen und christlichen Fortschrittes, zu dessen Präsident Wir Sie erwählen und bestimmen. Es wird die Aufgabe dieses Rates sein, die Kräfte und Initiativen aller katholischer Organisationen, ja des gesamten Gottesvolkes, durch geeigneten Austausch von Informationen in wachsendem Bemühen um Zusammenarbeit zu koordinieren.«

Ein neues Kurienamt war aus der Taufe gehoben. Über den Wortlaut des Papstbriefes hinaus versuchte Vatikansprecher Alessandrini den Alarmruf der katholischen Wochenzeitung als »viel Lärm um nichts« zu widerlegen. Die Autonomie der nationalen Hilfswerke wie Misereor bleibe sowohl organisatorisch als auch finanziell gewahrt.

Alle Dementis konnten folgende Tatsachen im *Publik*-Report nicht widerlegen:

1) Nicht erst der am 22. Juli veröffentlichte Papstbrief, sondern schon das geheime Schreiben des Kardinalstaatssekretärs an die geheimgehaltenen katholischen Persönlichkeiten vom 26. Mai begründete »Cor Unum«.

2) Das Staatssekretariat begnügte sich nicht mit der Vorbereitung der Neugründung. Zugleich regierte es in bestehende römische Organisationen der Entwicklungshilfe und Caritas hinein. Das Staatssekretariat nahm die »Caritas Internationalis« an die kuriale Leine. Es verhinderte am 28. Mai die Neuwahl eines Generalsekretärs, welcher die seit der Absetzung des deutschen Generalsekretärs Prälat Carlo Bayer im Herbst 1970 schwelende Krise hätte beenden sollen. Am schwerwiegendsten war der Eingriff in die »Iustitia et Pax«-Kommission. Dort hatte sich auf freiwilliger Basis allmählich eine Kooperation der katholischen Hilfs-, Missions- und Caritasorganisationen angebahnt, der runde Tisch (round table). Ein Telefonanruf aus dem Staatessekretariat im Büro von »Iustitia et Pax« stoppte die weiteren Vorbereitungen jäh. Das Sekretariat von »Iustitia et Pax« gehorchte, wenn auch widerwillig. Pater Schütte beschied allen protestierenden Mitgliedern, sie sollten sich doch an Be-

nelli wenden, er trüge die Verantwortung. In einem lakonischen Brief Schüttes vom 3. Juli hieß es: »Aus Gründen der Restrukturierung ist das Treffen abgesagt. Sobald wir eine Erklärung der höheren Autoritäten dazu erhalten, werden wir diese an Sie weiterleiten.« Der runde Tisch war damit am Ende.
Als Präsidenten des Rates »Cor Unum« bestimmte Kardinal Villot einen Benelli-Schützling, den jüngeren, angesehenen spanischen Bischof Torella von »Iustitia et Pax«. Sekretär wurde der Schweizer Dominikanerpater Henry de Riedmatten. Der Pater stammt aus dem Wallis und war zuvor in Genf Beobachter des Vatikans bei den UN-Behörden. Für sein neues Amt brachte er keine spezielle Qualifikation mit.
Wie zuvor Villot und Benelli mit der Suche nach Riedmatten hatte nun Riedmatten mit der Suche nach seinen engsten Mitarbeitern viel zu tun. Lange Zeit blieb »Cor Unum« ein bescheidener Drei-Mann-Betrieb. Die engsten Mitarbeiter sind der ungarische Prälat Bada, der lange Zeit an der Nuntiatur in Bad Godesberg wirkte. Als einziger Experte wurde der Ire James Deeny von der Weltgesundheitsorganisation in Genf abgeworben.
Noche ehe »Cor Unum« seine erste ordentliche Mitgliederversammlung abgehalten hatte, wurde es vom Papst beauftragt, die Hilfe für die Opfer des indisch-pakistanischen Krieges zu koordinieren und die direkt nach Rom laufenden Spenden zu verteilen. Nun stellte sich heraus, daß »Cor Unum« ein sehr schwaches Herz der katholischen Aktivitäten ist. Bis zum 23. September 1971 wurden nach einer Aufstellung der Caritas 5,6 Millionen Dollar in bar und 9,2 Millionen in Sachspenden im Krisengebiet verteilt. Daran war die deutsche Caritas allein mit 2,6 und 1,04 Millionen Dollar beteiligt. Als am 10. Oktober 1971, gemäß dem Aufruf Pauls VI., gesammelt wurde, kamen etwa 10 Millionen Dollar zusammen. Sie wurden zum allergrößten Teil direkt an die herkömmlichen katholischen Hilfsorganisationen überwiesen. Am Heiligen Abend des Jahres 1971 gab der Vatikan die bescheidene Summe bekannt, die »Cor Unum« direkt verteilen konnte: 120 000 Dollar flossen

nach Indien, 30 000 Dollar wurden zugunsten des Programms der »Caritas Internationalis« und der Caritas Indien überwiesen, insgesamt 100 000 Dollar sollten den Kriegsopfern in Ostpakistan dienen. Dies war ein Drittel der dem Vatikan anvertrauten Summe. Die bisherige Schwäche von »Cor Unum« dürfte das Staatssekretariat freilich nicht daran hindern, sein langfristiges Ziel nicht aus den Augen zu verlieren: nämlich die katholischen Hilfsorganisationen wie »Misereror« an seine Leine zu nehmen. Der Griff nach dem Geldbeutel der reichen katholischen Hilfswerke ist nur vorläufig abgewehrt.

Gefesselte Caritas

Noch energischer als in die Kommission »Iustitia et Pax« hat das Staatssekretariat in die »Caritas Internationalis« hineinregiert, den internationalen Dachverband der Caritasorganisationen in Rom. Die »Caritas Internationalis« ist offiziell kein Kurienamt. Sie steht noch immer nicht im päpstlichen Jahrbuch, dem »Annuario Pontificio« verzeichnet. In Wirklichkeit ist sie aber längst ein Kurienorgan geworden, das dem Zentralismus des Staatssekretariats unterworfen ist. Nichts geht dort mehr ohne das Staatssekretariat. Die seit längerem schwelende Krise brach aus, als das Staatssekretariat den deutschen Generalsekretär Carlo Bayer stürzte. Damit wurde ein Mann ausgeschaltet, der in Biafra unkonventionell geholfen hatte und der nicht mehr ins Bild paßte, als der Krieg in Nigeria verloren war. Benelli hatte Bayer jedoch nicht nur wegen unkonventioneller Hilfsmethoden fallenlassen, er ergriff zugleich Partei in einer internen Auseinandersetzung der Caritas zwischen dem französischen Präsidenten Rodhain und dem Generalsekretär.
Das Staatssekretariat entschied sich für den keineswegs so fähigen Präsidenten Rodhain. Seit dem Sommer 1970 waren in den einschlägigen Zirkeln die Gerüchte von Bayers Sturz umgelaufen. Widerstand regte sich in den verschiedenen nationalen Caritasorganisationen. Mit Spannung wurde deshalb die Sitzung

des Exekutivkomitees dieses Dachverbandes der Caritasorganisationen vom 20. bis 23. Oktober 1970 in Rom erwartet. Doch sie lief genauso ab, wie es sich das Staatssekretariat wünschen konnte. Carlo Bayer hatte Kreislaufstörungen, der Arzt ersparte es ihm, den unverbindlichen Beifall des Exekutivkomitees über sich ergehen zu lassen, dabei neben dem Präsidenten Rodhain zu stehen und so zu tun, als sei nichts geschehen. In der entscheidenden Frage mußte sich die Caritas dem Staatssekretariat beugen und den Rücktritt akzeptieren.

Für Prälat Carlo Bayer ist unterdessen eine typisch vatikanisch-italienische Lösung gefunden worden. Man hat sich arrangiert. Bayer kommt etwa einmal im Monat nach Rom und unterhält dort ein Büro im »Campo Santo Teutonico«. Sein offizielles Büro ist unterdessen in Wien, der »Europäische Hilfsfonds«. Mit ihm pflegt Bayer Kontakte zu den Kirchen der kommunistischen Länder im Auftrag der deutschen und österreichischen Bischöfe. Von einem Rom-Verbot ist keine Rede mehr, Benelli grüßt ihn wieder als »Freund«.

Wie im Fall Bayers, der »Caritas Internationalis«, von »Iustitia et Pax« und allen anderen Krisen in Rom kann das Staatssekreratiat fest damit rechnen, daß der Zorn aufbegehrender katholischer Funktionäre verraucht, daß nach einer Weile die Protestbriefe ad acta gelegt werden können und daß seine Regierung von solchen Krisen höchstens gestört, aber in ihrer Gewalt nicht beschnitten wird. Denn in all diesen Auseinandersetzungen haben die meisten Beteiligten sich doch fast immer typisch verhalten: sie beugten sich, wenn auch zähneknirschend, sie gehorchten, wenn auch in den internen katholischen Zirkeln meckernd. So hat Benelli leichtes Spiel, denn er ist einer der wenigen Männer unter vielen Memmen.

IV Der Papst

Die Geschichte des Giovanni Battista Montini

Wenn Paul VI. heute noch Giovanni Battista Montini hieße und statt Priester Journalist oder Politiker geworden wäre – zu all dem hätter er Talent –, lebte er vermutlich ebenso zölibatär wie mancher andere führende Katholik seines Mutterlandes Italien. Muttersöhne und Mutterbindungen prägen dort die katholische Führungsschicht. Viele Ehen werden als Gang zu den Müttern verstanden, viele kommen deshalb erst gar nicht zustande. Die Männer möchten bewußt oder unbewußt Söhne bleiben. Die Frau erinnert zu sehr an Eva, an die Verführerin, die Mutter wird stilisiert zur allgütigen Maria. Vor dieser heimlichen Herrschaft des Matriarchats gedeihen Männerfreundschaften. Die italienische Republik ist auf »Amicizia« gegründet, auf Männerbeziehungen. Die Söhne des italienischen Matriarchats verzärteln. Sie gehen Arm in Arm. Feminine Gesten wie Küsse und Umarmungen sind in Italien unter Männern nicht anrüchig. Der ehemalige italienische Ministerpräsident Colombo ist Junggeselle, auch sein lediger Vorgänger Rumor ließ es sich selbst während heftiger Krisen in seiner Regierungszeit nicht nehmen, heim zur Mutter nach Piazenca zu fahren. Die »Democrazia Cristiana«, die Regierungspartei Italiens, ist eine Partei der Muttersöhne.

Giovanni Battista Montini ist von der Bindung an seine der religiösen Mystik zuneigende Mutter geprägt. Paul VI. im Gespräch mit dem französischen Schriftsteller Jean Guitton: »Ich glaube, daß auch ich vieles in meiner Art zu denken und zu fühlen meiner Mutter verdanke. Wir betreten einen Bereich des »Unsagbaren«, fügte er hinzu.

Die Mutter Montinis, eine geborene Alghisi, wurde am 17. Juli 1874 geboren. Als 18jährige lernte sie bei einer Wallfahrt Giorgio Montini kennen. Sie heiratete ihn, als sie volljährig war, gegen den Rat ihres Vormundes. Die fromme Frau hat noch vor der Erlaubnis Pius' X. zur täglichen Kommunion seit 1892 täglich die Eucharistie empfangen. Wie ihr Mann gehörte sie dem Dritten Orden der Franziskaner an und betete täglich dreimal den Rosenkranz. Als Lektüre bevorzugte sie mystische religiöse Literatur, darunter die »Élévations« des Franzosen Bossuet. Bossuet ist noch heute einer der französischen Lieblingsautoren des Papstes. »Meiner Mutter verdanke ich die Neigung zur Sammlung, zur Innerlichkeit, zum betenden Nachdenken, zum denkenden Gebet. Sie gab mir das Beispiel gänzlicher Hingabe.« (Paul VI. über seine Mutter.)

Im Brautkleid der Mutter

In solchen Zusammenhängen erscheint ein Primizbrauch beim Neupriester Giovanni Battista Montini kein Zufall mehr: Im weißen Gewand, gefertigt aus dem Brautkleid der Mutter, wirft er sich vor die Füße des Bischofs von Brescia, unterwirft sich dem zölibatären Gesetz der Ehelosigkeit, bleibt Sohn, bindet sich damit zugleich an ein mystisch überhöhtes Mutterbild, außer der Mutter darf nun in seinem Leben höchstens noch Maria eine Rolle spielen. Und die Mutter »empfand die reine und tiefe Freude, als mein Bruder zum Priester geweiht wurde, und ich erinnere mich, wieviel Frieden, Trost und Freude sie den Freundinnen brachte, die traurig waren, wenn einer ihrer Söhne sich zum Priestertum entschloß«, so erinnerte sich der Bruder des Papstes, der im Januar 1971 verstorbene Dr. Francesco Montini nach den Aufzeichnungen Jean Guittons.
Montinis Weg zum Priesteramt wird von Müttern, Großmüttern und Tanten umhegt, die ihm eine friedliche Insel trotz des Ersten Weltkrieges und trotz der stürmischen Nachkriegszeit sichern. Der junge, äußerst sensible Mann neigt zur Überarbeitung. Schon als 15jähriger bricht er einmal zusammen und besucht nun nicht mehr das öffentliche Gymnasium, sondern wird zuhause von Jesuiten und einem Familienfreund unterrichtet.

Diese körperliche Schwäche isoliert ihn von anderen jungen Leuten, hält ihn am Rockschoß der Frauen in der Familie fest. Auch das Priesterseminar in Brescia muß er deshalb als Externer besuchen, er erfährt keinerlei Abhärtung und ist von vornherein ein Sonderfall. »Auch unsere Großmutter Giovanna Francesca ist mir in guter Erinnerung ... Sie war sehr alt und las – und ließ sich vorlesen – die Briefe des Heiligen Franz von Sales, die Battista stets liebte und aus denen er zum Teil sein Verständnis für einen christlichen Humanismus gewann. Als mein Bruder die Soutane anzog, überreichte die Großmutter sie ihm unter Freudentränen«, denkt Dr. Francesco Montini zurück.

Freudentränen beim Überreichen der Soutane, dieser Geschmack und diese Erziehung lassen den Papst Paul heute die Priesterkrise besonders schmerzhaft erfahren. Die Zeit der Brautkleidprimizen und der Freudentränen über die Soutane ist ausgerechnet unter seinem Pontifikat ausgelaufen. Immer mehr Priester hängen die Soutane an den Nagel. Pauls Primiziantenwelt lebt aber heute fort in seiner Zölibatsenzyklika und in seiner Priestermystik, wenn er als Priesterkönig auf dem Petersplatz fast 300 Amtskandidaten aus aller Welt versammelt, die sich dort zur Weihe zu seinen Füßen niederwerfen. Heute vergießt mancher Priester gerade wegen Pauls Zölibatslehren Tränen der Bitternis und des Zorns oder muß den Psychiater aufsuchen. Viele rebellieren, andere resignieren.

Eine Katzennatur

Montinis schwächliche Natur leistete schon früh Widerstand, als ob er es seiner Mutter und den Tanten zeigen wollte, wie stark er geworden ist. Seine Natur muß herausgefordert werden, dann bäumt sich seine Kraft auf. Er gesundet immer wieder gerade dann, wenn er krankgebetet und totgesagt wird. In Rom sagt man, er habe eine Katzennatur (è un gatto), wobei die graugrünen Augen und die wendige Geschmeidigkeit den

Vergleich nahelegen und man wissen muß, daß diese den Römern soviel Wert ist wie vielen Deutschen ihr Hund. Wenn er im Parforce ritt, um die Welt jettet, länger Hände schüttelt, als Leibarzt und Leibwächtern recht ist, und alle schon ermüden, wenn er sich lebensbedrohlich von der auf die Berührung des weißgekleideten Unberührbaren magisch versessenen Menge in der Altstadt von Jerusalem fast erdrücken läßt, leistet er physisch immer mehr, als es seine Ärzte erlauben. Sein Bruder Francesco erinnert sich, »wie Battista, der eher zart gebaut war, im Jahre 1912, um ein Fahrrad einzuweihen, die schwere Strecke von Brescia nach Bagolino ohne Schwierigkeit zurücklegte. Unsere Mutter war in Sorge, sie tadelte seine Verwegenheit«.
Dieses labile Gleichgewicht wird durch eine neuere Anekdote aus Belgrad illustriert: Als der Apostolische Nuntius Monsignore Cagna vom Präsidenten Tito nach dem Wohlergehen seiner Heiligkeit gefragt wurde, antwortete er: »Grazie, è un malsano di ferro.« (Danke, eine schlechte Gesundheit aus Eisen.)

Der Sohn des Journalisten und Politikers

Der Papst ist jedoch nicht nur ein Sohn seiner Mutter. »Meinem Vater verdanke ich Beispiele der Tapferkeit, den Entschluß, sich niemals mit dem Schlechten bequem abzufinden. Den Vorsatz, das Leben niemals um des bloßen Lebens willen festzuhalten. Mit einem Wort, ein Zeuge zu sein. Mein Vater hatte keine Angst, und die ihn gekannt haben, bewahren die Erinnerung an seine Unerschrockenheit«, sagt Paul VI. über seinen Vater.
Paul wollte zunächst in die Fußstapfen dieses tapferen Mannes treten und selbst ein militanter Journalist oder Abgeordneter werden. Der Vater Montinis war Jurist von Beruf, Schriftsteller und Philosoph aus Leidenschaft. Er gründete die Tageszeitung *Il Cittadino di Brescia.* Gemeinsam mit Don Sturzio war er einer der Begründer der »Populari«, der christlich-demokratischen italienischen Volkspartei, die sich dem Faschismus ent-

gegenstemmte. Die »Popolari« wurden von Pius XI. für die Versöhnung mit dem faschistischen Italien im Konkordat von 1929 fallengelassen. Giorgio Montini, unterdessen Abgeordneter, litt unter dieser Politik des Papstes, an der, wie er wußte, sein Sohn schon damals als Gehilfe mitwirkte. Ein Vater-Sohn-Konflikt, der zugleich das damalige Drama des italienischen Katholizismus widerspiegelt.

Jugendbewegter Patriot

Als also der Vater Politiker geworden war, wollte der Sohn die journalistische Nachfolge antreten. Giovanni Battista Montini trat aus seiner Isolierung heraus und begründete mit studentischen Freunden eine Kampfschrift, deren Titel schon dem Geist der Zeit entspricht: *La Fionda* (die Kampfesfront). Der Student Montini, sonst übersensitiv, lebte nun wie die anderen. Alte Photos zeigen ihn als Student unter Studenten mit Schlips und Kragen. Auch er wollte wie sein Vater zugleich guter Katholik und italienischer Patriot sein. Stolz und Selbstbewußtsein klingen aus ihrer kämpferischen Sprache gegen Ende des Ersten Weltkrieges: »Wir wollen leben, wir wollen siegen. In den Schlachten des Vaterlandes, in den Kämpfen des Glaubens. Mit offenem Visier, ohne Heuchelei, ohne Feigheit ...« Sie sehen den Krieg wie ein Stahlgewitter: »Damit der Krieg nicht ein blutiges Intermezzo von zwei Akten einer großen Farce werde, sondern die Morgenröte eines neuen Zeitalters«, so rufen Montini und seine Freunde im Jahre 1918.
Dieser Katholizismus ist militant, ein bißchen bramarbasierend. Er hat wenig mit der mystischen Ergebenheit seiner Mutter zu tun. Sie wollen »una patuglia di esplorazione«, vorgeschobene Posten sein. Es ist freilich ein Kampf vom sicheren Schreibtisch aus. Der Sanitätssoldat Roncalli, der Vorgänger Pauls als Johannes XXIII., sah dagegen den Krieg aus der schmutzigen Nähe. Damit soll jedoch nicht gesagt sein, daß diese Schreibtischkämpfer nicht zu Konsequenzen bereit gewesen wären.

Dies zeigt das Schicksal ihres damaligen Chefredakteurs, Andrea Prebeschi. Prebeschi endete 1945 für seine Überzeugung im Konzentrationslager Mauthhausen.
Stilistisch ist die Sprache Pauls noch heute oft vom *La Fionda*-Rhythmus geprägt, kurze emphatische Sätze des Chefredakteurs Prebeschi klingen in mancher päpstlichen Rede an. Prebeschi schrieb 1918 über seine katholische Religion in Stilfiguren, wie sie den Zuhörern und Lesern Pauls VI. vertraut sind: »La nostra religione è serena e diritta. E'forza e letizia. E amore e lavoro. E fuoco di battaglia, è sete di giustizia. E luce di verità e fermezza di volere.« (Unsere Religion ist heiter und gerade. Sie ist Kraft und Fröhlichkeit. Sie ist Liebe und Arbeit. Sie ist Feuer der Schlacht und Durst nach Gerechtigkeit. Sie ist Licht der Wahrheit und Festigkeit des Willens.) Wie stark damals der junge Montini Patriot und militanter Katholik war, zeigt, daß er nach dem Sieg Italiens und der Verdrängung der Österreicher über die Brenner-Grenze am 21. Juli 1919 den Aufbau der ersten katholischen italienischen Universität ausgerechnet im ehemals österreichischen Trient forderte: »Wir wissen es alle, wir wollen eine katholische Universität. Die katholische Universität in Trient? Sicherlich, in Trient ... In Trient, wo sich heute die unvergleichlichen Traditionen des katholisch-lateinischen Gedankens vereinen mit den Trophäen des Sieges des italienischen Namens, wollen wir einen Tempel, der der Exponent unserer Gedanken, unseres Glaubens und unserer Studien ist.«

Der römische Schliff

Mit der Versetzung des jungen Priesters Montini nach Rom wird dieser kämpferische Geist gedämpft. Die Versetzung ins kalte Lombardische Seminar, einem ungemütlichen, kalten Bau, wirkt fast wie eine Strafversetzung durch den Bischof. Sicher war Montini dort frustriert, trauerte er der Gemeinschaft mit den Redakteuren und den hitzköpfigen Studenten nach. Er reagierte psychosomatisch mit einer Krankheit. Mit der Versetzung in das Lombardische Seminar begann unwiderruflich die Dressur des jungen Feuerkopfes, einer der zahlreichen Umschwünge und Brüche in seiner Biographie, die manches an den Rätseln Montinis verständlich machen können. Während er mit den Studenten in *La Fionda* versuchte, als gleichberechtigter kämpferischer junger Mann zu leben, verkroch er sich im Lombardischen Seminar. Ein damaliger Studienkollege, Giuseppe Guerini, hat in der Jubiläumsausgabe des *Osservatore della Domenica* aus Anlaß des 50jährigen Priesterjubiläums (Nr. 26, 27 vom 28. Juni 1970) geschildert, wie zurückgezogen Montini lebte: »Die Erfordernisse, die Rücksicht auf seine Gesundheit zwangen ihn, während der Stunden der Erholung und des Spazierengehens zurückgezogen, eingeschlossen in seinen Zimmern zu bleiben. Im ganzen Studienjahr 1920/21 nahm Montini niemals an einem unserer Spaziergänge teil, sei es außerhalb oder innerhalb Roms. Er konnte niemals mit uns hinaufsteigen von der Via del Mascherone zur Porta San Pancrazio und von dort zur köstlichen Einsamkeit des Parks in der Villa Doria Pamphili.«

Den römischen Schliff erhielt Montini auf der Päpstlichen Diplomatenakademie, die damals noch »Nobelakademie« hieß, an der Piazza della Minerva. Er braucht nun nicht mehr zu frieren, die Nobelakademie ist nobel ausgestattet. Doch nun wehrt er sich nicht durch eine Flucht in psychosomatische Krankheiten, nun scheint er durch Leistungsverfall zu protestieren. Er bestand mit Mühe und Not die Promotionsprüfung an der Universität Gregoriana, an der er sich gleichzeitig inskribierte.

Wie Montini in die Päpstliche Akademie kam, plauderte sein Bruder in einem Gespräch mit Guitton aus:

»Eines Tages besuchte ihn in seiner stillen Abgeschiedenheit M. Longinotti, der seit 1907 Deputierter von Brescia und ein Freund unseres Vaters war. Er ist Unterstaatssekretär im Arbeitsministerium und mit Kardinal Gasparri befreundet gewesen. Auch Pius XI. hatte ihn gut gekannt. Kardinal Gasparri verschaffte meinem Bruder durch Longinotti Zutritt zur Päpstlichen Diplomatischen Akademie. Dort besuchte er eifrig die Vorlesungen von Monsignore Pizzardo, der ihn später ins Staatssekretariat berief.« In der Erinnerung seines Bruders und in der Verklärung durch Guitton klingt dies alles folgerichtig und schön. Montini ging damals jedoch nicht ohne Zögern und Zaudern. Viele Seelen wohnten, ach, in seiner Brust. Er wollte die Ideale der kämpferischen Studentenzeit nicht aufgeben, er wollte Gelehrter und Professor werden, er wollte weiter an der Sorbonne studieren, die er kurz besuchte, er fühlte sich mehr geschoben als berufen. Ein Brief von 1921 gibt seinen Zweifeln Ausdruck. Montini wirft sich vor, daß er sich diesen Wechsel in die diplomatische Schulung gefallen lassen habe, weil er eine bequemere Wohnung suchte: »Mein Leben läuft nun hinaus auf ein vollständiges Kehrt-Marsch-hinaus.« Die Bereitschaft, auch widerwillig eine Veränderung mit sich geschehen zu lassen, bezeichnet Montini damals schon als erste Bedingung, um der Kirche zu dienen, durch »bittere Verzichte«. Halb selbstbewußt, halb selbstmitleidig schrieb er den Eltern: »Auch Christus hat den Zimmermann gemacht. Und so kann auch ich den Bürojungen machen.« Er meinte damit den Bürodienst im Staatssekretariat, der ihn nach der Akademie ziemlich sicher zu erwarten schien. Noch am 11. Februar 1933, längst fest im Staatssekretariat eingegliedert, äußerte Montini in einem Brief an einen ehemaligen Mitstudenten, Guiarini, Zweifel am Sinn seines Dienstes in der Kurie. Auch »hier arbeitet man, aber die Notwendigkeit und der Wunsch nach mehr und nach Besserem lassen einen etwas irre werden an der Effektivität der Arbeit, die immer um soviel weniger ist als das eigene Programm«. Vergeblichkeit oder Demut? Heute dagegen schildert Paul VI. den geistigen Zustand der römischen Kurie in rosigen Farben, während er die Welt düster malt.

In der Päpstlichen Akademie ließ Montini aber noch nicht ab von seinem Hang zur aktiven Seelsorge, zur Begegnung mit Menschen. Er suchte Aufgaben. Zu seinem Glück hatte er damals einen uralten väterlichen Chef, den Erzbischof Zonghi, ein lebendiges Lexikon. Er war schon Stenograph des Ersten

Vatikanischen Konzils von 1869/70 und der letzte Sekretär des Papstes Pius IX. gewesen. Benachbart der Päpstlichen Akademie liegt die Pfarrei Sankt Eustachius. Dort baute sein älterer Bruder Ludovico, späterer Politiker und Senator, eine Pfarrsynode auf. Montini war oft sein Gast.

Als Studentenpfarrer

Noch bedeutender für seine geistige Bildung in jenen 20er Jahren wurde für Montini die Möglichkeit, an seine *Fionda*-Zeit anzuknüpfen. Er suchte und fand Kontakt zu den Studenten der »FUCI«, der »Federazione Universitaria Cattolica Italiana« und erprobte sich in einem Doppelleben. Er trug das Korsett der Disziplin der Päpstlichen Akademie und des Bürojungen im Staatssekretariat sowie den freien Habit des Studentenpfarrers. Dies war eine Koexistenz, wie sie auch heute noch kaum vorstellbar ist. Schwung und der Wille zur Erneuerung auf der einen, Nüchternheit und Staatskalkül auf der anderen Seite. Damals wollte Montini Mystik und Räson, Freiheit und hierarchische Unterordnung unter einen Hut bringen. Seine vatikanischen Förderer sahen später freilich diese Verbindung von Studentenpfarrer und Kurienbeamter nicht ungern. Papst Pius XI. betrachtete ihn als Werkzeug, um die »wilden« Studenten, die sich gegen die Versöhnung mit Mussolini sträubten, zu zähmen. Montini begann seine Doppelkarriere bei den Studenten zuerst als Gehilfe des geistlichen Assistenten, Monsignore Amleto Cicognani, des späteren Kardinalstaatssekretärs unter Papst Johannes. Dann wurde er 1925 nach einer politischen Krise in der »FUCI« selbst Assistent. Als er merkte, daß er verdächtigt wurde, der Arm des Vatikans in der Studentenbewegung zu sein, reagierte er, wie schon so oft in seinem Leben, empfindsam und flüchtete in eine Krankheit. Er wollte aus Krankheitsgründen zurücktreten. Dann gewann er jedoch das Vertrauen seiner zunächst mißtrauischen Studenten.

Er übernahm den Posten des Assistenten in einer dramatischen

Zeit, als die Faschisten schon nach Rom marschiert waren und noch nicht geklärt war, wie die katholische Kirche sich wirklich verhalten würde: Ob sie mit den »Popular« Don Sturzos und des Vaters von Montini den Kampf aufnehmen oder ob sie vorsichtig im Sinne von Pius XI., der zwar ideologisch ein Gegner des Faschismus, aber zugleich ein Anhänger der Versöhnung zwischen Staat und Kirche in Italien war, praktieren würde.

Montinis Studenten waren damals fast alle in einem kämpferischen Sinn »Popolari«, katholische Antifaschisten. Während der Fronleichnamsprozession im Juni 1925 wurde die Gruppe von den Faschisten angegriffen. Es gab Verletzte. Man rief: »Es lebe der Papstkönig«, ein für die Faschisten und die italienischen Nationalisten blasphemischer Ruf, erinnerte er doch an die seit 1870 ungelöste Frage nach der Besetzung Roms und der Zerschlagung des Kirchenstaates. Pius XI. empfing damals noch die »Fucini« einige Tage später in Audienz und hatte starke Worte des Trostes und der Ermutigung für sie.

Zwei Vätern verpflichtet

Unter dem faschistischen Druck stellte sich jedoch heraus, daß Montini der Sohn seines Vaters war, zu seinen Studenten hielt und sich der Unterordnung unter den Faschismus widersetzte. In welch schizophrener Lage er sich damals befunden haben mag, könnte nur er selbst erzählen. Gleichzeitig half er nämlich im Staatssekretariat bei der Ausarbeitung des Konkordats mit dem faschistischen Italien. Nach dem 11. Februar 1929, der pompösen Versöhnung zwischen dem Papst und Italien, der Wiedererrichtung des Vatikanstaates, schien für die katholischen Studenten eine Zeit der Renaissance anzubrechen. Einige ließen sich nicht die Augen verschließen und trennten sich von den »FUCI«. Wie trügerisch die Hoffnung auf wirkliche Versöhnung und ein freies Leben unter dem Faschismus war, zeigte sich schon zwei Jahre später. 1931 wurde die katholische Aktion fallengelassen, ein schmerzlicher Konflikt für Männer wie

den Vater Montini, die gerade in dieser Aktion für den Papst gekämpft hatten. Die Kirche opferte ihre freien Verbände der Staatsräson. Sie wollte sich mehr auf die Diplomatie stützen. Auch die Studentenverbände der »FUCI« und ihr geistlicher Assistent Montini wurden davon betroffen. Montini fand zum Abschied »parole serene« (heitere Worte).
Die katholischen Studenten mußten in die Halblegalität untertauchen. Sie trafen sich zwar noch jeden Sonntag, aber nicht mehr in der Universitätskirche Sant' Ivo. Montini zelebrierte die Messe. Den Faschisten konnte das nicht verborgen bleiben. Am 12. März 1933 wurde sein Rücktritt bekanntgegeben. Es war kein freiwilliger Rücktritt, es war ein Rückzug. Der Papst konnte sich keinen engen Mitarbeiter mehr in den von Mussolini unterdrückten katholischen Verbänden leisten. So wurde Montinis pastorale Leidenschaft der Diplomatie geopfert.

Nächstenliebe auf Distanz

Bei den Studenten hat der Bürgerssohn Montini soziale Erfahrungen gesammelt, die ihn später in den Augen reaktionärer Katholiken als links erscheinen lassen. Die römischen »FUCI«-Studenten besuchten mit ihm Porta Metronia, ein Elendsquartier an der Stadtmauer hinter dem Lateran. Sie übten Caritas und waren doch meilenweit entfernt von der totalen Solidarisierung anderer Priester in den heutigen römischen Slums. Damals war Montini der gepflegte Bürgerssohn, der sich bei der feinen Art der Caritas höchstens die Schuhe staubig machte. Vielleicht hat er aber damals eine Lektion gelernt, die andere Kirchenführer versäumt haben. In der Erinnerung an diese bescheidenen Hilfsversuche in den römischen Elendsvierteln ist es verständlich, warum er immer wieder die Stadt Rom bittet, die Not der »Barracati« zu beheben.
Diese Erfahrungen Montinis können vielleicht verursacht haben, daß der belgische Salesianer Lutte, der mit den Bewohnern des römischen Elendsviertels Prato Rotondo erfolgreich für

menschenwürdige Wohnungen kämpfte, zwar von seinen Ordensoberen, nicht aber von der Diözese Rom, dem Bistum des Papstes, verstoßen wurde.
Auch als Papst setzt Montini seinen Weg an die Stadtränder fort. Immer wieder feiert er die Messe an den kranken Stadträndern Roms, auch in Sankt Agapito, wo vier junge Priester als Handwerker und Arbeiter unter gleichen Leuten leben und auf ihre Karriere verzichten. Sie waren Zöglinge des angesehenen »Capranica«-Kollegs. Es kann sein, daß der alte Montini sich in diesen jungen Idealisten wiedererkennt und den Traum seiner Jugend auferstehen läßt, den er zwar geträumt, aber wegen seines Dienstes im Staatssekretariat nicht verwirklicht hat. Vielleicht bewundert er den Mut, den er nicht aufbrachte. Immerhin wurde er nicht zum Prototypen des päpstlichen Diplomaten, denn über einen typischen päpstlichen Diplomaten könnte man sich in Rom nie erzählen, daß er weint.

Lehrling der Päpste

Nach einem kurzen Zwischenspiel an der Nuntiatur in Warschau hatte Paul den Weg eingeschlagen, der ihn am meisten prägen sollte. Von 1923 bis 1954 diente er sich im Staatssekretariat von Stufe zu Stufe empor. Er lernte bei den Kardinalstaatssekretären Gasparri, Pacelli und Maglione, wurde zu einem der wichtigsten Geheimnisträger, zum Lehrling Pius XII., und erklomm eine Stufe nach der anderen, vom Minutanten bis zum Prosekretär. Staatssekretär konnte er nicht werden, da Pius XII. nach dem Tode Magliones dieses Amt nicht erneuerte. Montini hat unter drei Päpsten gedient und von ihnen gelernt. Fast jeder, der sich ein Bild über Montini machen will, stellt den Vergleich mit seinen unmittelbaren Vorgängern Pius XII. und Johannes XXIII. an. Dabei wird der energische Ratti-Papst, Pius XI., übersehen. Ihm gegenüber hegt Paul ein besonderes Gefühl der Verehrung. Es ist das Sentiment des jungen Mannes, der entdeckt worden ist, der als Anfänger an den wichtigsten

Informationen partizipieren konnte. »Viele wissen nicht, wie sehr ihn Pius XI. schätzte. Zuweilen bat er ihn, ihm ausführlich seine Ansichten mitzuteilen, und hörte sie trotz des großen Unterschieds im Alter und in der Stellung, auch wenn sie von den eigenen abwichen, aufmerksam an. Monsignore Montini war tief beeindruckt von diesem Papst, den er eines Tages mir gegenüber als ›rex tremendae majestatis‹ bezeichnete« (Jean Guitton). Den Respekt vor diesem Papstkönig scheint Paul auch auf dessen Sekretär, den jetzigen Kardinal Confalonieri, übertragen zu haben. Obwohl dieser längst die 75 Lebensjahre überschritten hatte und von seinem Ministeramt bei der römischen Kurie als leitender Kardinal der Bischofskongregation hätte zurücktreten müssen, behielt ihn Paul dort bis 1973. Montini vergißt nicht. Weder seine Förderer noch seine Feinde. Er traute sich nicht zu, den Sekretär und Biographen seines bewunderten ersten Chefs in die Wüste zu schicken.

Montinis steilere Karriere begann unter Pacelli. Unter dem Kardinalstaatssekretär Pacelli ging Montini weiter in die Schule der Konkordate: mit Baden, Österreich, dem Dritten Reich Hitlers und Jugoslawien. Damals drängten sich schon in seinem Wartezimmer Kardinäle und Erzbischöfe, Gesandte und Minister, nahm er die Stellung ein, die heute Benelli hat, wurde er Substitut. Der Abteilung II stand Monsignore Tardini vor, ein robuster Römer, das Gegenteil zum sensiblen Lombarden Montini.

In diesem Amt lernte Paul die Kurie von innen kennen, wie das nur einem Substituten möglich ist. Er lernte sie als Instrument schätzen, und er erkannte im selben Moment ihre Schwächen. Der Substitut Montini blieb im Gegensatz zum Substituten Benelli zurückhaltend, ein frommer und empfindsamer Mann im Schatten des starken Pacelli. In diesem Amt lernte er es, Kleinkram und Einzelheiten genauso ernst zu nehmen wie die großen Zusammenhänge. Damals trainierte er sein Gedächtnis und übte sich in die seine Besucher noch heute verblüffende Detailkenntnis ein.

Ehemalige jüngere Mitarbeiter und Untergebene, die später unter Paul Karriere machen sollten, wie der französische Bischof Martin, schwärmen von ihm, er sei eher wie ein großer Bruder, weniger wie ein Vorgesetzter gewesen. Anderen, vor allem hartgesottenen Römern, die gerade im Dienst des Vatikans niemals die Neigung zum Zynismus aufgeben, ging der fromme schlanke Mann auf die Nerven. Rasch regte sich auch der Neid, weil auf römischen Empfängen und im Stadtklatsch der unauffällig elegante Monsignore bald als Papstkandidat herumgereicht wurde. Wie Montini in diesen Jahren unter Pius XII., als er nach außen hin noch ein einfacher Monsignore, in Wirklichkeit aber schon der zweite Mann hinter dem Papst war, wirkte, hat Guitton festgehalten. Er überlieferte von seiner ersten Unterredung mit Monsignore Montini Sätze und Züge eines Bildes, die auch noch heute gelten. Damals sagte Montini zu Guitton, der wegen eines Marienbuches Schwierigkeiten mit dem Heiligen Offizium hatte: »Man kann zugleich konservativ und aufgeschlossen sein, der Tradition gemäß schreiben wie auch dem modernen Geschmack entsprechen. Was nützte, die Wahrheit zu sagen, wenn man von den Menschen unserer Zeit nicht verstanden wird. Der Heilige Vater und ich wünschen Ihrem Buch einen schönen Erfolg.« In den 30er und 40er Jahren dürfte Montini wie der Idealtyp des Kurienbeamten gewirkt haben, von denen in manchen Rom-Büchern geschwärmt wird: »Eben schlug es zwei Uhr, Monsignore Montini hatte gewiß noch nicht zu Mittag gegessen. Dennoch hatte er es durchaus nicht eilig. Der Vormittag, angefüllt mit Audienzen, hatte ihn weder ermüdet noch nervös gemacht. Er sah gut aus in der unauffälligen schwarzen Soutane, die ein römisches Collar abschloß. Jung, schlank, elegant, aktiv, aufgeräumt und selbstsicher. Er beherrschte die französische Sprache, der er sich sichtlich gerne bediente, indem er sie wie einen Stoff langsam entfaltete ... Er trat mir offen und sehr unmittelbar entgegen, ohne jenen salbungsvollen Klerikalismus ... und ohne die redselige Geschwätzigkeit derjenigen, die allzusehr gefallen möchten ... Er war von einer strahlenden Liebenswürdigkeit, ernst und gütig, taktvoll und wohlgelaunt ... Wie dieses erste Gespräch zeigen wird, wich er keinem Einwand aus, noch bagatellisierte er Schwierigkeiten. Er verstand einen sogleich und oft besser, als man vermutete, kurz, ich sah mich einem kultivierten, gebildeten Mann gegenüber.« Mag die Erinnerung Guittons im nachhinein etwas verklärt worden sein, dieses Bild scheint doch übereinzustimmen mit dem Eindruck mancher Besucher Montinis in den Jahren zwischen 1930 und 1954. Die Nähe von Pius XII., vor allem im Zweiten Weltkrieg, hat Paul am eigenen Leib die Problematik erfahren lassen, wie sie in zeithistorischem Abstand Rolf Hochhuth in seinem Drama »Der Stellvertreter« darstellte. Montini merkte, daß Pius XII. zwar schwieg, jedoch kannte er seinen Bernanos zu gut, um nicht zu wissen, daß dieses Schweigen fragwürdig war, zugleich sah er aber, daß der Vatikan Verfolgte versteckte und durch sein Informationsbüro Brücken zwischen den Familien schlug. Damals baute Montini ein Büro auf, das viele Kriegsgefangene der verschiedensten Nationalitäten benutzten, um ihre Familien wiederzufinden. Er verstand die Neutralität des Heiligen Stuhls im Krieg nur mit dem Verstand, sein Herz schlug für die Franzosen. Das Sprachrohr des Vatikans, der *Osservatore Romano,* wurde damals ein Bestseller. Er veröffentlichte die Wehrmachtsberichte aller kriegführenden Parteien. Der Vatikan wurde informiert durch ein Amt, das ebenfalls Montini eingerichtet hatte – der Sohn eines Journalisten war dabei wieder in seinem Element gewesen – das »Amt für die Lektüre der Auslandspresse« (Stampa Estera). Aus diesen Erfahrungen und vielleicht auch im Hinblick auf die eigenen Hilfsversuche sprang Montini für seinen toten Lehrmeister in die Bresche, als er in einem Brief an die englische Zeitschrift »Tablet« Pius XII. vor Hochhuths Vorwürfen zu schützen suchte.

Ein gerechtes Bild über die Verflechtung des Vatikans mit den kriegführenden Parteien, von Begünstigung, Anpassung und Widerstand gegenüber den faschistischen Diktaturen und der speziellen Rolle Montinis wird erst möglich sein, wenn der Vatikan sein reiches Quellenmaterial allen Forschern erschließt und nicht nur wie bisher Jesuitenprofessoren.

Die geradlinig, auffällig-unauffällige Karriere vom Bürojungen zum Papstanwärter wurde dennoch jäh aus der Bahn geworfen.
Wider Erwarten wurden 1946 weder er noch sein engster Kollege Tardini von Pius XII. ins Kardinalat erhoben. Der Gegensatz zwischen Montini und Tardini gehört zum vatikanischen Klatsch. Viele dieser Gegensätze sind freilich Topoi, feste Erzählthemen, wie sie heute auch von Benelli und Casaroli berichtet werden. Sie sind nicht immer wahr. Die Berichte von ihren Gegensätzen wurden von der äußeren Erscheinung genährt. Tardini war wie Pius XII. Römer, aber ein Römer aus dem Volk, klein und untersetzt, oft schlecht gekleidet und schlecht frisiert, seine Soutane nicht immer einwandfrei. Er konnte lachen und soll über Montini gesagt haben: »Wie soll dieser lachen, er hat doch gar keinen Mund dafür.« Er behielt seine Verbindung zum römischen Volk, er leitete auch noch im Amt »La Casa di Nazareth«, ein Institut, das etwa 40 Kinder unter den besten Schülern der Stadt mit aussuchte, um sie auf die Priesterlaufbahn vorzubereiten. Dort fühlte er sich wohl. Noch als 72-jähriger spielte er mit seinen Schülern Fußball, ein Typ wie der Papst Johannes. Er erweckte Sympathie und Vertrauen, Montini dagegen Achtung und Neid. Pius soll nichts unternommen haben, um die beiden anzunähern und auszugleichen.
In Rom wurde damals kaum daran gezweifelt, wer der wichtigere war. Politiker und Botschafter sahen manchmal Montini ohne Tardini, niemals aber Tardini ohne Montini. Auch 1953 beim letzten Konsistorium des Papstes erhielten weder Tardini noch Montini den Kardinalshut. Bevor Pius 1953 die neuen Purpurträger bekanntgab, versuchte er den Ausschluß Tardinis und Montinis zu begründen: »Es war Unsere Absicht gewesen, in das Heilige Kollegium die zwei verdienstvollen Prälaten aufzunehmen, die den beiden Abteilungen des Staatssekretariats vorstehen, und ihre Namen standen als erste auf der Kardinalsliste, die Wir vorbereitet hatten. Aber diese Prälaten baten Uns

– ein Zeugnis ihrer überragenden Tugend – so inständig, dieses sehr hohe Amt ablehnen zu dürfen, daß Wir ihnen, ihren Bitten und ihren wiederholt geäußerten Wünschen nachgeben zu müssen glaubten. Trotzdem haben Wir ihre Tugend auf irgendeine Weise belohnen wollen und haben sie daher auf einen höheren Ehrenposten erhoben, der besser und angemessener ihrem mühevollen Arbeitsgebiet entspricht.« Mit diesen Ehrenposten meinte Pius XII. den Titel des Pro-Sekretärs, bei dem sie 16 Jahre lang nur Substituten gewesen waren. Diese Version wurde schon damals in Rom bezweifelt. Seither sind verschiedene Erklärungsversuche angestellt worden. Einer lautet beispielsweise, Pius XII. habe seine beiden Mitarbeiter ziemlich unvermutet in die Bibliothek gerufen und ihnen gesagt, er wolle sie mit dem Purpur auszeichnen, dies würde aber für ihn ein großes persönliches Opfer bedeuten, er sei überzeugt, daß sie sich in den neuen Positionen, die er ihnen dann geben müsse – er wisse noch nicht welche – bestimmt mit Sehnsucht an die wichtige Verantwortung in seiner unmittelbaren Nähe erinnern würden. »Was mich betrifft, Heiliger Vater«, soll Monsignore Tardini ausgerufen haben, »wäre es nicht Sehnsucht, sondern tiefstes Bedauern, ich bin durchaus bereit, auf das Kardinalat zu verzichten, um meinen jetzigen Platz zu bewahren, ich bin überzeugt, daß Monsignore Montini meine Gefühle teilt.« Montini blieb nichts anderes übrig, als zu sagen: »Ich teile sie.« Schon damals meinte man im Vatikan, daß Tardini durch die rasche Ablehnung des Purpurs seinem distinguierten Partner einen Streich spielen konnte und Montini ihm folgen mußte, denn wie hätte er es sich leisten können, unbescheidener als sein Tandem-Partner zu sein. Aber war dann Tardini nicht ein Werkzeug Pius XII.?, wird gefragt. Hielt ihn Pius XII. nicht bewußt vom Kardinalat und damit von seiner Nachfolge fern? Wollte er damals schon den unaufhaltsamen Aufstieg des Giovanni Battista Montini beenden, oder wollte er ihn nur noch besser auf das wichtige Amt vorbereiten?

Die Spekulationen erhielten neuen Auftrieb, als der Papst ziemlich überraschend nach dem Tode des Erzbischofs von Mailand, Kardinal Schuster, im August 1954 Montini zum Erzbischof von Mailand ernannte. Kardinal Tisserant weihte ihn im Petersdom zum Erzbischof. Im Januar 1955 nahm Montini von seiner Diözese Besitz.

Mailand hat ein traditionelles Anrecht auf den Purpur. Die Erzdiözese ist die wichtigste Italiens. Der Kardinalshut konnte jetzt nur noch als Formalität verstanden werden, doch die Anhänger Montinis im Kardinalskollegium, die ihn als ihren Kandidaten betrachteten, warteten vergeblich. Pius XII. starb am 9. Oktober 1958, ohne noch einmal einen Kardinal ernannt zu haben. Montini konnte nicht am Konklave teilnehmen, aus dem der alte Patriarch Roncalli, von der Mehrheit der Kardinäle als nichts verderbender Übergangspapst gedacht, als Johannes XXIII. hervorging. Schon damals wurde öffentlich spekuliert, ob die Kardinäle, um Montinis willen, die Tradition aufgeben und einen Erzbischof zum Papst wählen würden, was rechtens, aber nicht kirchentraditionell möglich gewesen wäre. Heute sieht ein Beamter des Staatssekretariats darin eine Fügung Gottes: »Stellen Sie sich einmal vor, Montini wäre ohne das Zwischenspiel Johannes gleich auf Pius gefolgt. Dann wäre er kein guter Papst geworden.«

Viel spricht also für die Vermutung, daß Papst Pius Montini noch durch eine andere Schule als die des Staatssekretariats schicken wollte, mehr spricht aber für die Version, daß Pius 1954 Montini fallenließ, nicht freiwillig, sondern auf Druck seiner Familie, denen der stille und mächtige Substitut ein Dorn im Auge war. Pius verbannte ihn nach Mailand und verfuhr wie mancher Herrscher, der das Exil seiner ehemaligen Günstlinge vergoldete. Man glaubte in Rom sogar Ort und Stunde zu kennen, als die mächtige »Anti-Montini-Mafia« aus Hof- und Familienangehörigen den Substituten stürzte. Man munkelte, daß am 19. September 1954 gegen 23 Uhr sich in einer Wohnung an der Via Boezio die damals mächtigsten Männer der Kurie getroffen hätten, die Kardinäle Canali, Spellmann, Pizzardo, der Conte Galeazzi, die Fürsten Don Carlo und Don Marcantonio Pacelli, Monsignore Baldelli, der Präsident der italienischen Caritas und ein angeblicher Gesandter des Monsignore Tardini, dessen Name nicht genannt wird, sowie die Frau, die manchmal als einziger Mann an der römischen Kurie apostrophiert wurde, die deutsche Schwester Pasqualina, die seit den 20er Jahren dem Nuntius, späteren Staatssekretär und Papst Pacelli den Haushalt führte und über das Küchenregiment hinaus Einfluß auf die Kirchenregierung hatte. Montini hatte sich den Zorn dieser Gruppe zugezogen, als er Finanztransaktionen des damaligen Vertrauten Pacellis für wirtschaftliche Angelegenheiten, Galeazzi, und der Papst-Neffen als schädlich für den Heiligen Stuhl und nützlich für die Beteiligten bloßgestellt hatte. Man sprach in diesen Kreisen von einer unbegrenzten und mißbrauchten Autorität Giovanni Battista Montinis. Der Fürst Don Carlo Pacelli, Generalrat des Vatikanstaates und bevorzugter Neffe Pius XII., unter dem der Renaissance-Nepotismus fröhliche Urständ feierte, wurde zum Beauftragten der Verschwörerrunde gemacht. Er konnte jederzeit in das private Arbeitszimmer seines Onkels eintreten. Am nächsten Morgen soll er den Papst überzeugt haben, daß Montini sein Amt als Pro-Sekretär verlassen müsse. Daraufhin sei Montini im November zum Erzbischof von Mailand ernannt worden.

Der seltsame Tod des Monsignore Baldelli

Über einen der damaligen Gegner Montinis, den Präsidenten der italienischen Caritas, Baldelli, wird berichtet, daß er die Wahl Montinis zum Papst fürchtete. Unter Johannes konnte er sie nicht mehr verhindern. Johannes hatte Montini zum Kardinal erhoben und ihm die Nachfolge aufgedrängt. Er soll zu seinem Privatsekretär Capovilla gesagt haben: »Sie werden unter dem Pontifikat Gian Battista Montinis weiterdienen.« (In diesem Punkt allerdings hatte sich Johannes getäuscht. Capovilla stürzte vom wichtigen Amt des Erzbischofs der Abruzzen-Region zum Bewahrer eines Marienheiligtums.) Als Baldelli die Nachricht von der Wahl des gehaßten und zugleich gefürchteten Montini an einem schwülen Tag erfuhr, soll er nur gefragt haben: »E lui . . .?« (Ist er's?) Als er seine Sorge bestätigt sah, wurde ihm übel, kurz darauf starb er. Montini hat sich an seinen damaligen Feinden nicht oder spät gerächt. Er versuchte sie durch Liebe zu entwaffnen: »Ging sein Wohlwollen, man möchte sagen, seine bewußte Vorliebe für jene Männer, die für seine Verdrängung aus der Kurie unter Pius XII. hauptsächlich verantwortlich waren, nicht bisweilen zu weit? So hörte ich schon manchen fragen.« Dies schrieb der in Rom arbeitende deutsche Moraltheologe Bernhard Häring aus Anlaß des 50jährigen Priesterjubiläums von Paul VI. in *Publik.* Häring kennt den Papst schon als Exerzitienmeister, er ist aber zugleich der römischen Kurie als Progressist verdächtig und schon mehr als einmal angeschwärzt worden.

Die Feinde Montinis haben seinen Aufstieg nur bremsen, nicht aufhalten können. Vielleicht verdankt er ihnen mehr, als daß sie ihm geschadet haben. Auf jeden Fall haben sie ihn zu einem Papst gemacht, der in einem schwierigen Bischofsamt Erfahrungen gesammelt hat, die ihm die Kurie nicht vermitteln konnte. »Es ist leichter, in Rom Papst zu sein als in Mailand Bischof.« Dieses Wort Rattis, des Papstes Pius XI., gilt auch für Montini. Von 1954 bis 1963 konnte er sich an den Erfahrungen des Ratti-Papstes messen. Bernhard Häring urteilt über Montini als Erzbischof von Mailand: »Er hat ein weites, ein weltweites Echo auch bei seinen Mitbischöfen gefunden durch einen Hirtenbrief mit dem Titel ›Ai lontani‹, an jene, die der Kirche entfremdet sind. Was die Aufmerksamkeit auf Montini lenkte, war gerade der warme Ton und das von einem kirchlichen Diplomaten zunächst nicht erwartete Eingeständnis menschlichen Versagens kirchlicher Seelsorger und des Verpassens notwendiger Reformen. Das Wissen um die Notwendigkeit größeren

menschlichen Verstehens, das Bekenntnis der Sünde in der Kirche zieht sich auch durch sein ganzes Pontifikat hindurch. Die Tatsache, daß seine Sprache von der langen Schulung in der Diplomatie mitgeformt ist, darf uns dies nicht verdecken.«
In Mailand kehrte Montini in seine lombardische Heimat zurück. Es war aber nicht mehr die Welt seiner Kindheit. Die Stadt hatte sich unterdessen in ein italienisches Frankfurt verwandelt. Als Montini von seiner Diözese Besitz ergriff, fiel er an der Bistumsgrenze auf die Knie und küßte die schmutzige Erde, wie er später als Papst die Betonpiste eines Flughafens küßt. »Er gibt sich alle Mühe, sich hinreißen zu lassen«, bemerkt dazu ein französischer Publizist. Doch selbst im theatralischen Italien kommen diese Gesten nicht immer über die Rampe, lassen sie einen Rest von Peinlichkeit zurück; die Fotografen haben die Begleiter Montinis festgehalten mit staunend aufgerissenen Augen.

Kuß an der Bistumsgrenze

In Mailand ging der Großbürgerssohn »ai lontani«, zu den Entfernten. Damit sind nicht zuletzt die Arbeiter gemeint, die nicht nur aus ideologischen Gründen, sondern aus sozialer Not von einer Kirche weggegangen sind, die als Dienerin der Reichen erscheinen mußte. Nun galt er als moderner Arbeiterbischof, wurde als links oder als rot verdächtigt. Nichts von dem stimmte. Er war lediglich wacher für die sozialen Fragen als seine Vorgänger und die meisten seiner Mitbischöfe.
Mit den theatralischen Gesten, dem Kniefall bei der Besitzergreifung seines lombardischen Erzbistums knüpfte Montini an die Zeit seiner studentischen Jugendbewegtheit an. Auch die Sprache erinnerte nun wieder an die früheren Zeiten, sie war nicht mehr formelhaft und kurial gekettet, sie war emphatisch, lyrisch, bilderreich – Sprache einer neuen Mystik, bis hin zum Kitsch: »Ich werde darum beten, daß das Dröhnen der Maschinen zu Musik, daß der Qualm der Schornsteine zu Weihrauch

werde.« Ein fast krampfhafter Versuch, die entchristlichte Welt zu taufen. In den 50er Jahren wurden Bischöfe, die damals noch nicht entmythologisierten Halbgötter der Katholiken, für solche Worte bewundert, sicherten sie den Nachfahren der kirchlichen Jugendbewegung das damals uneingeschränkt lobende Beiwort »modern«. Solche Worte waren freilich für die Veränderung der sozialen Verhältnisse letztlich genauso ohne Konsequenz wie das Stückchen Kohle im Ring des Bischofs Hengsbach von Essen.

Neben diesen kitschigen, wohlklingenden Formulierungen fand Erzbischof Montini gleichzeitig zu einer Sprache, die damals und heute noch einem Erzbischof gut ansteht, die Rhetorik und nüchterne Situationsanalyse miteinander verbindet: »Nicht die Arbeiter waren die ersten, die sich von der Religion abkehrten, sondern die großen Unternehmer und die großen Volkswirtschaftler des vergangenen Jahrhunderts, die davon geträumt haben, einen Fortschritt, eine Zivilisation, einen Frieden ohne Gott zu begründen.« Oder: »Das Drama der Arbeiterpriester hat sich durch die übermäßige Anpassung an das profane Milieu verschärft, aber in der Seelsorgetätigkeit ist das Risiko nicht ärgerniserregend.« Montini fand manchmal auch einfache Sätze, die ankamen: »Das Brot, das Dach, die Kleidung, die Arbeit dürfen keinem Menschen fehlen. Baut Eure Thesen darauf auf!«

Montini spürte nicht nur die Ablehnung mancher bürgerlicher Kreise, er fand auch Unterstützung. Aber er fühlte zugleich, daß die Arbeiter nicht mit fliegenden Fahnen zum neuen Erzbischof übergehen würden: »Die Welt der Arbeit nimmt eine abwartende Haltung ein, um zu sehen, ob unsere soziale Tätigkeit eine dem Zweck oder der Bequemlichkeit dienende Propaganda ist oder einem wirklichen Ringen nach Erlösung entspringt.«

Auch der Papst, der 1969 in Genf vor dem internationalen Arbeitsamt ausrief: »Nie wieder die Arbeit über die Arbeiter stellen!«, spricht eine Sprache, die von den »lontani« verstanden wird.

Paul wurde in Mailand nicht nur durch die Begegnung mit der Industriegesellschaft geprägt, er sammelte zugleich Bilder, die sein Festhalten an der Tradition mitbestimmten. Guitton erzählte er: »Als ich in Mailand war, gab es ein Bergdorf, das keine Verkehrsverbindung hatte. Nicht einmal einen Saumpfad. Man mußte zu Fuß hinaufsteigen. Dorthin bin ich gegangen. Es war ein sehr armes Dorf, und ich bemerkte Mißtrauen in den Gesichtern. Als die braven Leute den Erzbischof sahen, fürchteten sie, er würde ihnen ihren Pfarrer wegnehmen. Beim Abschied sehe ich sie wieder und sage zu ihnen: Was braucht ihr am dringendsten? Großes Schweigen. Da steht einer auf und sagt: Am meisten würde uns ein Backofen nützen, denn wir haben keinen, um unser Brot zu backen. Nach Mailand zurückgekehrt, ließ ich ihnen das nötige Geld überweisen, damit sie einen Backofen bauen konnten. Aber das Merkwürdigste habe ich Ihnen noch nicht gesagt, es beweist, wie wenig materialistisch die Leute in einem christlichen Land sind und, nebenbei bemerkt, wie sehr ein einfaches und armes Leben den Geist erhebt. Ich hatte meine Dorfbewohner und ihren Ofen vergessen, aber bei einer Gelegenheit erkundigte ich mich, ob sie ihren Ofen gebaut hätten. Was glauben Sie? Weil die Glocke ihres kleinen Dorfes 1944 abmontiert worden war, hatten sie sich um das Geld eine neue Glocke gekauft.«

Beides gehört zu Montini, sowohl die Begegnung mit den dunklen Seiten des Lebens, als auch die Sehnsucht nach einer heilen Welt. Sein Priesterbild ist ein Wunschbild, aber er gibt es weiter und verpflichtet andere Priester darauf: »Wenn es etwas Schönes gibt, das das Herz des Papstes und Bischofs mit Freude zu erfüllen vermag, dann ist es der Anblick eines armen Priesters, bekleidet mit einer abgenützten Soutane, die Knöpfe abgerissen, inmitten einer Gruppe von Jugendlichen, die mit ihm spielen ... und die an ihn glauben.«

Montini selbst war allerdings niemals dieser Priester, von dem er schwärmt. Er spielte seltener, er war stets elegant und auf den verblichenen Fotos jener jungen Jahre steht er oft mehr im Hintergrund.

Montini wurde in Mailand nicht nur mit der Produktionswelt, mit der Entfremdung des Menschen, mit der Ausbeutung des Menschen durch den Menschen konfrontiert, er fand dort auch Muße zu weiterer Lektüre. Hier begegnete er Don Macchi, seinem intellektuellen Sekretär, den er mit nach Rom brachte. Er las und studierte auch die französischen Existentialisten, auch Sartre. Damals verstärkte sich die Zuneigung zu Pascal, der noch auf dem Index für verbotene Werke stand.
Wie später im Vatikan fing Paul als Bauherr an, die Stadtränder Mailands zu missionieren; er förderte den Kirchenbau und die moderne Kunst. Auch diese Linie führte er im Vatikan fort. Nicht nur durch Kirchbau wollte er Mailand missionieren, er organisierte für die Lombardei die »Mailänder Mission«, eine für Italien einzigartige Volksmission. Dafür mobilisierte er zwei Kardinäle, etwa 30 Erzbischöfe und Bischöfe, 300 Priester, die 14 Tage lang in Kirchen und auf der Piazza, in Pfarrhäusern, in Theater- und Kinosälen oder in Arbeitsämtern – wo auch immer – versuchten, das nominell katholische Volk im Glauben zu belehren. Das spröde Mailand hatte er besser gewonnen als das wölfische Rom.
1958 wurde Montini von Johannes XXIII. mit dem Kardinalspurpur ausgezeichnet – Beifall und Jubel in Mailand – die Rückkehr nach Rom war gesichert. Gemeinsam mit Tardini, dem engsten Kollegen und Rivalen, wurde er Kardinal. Johannes machte Tardini zu seinem Staatssekretär und ließ Montini im charismatischeren Amt des Erzbischofs. Während des Konzils rechnete Johannes auf Montini als Vermittler. Montini blieb im Hintergrund. Er sprach nur einmal und dann zum Verfahren, so als wolle er als Kandidat aller Parteien im Kardinalat wählbar werden. Er gehörte nicht zu den großen, tragenden Stimmen des Konzils wie Alfrink von Utrecht oder Frings von Köln oder den energischen Verteidigern des Bestehenden wie Ottaviani. Im Hintergrund wirkte er, ähnlich wie sein jetziger Kardinalstaatssekretär Villot. Er wurde als Verfechter eines mittleren Kurses, der um keinen Preis die Einheit des Konzils gefährden wollte, anerkannt.

Als Favorit im Konklave

Als Papst Johannes tot war, rechneten die meisten mit der Nachfolge Montinis. Er ging als Favorit ins Konklave. Er war auch deshalb Favorit, weil man von ihm glaubte, er werde das Konzil fortführen, aber nicht ausufern lassen. Außerdem wurde ihm im Gegensatz zu dem sympathischeren Kardinal Lercaro zugetraut, daß er sich besser in der Kurie auskenne. Ihm werde die Kurie nicht über den Kopf wachsen, meinte man. Montini kannte seine potentiellen Wähler, da er an der Ernennung der meisten Kardinäle unter Pius XII. mitgewirkt hatte.

Am 19. Juni 1963 gegen 17 Uhr zogen die damals 80 Kardinäle durch den Saal der sieben Türen – den der Renaissance-Papst Paul III. durch Sangallo für die Empfänge der Staatsoberhäupter hatte erbauen lassen – in die Capella Paolina, die dem Publikum nicht zugänglich ist, eine Renaissance-Kapelle. Kardinal Montini sei damals als letzter eingetreten, mit hastigen Schritten, so wie er heute hastig seinem Thron zustrebt, wenn er die Massenaudienzen abhält.

Nach der Messe begann um 19.20 Uhr das Konklave in der Sixtinischen Kapelle. Symbolische Riegel schlossen außer den 80 Wählern noch 70 Personen von der Welt ab. Am ersten Tag gab es 4 Wahlgänge. 54 Stimmen waren erforderlich für die notwendige Zweidrittel-Mehrheit. Nach dem fünften Wahlgang am nächsten Tag, angeblich war es nur noch ein formeller Wahlgang, weil man noch einen Tag Zeit gewinnen wollte, war Montini gewählt.

Wie Paul VI. lebt

Schöner Wohnen

Nun gilt Paul VI. als der Menge entrückt, als Stellvertreter Gottes, und dennoch hat er einen Alltag wie jeder normale Sterbliche. Wie lebt heute ein Papst?
Montini, der erste moderne Mensch auf dem Papstthron, hat seine Wohnung im Vatikan renoviert. Paul wohnt besser als seine Vorgänger. Geschmäcklerische Gazetten wie *Schöner Wohnen* hätten Spaß an ihm. Indirekte Beleuchtungen, Klimaanlagen, handliche graue Telefone, graublaue Velourbespannungen, Licht und Pflanzen ersetzen Schnörkel, roten Damast, Barock und Kitsch, bombastische Geschmacklosigkeiten, nicht funktionierende Aufzüge. (Johannes blieb im Aufzug noch oft stecken. Dies sei eine Gelegenheit zum Gebet, meinte er dazu.) Kunst löst den Kitsch seiner Vorgänger ab. Massive Möbel wurden ins Magazin verbannt, in die Apostolische Floreria. Die »Mailänder Mafia« Montinis, voran Privatsekretär Pasquale Macchi und Innenarchitekt Dandolo Bellini, der 1963 beauftragt wurde, räumte gründlich auf. Ein Mailänder Industrieller stiftete Velour. Der Stoff reichte aus, um nicht nur die privaten und offiziellen Räume des Papstes, sondern auch das Staatssekretariat vom Damast zu befreien, der zwar auch Johannes nicht gefiel, den er aber als ein »Zeichen der Demut« ertrug. Unter Johannes sah die päpstliche Wohnung noch schauriger aus als unter Pius. Er wollte aus Pietät nichts entfernen und brachte in einer typisch bäurischen Freude an der Häufung noch mehr in die ohnehin überfüllten päpstlichen Appartements. »... rechts vom Schreibtisch ein Globus mit einem Durchmesser von einem Meter, das Geschenk eines Gläubigen. Ein platzraubendes Spielzeug. Wenn man auf einen Knopf drückte, leuchteten

alle Städte mit Bischofssitzen auf. Über dem Tisch ein riesiger Lüster, eine Spende der Glasbläser-Innung von Murano, in den Farben von Zuckerwerk – blaßgrün, blaßrosa, blaßgelb –, der in einem futuristischen Salon zweifellos eher am Platz gewesen wäre, in diesem düsteren Saal hingegen schreiend wirkte.« So berichtet der italienische kommunistische Bildhauer Manzù von einer Sitzung mit Johannes XXIII.

Mit Montini kehrte Stilgefühl zurück, freilich eine Mischung aus Sakralität und bürgerlicher Wohnkultur. Die Kunstgegenstände erhielten Raum und Licht. Eleganz trat an die Stelle der Stilmischungen, die die Wohnungen von Johannes und Pius bestimmt hatten.

Die private Wohnung Pauls liegt im dritten Stock des Vatikan-Palastes, wohin sie Pius X. verlegt hatte. 13 Zimmer gehören dem Papst. Die Wohnung ist über den Damasushof oder die »Treppe der Staatsoberhäupter« zu erreichen. Diese Treppe führt zu einem Vorzimmer, das in Verbindung mit einem großen Empfangssaal steht, in dem Johannes XXIII. am Tag nach seinem Tod aufgebahrt wurde. Hinter dem kleinen Büro seines Privatsekretärs liegen das private Arbeitszimmer, das Wohnzimmer, die Kapelle, das Speisezimmer, die Räume für die vier Ordensfrauen, die den Haushalt versorgen, und die Räume für seinen Diener und Chauffeur Ghezzi.

Die neue Kapelle wurde Allerheiligen 1964 eingeweiht. Es ist ein rechteckiger Raum, der ohne Treppe erreicht werden kann. Der Marmorfußboden ist ein Geschenk Mailands, die Kapelle ist von modernen Künstlern ausgestattet worden. Altar und Tabernakel im Hintergrund sind von sechs Leuchterengeln umgeben, geziert mit einer leuchtenden Emaille-Arbeit von Luigi Martinotti. Sie werden von einem großen Kruzifix des Bildhauers Enrico Manfrini überragt. Auf dem Sockel einer Säule ist von Manfrini das Pfingstfest dargestellt. Paul hat die seltene Chance, schon zu Lebzeiten zur Ehre der Altäre erhoben zu werden. Mit Johannes XXIII. und dem orthodoxen Patriarchen Athenagoras sitzt er inmitten der Apostel zu Füßen der Jungfrau Maria. Die Decke schmückt ein Glasgemälde von Luigi Filocamo, das den auferstandenen Christus inmitten der Engel darstellt. »Filocamo wollte die Herrlichkeit darstellen. Schaut auf Christus, ruft Filocamo. Die Farben sind rein, er wollte sie sonnenhaft. Sie haben eine Anziehungskraft wie die Himmelsbläue oder wie weiße Kleider«, meinte der Papst im Gespräch mit Jean Guitton. Als mystischer Mensch hat Paul ein besonderes Verhältnis zu den Farben. Auch mit dem deutschen Maler Hansing sprach Paul über die Wirkung von Farben.

Mitten in der Kapelle steht die Kniebank des Papstes. Auf der Rückenlehne hat der Bildhauer Mario Rudelli das Vaterunser und verschiedene menschliche Tätigkeiten dargestellt: Landarbeit und Ernte, aber auch den Menschen, der Eisen bearbeitet, Schienen und Raketen erzeugt. Die geistige Arbeit ist symbolisiert – der Forscher, welcher das Universum überdenkt, der Redner, der Advokat, der Kaufmann. Die Kapelle liegt mitten im Stockwerk, sie ist das Zentrum der päpstlichen Wohnung.

Vom Schlafzimmer in die Bibliothek

Vom Schlafzimmer aus kann Paul über eine kleine Treppe in seine private Bibliothek hinuntergehen, die zwischen dem zweiten und dritten Stock eingebaut worden ist. »Sein ausgezeichnet eingerichtetes Schlafzimmer macht einen behaglichen Eindruck. Nur das Bett, das kleine Eisenbett eines Studenten, ist unbequem.« So berichtet Jean d'Hospital in seinem Buch »Drei Päpste« (Paul Zsolnay Verlag).

Diese persönliche Bibliothek wurde beständig vergrößert und bereichert, sie nimmt ein ganzes Zwischenstockwerk unter seinen Privaträumen ein. Montini liest viel, darunter Werke, die seine Vorgänger mit dem Bannfluch belegten, die zur Schande der katholischen Kultur auf dem Index der verbotenen Bücher standen. Die literarischen Quellen, aus denen Paul schöpft, sind nicht schlecht, wie manche seiner Ansprachen zeigen: Dante, der größte italienische Dichter des Mittelalters, dem Paul eine eigene Enzyklika widmete, die außerhalb Italiens kaum jemand beachtete, der Heilige Augustinus und der englische Konvertit Kardinal Newman sind bevorzugte Autoren. In der Bibel liest er vor allem die Briefe des Apostels Paulus. Von der modernen Literatur sind keineswegs nur die erbaulichen, christlichen Schriftsteller wie der Franzose Bossuet, der Lieblingsautor seiner Mutter, zu finden. »Man bekommt da Autorennamen zu Gesicht, die durchaus nicht alle von Weihwasser getränkt sind ... Renan steht neben dem Heiligen Thomas von Aquin, Dostojewsky neben Claudel, Sartre neben Green, Kafka neben Bernanos« (Jean d'Hospital).

Der Mann, der sich selbst mit Don Quichotte vergleicht, lebt mit der Literatur. Er kann vielleicht müheloser über literarische Probleme plaudern, als mit seiner internationalen Theologen-Kommission den Stand der Theologie erörtern. Guittons Dialog – über seine Authentizität wird gestritten – belegt auf jeden Fall Pauls Belesenheit, vor allem seine Verbindung mit Frankreich. Guitton berichtet über das Verhältnis zu Frankreich, über das der Papst sagte: »Eurer Literatur verdanke ich viel. 1926 war ich einige Monate in Paris. Ich wohnte bei Benediktinern. Ich las die Messe in jener Kapelle, wo sich am Sonntag mehrere von euren Schriftstellern und Konvertiten einfanden ... Ich erinnere mich, dort Abbé Maurice Zundel getroffen zu haben: Mystiker, Dichter, Philosoph, Theologe, Liturgiker – haben Sie sein Buch über das Gedicht der heiligen Liturgie gelesen, das ich seinerzeit ins Italienische übersetzte?« Paul vergißt nicht. Er hat Zundel 1972 zu seinem Exerzitien-Meister gemacht ... »Zweifellos wird man eines Tages sagen, im 20. Jahrhundert sei bei euch eine zweite Plejade am Himmel aufgestiegen. Was mir dabei auffällt, ist die Tatsache, daß einige eurer großen Schriftsteller – mehr noch als im 16. oder 19. Jahrhundert – echte Katholiken waren, manchmal Konvertiten. Wie denkt man bei euch von Simone Weil? Sie ist eine Ausnahme, sie beherrscht eure Sprache auf eine bewundernswerte Weise. Man kann ihre mystischen Intuitionen nicht vergessen. Ich werde mich stets daran erinnern, was sie über das Kreuz geschrieben hat.« Paul hat also Verständnis für Simone Weil,

die französische Jüdin, die Christin wurde, ohne sich taufen zu lassen, für einen Papst eine wahrlich unbequeme Gestalt. Ebenso baut Pauls Verhältnis zu Maritain auf dieser Vertrautheit mit der französischen Literatur und Philosophie auf.
Auch Shakespeare hat er gelesen und zitiert. Zur deutschen Literatur laufen dünnere Fäden. Er schätzt Gertrud von Le Fort. Den Roman des russischen Autors Bulgakov »Der Meister und Margarita« hat er in einer Nacht ausgelesen.

Die Nobeletage

Unter der Privatwohnung liegt das offizielle Appartement, die Dienstwohnung, sie dient den Empfängen, hier ist das Arbeitszimmer, hier spricht er mit seinen offiziellen Mitarbeitern vom Staatssekretariat und bittet er seine Staatsbesuche an den Schreibtisch. Das offizielle Appartement wurde ebenso wie die Privatwohnung 1964 renoviert. Jeder offizielle Besucher muß eine Flucht hintereinanderliegender Säle durchschreiten: Den Clementinischen Saal, den Saal des Konsistoriums, der Sediari (die Sediari waren die Träger des Papstes bei den Audienzen), des Heiligen Ambrosius, des Engels, der Päpste, der Kapelle, den Thronsaal, das Geheime Vorzimmer, die Säle der Madonna, des Tronetto und die Privatbibliothek.
Wie in den Privaträumen verschwanden die schweren roten Tapeten mit den päpstlichen Wappen, die Deckenfresken kommen durch die indirekte Beleuchtung nun besser zur Geltung, Klimaanlagen wurden eingebaut, grüne Pflanzen in antiken Vasen zieren die Räume. Über den Thronsesseln stehen keine Baldachine mehr, die Tambourschläger an den Eingängen sind verschwunden, ebenso wie die Pfauenwedel, jene »Satrapen-Wedel«, wie sie Johannes XXIII. spöttisch nannte, aber ohne sie abzuschaffen. Der Thronsaal, in dem Papst Paul kleine Gruppen, etwa bis zu 30 Leuten empfängt, heißt heute »degli Evangelisti«. Drei Stufen führen zu seinem Sitz. Paul thront zwi-

schen Petrus und Paulus, alten Statuen, die er aus den vatikanischen Grotten heraufholen ließ. Sie stammen vom Portal der konstantinischen Peters-Basilika, der Vorläuferin des heutigen Petersdomes. Dort nimmt er die Beglaubigungsschreiben der Gesandten entgegen. Allein dieser neue Schmuck, das Anknüpfen an ältere Traditionen zeigen das hohe Bewußtsein Pauls VI. von seinem Amt. »Unser Name ist Petrus«, sagt er immer wieder. In der Privatbibliothek steht ein Schreibtisch in massivem, italienischem Salotto-Stil. Er hat Platz für mindestens fünf Stühle. In der Mitte des Raumes liegt ein großer Teppich, auf dem noch einmal ein einfacher Tisch steht. Um den Teppich herum sind mit Velour bespannte Stühle aufgereiht. An einer Wand steht ein Bücherschrank, ein einfaches, gradliniges Möbel. Das Telefon hat er an der rechten Seite hinter sich. Die Tischausstattung könnte bei einem wohlhabenden Bürger stehen. Eine goldene Uhr, ein Brieföffner und eine große Schere in einem Lederetui, ein Kalender. Ein großer Stapel von Andenkenbildchen erinnert jedoch daran, daß man es nicht mit einem Mailänder Direktor, sondern mit einem frommen Mann zu tun hat.

Dieser offizielle Empfangs- und Arbeitsraum ist mit alter Kunst ausgestattet. Auf einem Wandteppich wird nach Raffael die biblische Szene dargestellt, wie Petrus den Auftrag zur Leitung der Kirche von Jesus erhält. Unter einer Darstellung der Auferstehung von Perugino versammelt der Papst meistens seine Besucher zum Erinnerungsfoto. Eine Bibel liegt aufgeschlagen auf einem Pult, sie ist mit wertvollen Miniaturen aus dem 15. Jahrhundert verziert.

Die anderen offiziellen Räume im zweiten Stock sind nicht weniger gut ausgestattet. Sie machen der alten Bezeichnung »Nobeletage« Ehre. Im Konsistorien-Saal ist der Thron durch einen Armsessel ersetzt, der wie die Wände mit dem hellen Mailänder Velour bezogen ist. In den Sälen findet man eine keramische Arbeit, die Signatur von Luca della Robbia, Werke von Mino da Fiesole, Bilder des Flamen Rogier van der Weyden, chinesische Vasen, außerdem Originalmöbel aus dem XV.

und XVII. Jahrhundert. Die moderne italienische Kunst ist unter anderem durch Scorzelli vertreten. Die häßlichen Papstbüsten der Vorgänger sind aus dem Vorzimmer verschwunden.

Fernsehen beim Essen

In den oben beschriebenen Räumen spielt sich das Leben Pauls VI. hauptsächlich ab. Trotz seiner vielen Reisen und Ausflüge ist er im Lebensstil immer noch der Eingeschlossene, der »Gefangene des Vatikans«. Der Alltag ist anstrengend. Er steht um 6.30 Uhr auf, oft nach nur fünf Stunden Schlaf. Um 7.30 Uhr liest er in der Privatkapelle die Messe, gemeinsam mit seinen Sekretären; manchmal assistiert er ihnen, wenn sie die Messe lesen. Danach nimmt er mit ihnen im Eßzimmer das Frühstück ein, einen Milchkaffee und ein Toastbrot. Das Eßzimmer ist einfach eingerichtet. In ihm steht ein großer Tisch, ein Fernsehapparat und ein Rundfunkempfänger. Während des Frühstücks studiert er Zeitungen.

Manchmal unterstreicht er rot oder blau »Ungenauigkeiten« und diskutiert mit den Sekretären die wichtigsten Artikel. Bevor er um 10 Uhr mit dem internen Aufzug hinunter in die offiziellen Räume des zweiten Stockes fährt, hört er noch einmal Nachrichten. Er ist keineswegs schlecht informiert, wenn er die ersten Gespräche mit den engsten Mitarbeitern des Staatssekretariates führt. Zweimal am Tag wird vom Staatssekretariat sein Arbeitstisch mit Dossiers und Akten eingedeckt, die der Papst als ehemaliger Substitut genauestens studiert, eine Arbeit, die er nicht als lästig empfindet. Er redigiert, macht Anmerkungen, reicht sie oft zurück. Über den Gesprächen des Vormittags und dem Aktenstudium vergeht oft so viel Zeit, daß die Schwestern der Kongregation »Maria Bambina« das für 13.30 Uhr angesetzte Mittagsmahl warmhalten müssen. Wenn der Papst Besuch hat, gibt er seinem gewohnten Menu eine süße Nachspeise oder einen besseren Wein als gewöhnlich hinzu. In der Regel trinkt er ein Glas Bardolino. Es ist ein typisches italienisches Mittagessen, allerdings kein ausgedehnter, ermüdender Pranzo. Als ersten Gang ein Reisgericht, eine Suppe oder ein Nudelgericht (Pasta), als zweiten Gang Fleisch oder Fisch mit Gemüse und Obst. Das Abendessen besteht nur aus einer Suppe, Käse und Obst.

Paul ißt mit seinen Sekretären – damit setzt er die Tradition von Johannes fort, der mit der Einsamkeit des Papstes am Mittagstisch brach – und sieht dabei um 13.30 Uhr und 20.30 Uhr die italienischen Fernsehnachrichten an. Am Nachmittag hält er eine Stunde »Siesta«. Danach geht er gelegentlich in dem eigens für ihn gebauten Dachgarten spazieren. »Er führte mich von einem sehr engen Aufzug in diese Aussichtsgalerie, die über dem Platz erbaut war. Hier konnte er sich ausruhen und frische Luft schöpfen, konnte atmen, ohne zu sehen, die Heimstätten der Römer besuchen, ohne gesehen zu werden (wie die Engel es tun), in glückbringender, wachsamer Gegenwart.« So kitschig schildert Guitton die kostspielige Terrasse Montinis. »Aus dem engen Aufzug traten wir auf die vorspringende Terrasse. Zu meiner Überraschung entdeckte ich einen Kreuzgang, einen benediktinischen Kreuzgang oder einen Ort der Sammlung, wie ich ihn mir am Abhang des Berges Athos vorstelle. Die Architektur zwingt einen, die Landschaft ringsum durch den Rahmen von Säulen und Bogen zu sehen, was die Ausblicke, die Perspektiven vervielfältigt ... Das Dach dieses einsamsten aller Paläste wurde in einen Kreuzgang verwandelt. Zufall oder Absicht? In Avignon hatten die Päpste ihr Domizil als Festung erbaut ... ›Die Mauern meines Kreuzgangs sind hoch genug, um nicht gesehen zu werden und selbst nicht sehen zu müssen.‹« So Montini im Gespräch mit Guitton, der diese Szene geschildert hat. Oft aber geht er ohne Spaziergang nach einem italienischen Mokka sofort wieder in sein Arbeitszimmer. Der Papst arbeitet meist bis in die Nacht hinein. Sein Geheimsekretär Don Macchi versucht, ihn mit Schallplatten von Bach, Vivaldi und Beethoven zu unterhalten. Der informationshungrige Papst möchte manchmal viel lieber das Fernsehen einschalten als Schallplatten hören. Die Musik ist Macchis Vorliebe.

Paul hat mit dem unter Pius XII. wieder aufgelebten Nepotismus nichts zu tun. Es gibt keine Montini-Neffen, wie es Pacelli-Neffen gab. Weniger Klatsch und weniger Indiskretionen dringen nach draußen. Kein Leibarzt würde Fotos seiner Krankheiten veröffentlichen, wie es unter Pius XII. geschah.
Dafür hat er einige Freunde, die »Mailänder Mafia«, auf die er sich verlassen kann, voran Privatsekretär Pasquale Macchi. Der 49jährige ist seit 18 Jahren dem Papst in Arbeit und Freizeit so nahe wie niemand sonst. Er ist auch im Vatikan bewußt Mailänder geblieben und hat damit die Römer verärgert. Einmal wurde ihm die Luft aus den Reifen herausgelassen, Rache verärgerter Vatikan-Angehöriger. »Früher wußte man gar nicht, daß der Papst einen Sekretär hat«, meinte ein schon lange in Rom lebender Professor, »erst unter Capovilla, dem Sekretär von Papst Johannes, wurde den Vatikan-Beobachtern und den Angestellten klar, daß der Sekretär eine öffentliche Rolle spielen kann.« Macchi ist aus dem Schatten herausgetreten, in dem sein Kollege Bozzi steht. Von ihm weiß man kaum, daß es ihn gibt, daß der Papst noch einen anderen Sekretär hat. Macchi ist einerseits der treue Diener seines Herrn und zugleich sein »spiritus rector«. Er teilt das mörderische Arbeitspensum und drängt Paul zugleich zur Entspannung. Macchi erscheint überall, wo Paul auftaucht. Als im Sommer 1970 zum erstenmal »sein« Papst in Castelgandolfo ohne ihn Urlaub machte, war deshalb in Rom sofort die Rede vom Sturz oder der Demütigung des Sekretärs. Macchi hatte danach tatsächlich längere Gespräche nötig, um das alte Vertrauen wiederherzustellen.
Er trat besonders ins Rampenlicht, als er im Herbst 1971 in Manila perfekt und rasch wie ein Halbgewichtsboxer den bolivianischen Maler Mendoza blockierte, als dieser mit einem Messer auf den Papst losrannte. Sowohl der philippinische Kardinal als auch der Staatspräsident wollten diesen Ruhm an ihre Fahnen heften, aber die italienischen Zeitungen sorgten dafür, daß ihr Landsmann gebührend herausgestellt wurde. Macchi selbst

winkte ab, es sei nicht gefährlicher gewesen als andere Male auch schon. Wie Macchi lauert, wenn sein Herr auftritt, zusammengekauert, zum Sprung bereit, kann jeder beobachten, der den hageren Intellektuellen im Fond des Wagens sieht, wie er Paul zu stützen scheint, wenn dieser mit erhobenen Armen nach allen Seiten winkt und segnet. Als Leibwächter wäre Macchi für Paul jederzeit austauschbar. Aber kaum einer könnte für Paul besser den »intellektuellen Zurseitensteher« (Nestroy) abgeben. Als Montini in Mailand einen Sekretär suchte, legte er Wert auf einen Frankreich-Kenner. Macchi trat mit einem Buch über Bernanos hervor und würde gern über Blaise Pascal schreiben, wenn er die Zeit hätte. Nicht nur die moderne Literatur kennt Macchi, er ist zugleich ein leidenschaftlicher Sammler moderner Malerei. Rouault, Manessier, Dali und Kokoschka gehören zu seinen Schätzen. Er hat für sie ein Museum moderner Kunst unterhalb der Sixtinischen Kapelle eingerichtet. Auch der deutsche moderne Porträtist und Protestant Ernst Günter Hansing wurde von Macchi gefördert. Er setzte dessen keineswegs schmeichlerisches Papst-Porträt gegen vatikanische Widerstände durch. Macchi ist rasch, prompt, leise; vatikanische Beamte nennen ihn die »kleine Maus«. Er ist ungeduldig mit allen anderen, geduldig nur mit dem Papst. In vatikanische Büros tritt er ein, ohne anzuklopfen. Er weiß, daß er nicht sehr beliebt ist und stürzen wird, wenn sein Papst nicht mehr regiert. Vielleicht tiefer als sein Vorgänger Capovilla. Paul schätzt an Macchi den sozialen Hintergrund. Der Großbürgerssohn sieht in ihm den zähen katholischen Proletarier aus der kinderreichen Familie, ein lebendiges Beispiel für seine Ehe-Lehre in »Humanae Vitae«.
Macchi hat für seinen Sturz vorgesorgt, er baute in seiner Heimat ein Haus. Dies nährte Gerüchte, auch der Papst werde dort wohnen, wenn er einmal zurückgetreten sei. Paul sorgte für ihn, indem er ihm eine unauffällige Beamtenstelle im Staatssekretariat verschaffte. So ist er auch im päpstlichen Jahrbuch, dem »Annuario Pontificio« verzeichnet. Offiziell würde er damit zu den Untergebenen Villots und Benellis zählen. In Wirklichkeit

ist er ihr Konkurrent, wenn es um die Macht und um das Machbare am Hofe Montinis geht.

Auch Benelli ist ein »Montinianer«. Er war wie Macchi Sekretär Montinis, und vielleicht erklärt sich von daher manche persönliche Spannung. Benelli wird in der Umgebung Montinis eher von Monsignore Sergio Pignedoli ausbalanciert, der zunächst als Sekretär an der Spitze der wichtigen Missionsbehörde der Kurie, der »Propaganda Fide«, stand. Von der vitalen Substanz her kann er Benelli das Wasser reichen. Pignedoli ist mehr als Benelli persönlicher Freund Montinis. Beim Begräbnis des jüngeren Bruders, Dr. Francesco Montini, in Brescia, ließ sich der Papst durch Pignedoli und Macchi vertreten.

Durch die Auszeichnung Pignedolis mit dem Kardinalspurpur 1973 ist er gegenüber Benelli noch mehr aufgewertet worden.

»Montinianer« im Vatikan sind auch Monsignore Brini, der lebenslustige Sekretär der Ostkirchen-Kongregation, Monsignore Travia, Almosengeber seiner Heiligkeit, ein unauffälliges, vom Papst aber ernst genommenes Amt, Monsignore Clarizio, der »Oberzigeuner«, wie er an der Kurie verspottet wird, da er die päpstliche Kommission für Emigranten und Tourismus leitet. Er ist zuständig für Fahrensleute, Gastarbeiter, Kapitäne der Landstraße, der See und der Luft, und er fühlt sich nun auch für die Hippies verantwortlich. Ihm verdankt Paul imagefördernde Kontakte mit Hippies und Zigeunern. Diese im ersten oder zweiten Glied stehenden Montini-Leute, die alle einmal unter dem Monsignore Montini oder dem Erzbischof Montini in Mailand gearbeitet haben, warten noch auf ihre Stunde.

Hat der Papst seine Mitarbeiter in der Kurie nach anfänglichem Zögern doch noch gut untergebracht, so hält er peinlich Abstand gegenüber seinen Verwandten. Pauls Familie hätte solche – in der Lombarbei als typisch römisch verachtete – Vetternwirtschaft auch nicht notwendig. Als der Bruder Francesco im Januar 1971 starb, stellte sich wieder einmal heraus, wie angesehen die Montinis in der Provinz Brescia und in der ganzen Lombardei sind. Auch ohne den Bruder auf dem Papstthron hätte man »pompe funebre« veranstaltet.

Wenn Paul seine Familie überhaupt besonders auszeichnet, dann als Priester. Er holte sich Verwandte zur ersten Kommunion in den Vatikan und ließ zum Vergnügen der kleinen Angehörigen Schweizergardisten strammstehen. Jeder Papst hat aber über seine Angehörigen hinaus eine »Familie«, die nichts mit Verwandtschaft zu tun hat, sondern manchmal eher an das Wort von Karl Kraus erinnert: »Familien*bande*, das Wort hat einen Beigeschmack von Wahrheit.« Sie nennen sich »Familiari« des Papstes und bilden ein Hofschranzentum, das Paul beschnitten, aber nicht abgeschafft hat.

Familienbande

Als Stellvertreter Christi und absoluter Monarch hält der Papst nach wie vor Hof. Paul VI. hat allerdings durch seinen Erlaß »Pontificalis Domus« vom 28. März 1968 einiges reformiert: »So wird nun wirklich unser alter, wohlverdienter Hof – welcher von jetzt ab nur noch den ursprünglichen und angesehenen Namen ›Päpstliches Haus‹ tragen soll – weiter in ehrenvollem Glanze stehen.«
Das Päpstliche Haus gliedert sich in die Päpstliche Kapelle und die Päpstliche Familie. Die Päpstliche Kapelle ist ein Kreis von klerikalen Würdenträgern, die den Papst als Haupt der katholischen Kirche bei feierlichen Gottesdiensten umgeben. Zur Päpstlichen Familie gehören die Geistlichen und Laien, die den Papst als Staatsoberhaupt des Vatikans in besonderer Weise unterstützen sollen. Der Montini-Papst hat aus der Päpstlichen Kapelle Laien verbannt, vor allem die fürstlichen Thronassistenten, sehr zum Ärger des römischen Adels, Titelträger, an denen ein skurriler Schriftsteller wie Herzmanovsky-Orlando seinen Spaß gehabt hätte, wie den »Komtur vom Heiligen Geist«, den »Magister des Heiligen Hospizes«, die »Ehrenkammerherren«, die »Türhüter mit der roten Rute«, die »Bewahrer der Heiligen Tiara«, die »Päpstlichen Herolde« und »Apostolischen Boten«. Diese Laienämter verschwanden. Auch exoti-

sche Kleriker-Titel erloschen, zum Beispiel die »Quastenprälaten«, die »Geheimkapläne« und die »Ehrengeheimkapläne«, die »Geheimkleriker« und die »Leuchterakoluthen«. Aber einige blumige Titel sind den geistlichen Herren doch erhalten geblieben, wie der »Almosenmeister Seiner Heiligkeit«, der »Sekretär für die päpstlichen Breven an die Fürsten«, die »Ehrenprälaten und -kapläne Seiner Heiligkeit«. Noch sind es genug Chargen, welche die einzigartige Würde des Stellvertreters Gottes auf Erden bei Zeremonien beleuchten.

Wenn der Papst Könige, Staatsoberhäupter, Regierungschefs oder Diplomaten bei der Überreichung ihrer Beglaubigungsschreiben empfängt, tritt die Päpstliche Familie in Funktion. Diese Familie soll bis auf die Zeit Leos des Großen zurückgehen. Sie hat einige ihrer schönsten Blüten verloren, wie den »Hofmeister Seiner Heiligkeit«, den »Oberkämmerer«, den »Großfurier des Päpstlichen Hauses«, den »Oberstallmeister«, den »Generalpostmeister«, den »Träger der Goldenen Rose«, den »Geheimen Speisevorkoster«, den Mundschenk und den Garderobenmeister. Geblieben sind aber unter anderem die Thronassistenten, die Ehrenassistenten des Papstes, genannt »Edelleute Seiner Heiligkeit«.

Der Papst versteht sich also noch immer als Herr eines monarchischen Hofes. Deshalb gebührt nach seinem Protokoll der Vorrang noch immer den Königen vor den bürgerlichen Staatspräsidenten.

Mittwoch und Sonntag: Mobilisierung der Massen

Der Hof und das Haus des Papstes, der Stil der Monarchie, haben sich vor allem in den Audienzen erhalten. Eine der anstrengenden Hauptbeschäftigungen des Papstes sind diese Audienzen. Paul ist auch dabei ein fleißiger Papst. Fast jeden Mittwoch und Sonntag (Ausnahmen bilden die geistlichen Übungen während der Fastenzeit) können die Römer und die Touristen ihn sehen und hören. Kurz vor 12 Uhr wird jeden Sonntag die

Uhr am Glockenturm von Sankt Peter angehalten. Kammerdiener Ghezzi öffnet das Fenster des Arbeitszimmers am Apostolischen Palast und entfaltet einen Teppich, damit die Ferngläser und Kameras nicht lange zu suchen brauchen. Nachdem der Kanonenschuß vom Gianicolo ertönt ist, erscheint Paul als kleine weiße Gestalt am Fenster. Lautsprecher tragen seine Stimme über den weiten Platz, bei gutem Wind bis zur Engelsburg. Die Themen dieser Kurzansprachen reichen von theologischen Betrachtungen, von Kirchenproblemen bis zur aktuellen Politik. Sie münden in den »Angelus«, in den »Engel des Herrn«, ein Mariengebet, das zwischen dem Solo des Papstes und ziemlich rasch heruntergerasselten Antworten seines Hofes wechselt. Danach erteilt er seinen Segen, die Menge klatscht Beifall, Paul winkt lange und facht durch Winken den Beifall manchmal an. Kaum ist er verschwunden, wird der Vorhang eingerollt.

Jeden Mittwoch um 11 Uhr redet der Papst wieder. Er liest ab, was er meist selbst geschrieben hat. Angeblich hat er schon als junger Mann so gesprochen, als ob er rezitiere. Bis vor kurzem fanden diese Mittwoch-Massenaudienzen im Petersdom statt, jetzt in der akustisch und optisch perfekten Audienzhalle Nervis. Mit den kostenlosen Eintrittskarten gelangt man allerdings meistens nur bis zum vorderen Block B, die größere Nähe zum Papst im Block A wird über das Staatssekretariat oder andere wichtige Beziehungen vermittelt. Manche brave Nonne, für die das Glück der Erde in einem Handschlag des Heiligen Vaters läge, hat schon vergeblich darum nachgesucht. In den Block A kommen leichter Direktoren und Diplomaten, Journalisten, Rotary-Club-Angehörige, höchstens noch weitgereiste Missionare. Manchmal durch eine Spritze aufgefrischt, tritt Paul rasch ein. Blitzlichtgeflacker und Beifall begleiten seinen Weg. Mit leicht schiefem Kopf eilt er durch den Mittelgang der neuen Audienzhalle zum Thron auf der Bühne. Die Begleitung kann kaum folgen. Etwas außer Atem erreicht er den Stuhl. Auch die »Sedia Gestatoria«, der große Tragestuhl, ist unter Montini außer Mode gekommen. Johannes beschimpfte den schwankenden Herrschersitz als unbequem, ließ die Träger aber gewähren. Da die purpurbefrackten Träger jetzt arbeitslos wären, sind die zum Teil die violettbefrackten Saaldiener in Nervis Halle geworden.

Kommt Paul zwar bescheiden zu Fuß, so besteigt er doch auf der Bühne einen großen Thron, auf dem er deutlich abgehoben ist von den demütigeren Hockern seines Hofes. Auch diese Möbel sind in der Montinischen Velour-Mode bespannt.

Wenn er sich zurechtgerückt und die Brille aufgesetzt hat, reicht ihm Geheimsekretär Macchi einzelne Zettel. Leibwächter Ghezzi ist unterdessen verschwunden. In einem Raum stehen Monitoren, welche die gesamte Anlage elektronisch überwachen. Die vatikanische Geheimpolizei hat dadurch leichtere Arbeit, aber schützen könnten sie Paul in dieser riesigen Halle dennoch nicht perfekt. Dem Papst steht eine elektronische Anlage zur Verfügung, um deren Stärke ihn jede Beat-Band beneiden würde. Auch der leiseste Seufzer, manchmal sogar sein Atem, wird ins Publikum übertragen. Die Verkrampfung des Einzugs löst sich rasch, wenn er die verschiedensten italienischen Besuchergruppen begrüßt, auf dem Thron hin- und herrutscht, ein bißchen extemporiert Fragen stellt und sich freut, wenn sein Publikum »si«, (ja) zurückruft, lacht oder Beifall klatscht. Geschickt versteht er, lokale Anspielungen einzuflechten. Einer Gruppe von Neapolitanern entlockte er tosenden Beifall, als er ausgerechnet ihren Volksheiligen San Gennaro, den er aus der allgemeinen Verehrung der katholischen Kirche verbannt hatte, erwähnte.

Nach diesen Lockerungsübungen mit den Gruppen aus den verschiedensten Regionen seines geliebten Vaterlandes liest er seine italienische Mittwochsrede ab, die weit ausführlicher ist als seine Sonntagsreden und weniger volkstümlich, oft so anspruchsvoll, als habe er das Kardinalskollegium und nicht eine Massenaudienz vor sich. Damit die Italiener nicht nach dieser Rede schon anfangen, den Saal zu räumen, zögert eine geschickte Dramaturgie den Höhepunkt – den Apostolischen Segen – bis zum Ende hinaus. Die katholische Kirche demonstriert nun zumindest westliche Universalität. Beamte des

Staatssekretariats erheben sich von ihren seitwärts aufgestellten Hockern, treten an den Papstthron heran, machen eine Kniebeuge (früher hätten sie drei machen müssen, aber auf *eine* Kniebeuge will auch Paul nicht verzichten), und ehren damit den Papst mit derselben Geste, mit welcher die Katholiken Gott ehren, wenn sie eine Kirche betreten. Auch hier ist der Mischstil zu beobachten: die Unbefangenheit, die Vermischung von Moderne und Tradition, von persönlicher Demut, Menschenfreundlichkeit und gleichzeitiger Übersteigerung des Papstamtes in einem. Die Angestellten des Staatssekretariats kündigen in der Regel die Besucher auf französisch, englisch, deutsch und zuletzt auf spanisch an. Nach jeder Kniebeuge eines Untergebenen gibt Paul in dieser Sprache ein knappes Resumée der Ansprache. Er hat Spaß an fremden Sprachen, am besten gelingt Französisch, kaum verständlich ist das Englisch. Nach den Sprach-Etuden erteilt Paul den Apostolischen Segen.
Die Audienz hat damit ihren von vielen Gläubigen fast irrational ersehnten Höhepunkt erreicht, zumal der Segen nicht nur den Personen gilt, sondern auch den mitgeführten Rosenkränzen und Medaillen. Beifall nach dem Segen. Es fehlt freilich der frühere Enthusiasmus der »Viva-il-Papa«-Rufe. Nun verläßt Paul seinen Thron und wird hinuntergeführt zur ersten Reihe im Block A. Shakehands im Ausmaß eines mittleren amerikanischen Wahlfeldzugs. Paul taucht in die Menge ein, er freut sich, als ob er, der Angeschlagene und Vielgeschmähte, dieses Bad in der Menge brauchte, Selbstbestätigung und Liebe suchte. Er läßt sich zerren und schubsen, schüttelt Hände, entdeckt Kinder, stößt das Protokoll über den Haufen und Sekretär Macchi versucht, ihn zu schieben und abzudrängen, da bereits andere Gruppen auf die anschließenden Spezialaudienzen warten. So wird er fast abrupt von der Menge getrennt. Erschöpft, aber strahlend, erreicht er den Ausgang.
Pauls strammer Audienzendienst am Mittwoch ist damit noch nicht beendet. Nun folgen die Handküsse, das Defilee der Audienzen »di baciamano«. Der Papst defiliert dann an aufgereihten kleineren Gruppen forbei, führt ein Dreisatz-Gespräch,

reicht die Hand zum Ringkuß und geht zum nächsten. Allerdings reicht diese kurze Zeit schon aus, um das begehrte Gruppenfoto mit Papst zu erschnappen. In diesem Punkt unterscheiden sich afrikanische Revolutionäre nicht von deutschen Chefredakteuren, Verbandfunktionäre nicht von Hippies und Radrennfahrern.

Mann von Welt

Mit den »Kindern der Welt« ist Paul großzügig. Er empfängt praktisch jeden. Aber mit den »Kindern des Lichts«, die in Fraktionen sich bekämpfen und den Besuch bei ihm als Waffe gegeneinander führen könnten, hält er sich zurück. So warteten nicht nur die katholischen Traditionalisten, die die lateinische Messe retten wollten, vergeblich auf den Handkuß, auch die progressiven Solidaritätspriester, die sich aus Anlaß der Bischofssynode 1969 in Rom versammelt hatten, wurden nicht empfangen. Glückt das Arrangement einer Begegnung mit dem Heiligen Vater, ist damit noch nicht gesagt, daß der Besucher zu den Fragen gehört wird, die ihn am meisten bedrücken. Bei der Vorbesprechung wird der Papst abgeschirmt. Das Staatssekretariat siebt mögliche kontroverse Punkte aus und verweist die Behandlung dieser Fragen an die verschiedenen Kurienämter. Der Papst soll möglichst von Kontroversen ferngehalten werden, da er entscheidet, aber nicht diskutiert.
Auch bei offiziellen Besuchen ist der Papst vor jeder Überraschung geschützt. Das Protokoll der Staatsbesuche sieht vor, daß er die Gesprächsthemen bestimmt. Wer zum Papst geht, akzeptiert diese Regel. An Paul VI. liegt es allein, ob er vom vorgegebenen Schema abweicht und Brandt zum Beispiel plötzlich extemporierend fragt, was er von den Jugendproblemen halte. Daß Paul so viel redet und damit bewirkt, daß immer weniger hinhören, verdankt er nicht zuletzt den sich herandrängenden »Gruppi particolari«, den besonderen Gruppen. Einige von ihnen empfängt er Jahr für Jahr selbstverständlich,

das diplomatische Korps aus Anlaß des Jahreswechsels, die Richter der Rota aus Anlaß der Eröffnung des Gerichtsjahres, die Kardinäle und römischen Prälaten zum Abschluß des Jahres. Mit anderen werden die Begegnungen vereinbart, seien es junge Krankenschwestern oder Mitarbeiter eines amerikanischen Waisenhauses, deutsche Verfassungsrichter, Seekadetten oder italienische Friseure, CSU-Abgeordnete des Bayerischen Landtages oder die Mitglieder von Kurienorganen. Im Gegensatz zu seinem Lehrmeister, Pius XII., will er dann aber den Hebammen nicht Hebamme und den Bienenzüchtern nicht Bienenzüchter sein, sondern gibt zu, daß er von Chemie beispielsweise absolut nichts versteht.

Noch größeren Wert legt das vatikanische Protokoll auf die Einzelaudienzen, die offiziellen Empfänge des Papstes für die Großen dieser Welt, für Diplomaten, Minister und Staatsoberhäupter. Allein 1971 empfing der Papst sieben Staatsoberhäupter, darunter Tito aus Belgrad und Franz Jonas aus Wien. 89mal zählt der Vatikan offizielle Besucher in jenem Jahr auf. Einmal erhielt Seine Heiligkeit den Besuch Seiner Heiligkeit, nämlich des orthodoxen Patriarchen von Antiochien in Syrien, der auf denselben Titel Wert legt.

Unter den offiziell vom Vatikan genannten Besuchern – in Wirklichkeit empfängt Paul VI. weit mehr Personen – wird kein einziger gewöhnlicher Priester oder Ordensmann genannt, auch keine Ordensfrau. Dem vatikanischen Staatssekretariat, das für die Image-Pflege Pauls VI. verantwortlich ist, scheint das recht zu sein. Es möchte den Eindruck eines Großen unter den Großen der Welt festigen. Der offiziöse bebilderte Berichtsband des Heiligen Stuhls, der vom Staatssekretariat redigiert wird, »L'attività della Santa Sede«, 1971, charakterisiert in einem einprägsamen Bildteil Paul VI. vor allem als Mann von Welt. 76 Fotos zeigen ihn auf Empfängen von Botschaftern, Ministern, Staatsoberhäuptern, Astronauten und Häuptlingen. Die zweitstärkste Bildgruppe, 57 Fotos, gilt kirchengesellschaftlichen und ökumenischen Ereignissen und nur 27 Bilder zeigen das Oberhaupt der Kirche bei religiösen Feiern.

Papsttum im Zwiespalt

Die Bilder des Berichtsbandes dürfen nicht darüber hinwegtäuschen, daß der Kern des Papstamtes religiös begründet wird. Dies äußert sich bei den meisten Päpsten schon in der Namenswahl. Montini nannte sich Paul. Er wollte wie der Apostel Paulus »allen alles« werden. Nach seiner Vorstellung soll der Papst der Vater der gesamten Christenheit, ja der Menschheit sein. Diesem Ideal versucht er, nicht zuletzt durch eine Synthese der verschiedenen Papstfiguren, nahezukommen. Als Paulus möchte er Pius XI., Pius XII. und Johannes XXIII. in ihren Vorzügen in sich vereinen. Schon in seiner ersten Botschaft an die Welt nannte er die drei in einem Atemzug, pries er an Pius XI. die unbezähmbare Stärke seiner Seele; Pius XII. lobte er, weil er die Kirche mit dem Licht seiner Lehre erfüllte und Johannes, weil er »der ganzen Welt Beweise einer einzigartigen Güte« gegeben habe.

Der Zerrissene

Im Gegensatz zu seinen Vorgängern läßt Paul sein Publikum Anteil nehmen an seinen Zweifeln, an seiner inneren Not, an seiner Zerrissenheit. Er ist wahrscheinlich der erste moderne Mensch auf dem Papststuhl. Aber ein Intellektueller hat es schwer, dafür zu sorgen, daß der Funke überspringt, daß sich eine massenhafte Sympathie auf ihn konzentriert. Er ist den meisten zu rätselhaft, zu sehr differenziert, zu gebrochen, zu sehr Spiegel ihrer eigenen Konflikte. Die Leute bemerken, daß er müde, nervös und ängstlich wirkt, daß er kein Sanguiniker ist, keiner der Heiligen der Legende, die eigentlich immer nur als stark vorstellbar sind. Er scheint sich seiner Schwachheit nicht zu schämen, und bei manchen nachdenklichen Zeitgenossen, vor allem in Italien selbst, kommt es durchaus nicht so hämisch an, wie seine kurialen Feinde meinen, wenn sie berichten, er habe wieder einmal geweint.

Montini ist nicht nur psychisch sensibel. »Aus einer heilen und heiligen Diskussion gehen, um mit Karl Marx zu reden, weder Herr noch Knecht hervor, sondern zwei Diener der Wahrheit.« Dieser Bewußtseinsstand findet bei Intellektuellen Widerhall, aber dort ist er zugleich diskreditiert durch sein mystisches und zähes Festhalten an der traditionellen Formulierung der katholischen Lehre. Er kennt die dunklen Seiten des Lebens, »die Pforte zum unterirdischen Reich«, wie sich Guitton blumenreich ausdrückt, und schreibt dennoch mit der eigenen Hand eine Ehe-Enzyklika, die wenig vom sozialen und sexuellen Hintergrund heutiger Eheprobleme widerzuspiegeln scheint, als ob die Menschen mehr mit mystischen Erhebungen zu tun hätten. Er entwirft ein Bild von Mann und Frau, dem der Orgasmus und die Macht des Sexus fremd zu sein scheinen.

Paul denkt nicht nur mit den Menschen, er fühlt auch mit ihnen. Dieses sensible Gefühlsleben zu äußern, ist Sache der Mystiker. Mystiker haben es schwer mit ihrem Publikum. Wie leicht hatte es doch Papst Johannes; bei ihm genügte es, wenn er einem Kind über die Haare streichelte, daß die ganze Welt sich daran freute.

Als moderner Mensch ist Paul mehr für die Angst als die Hoffnungen dieses Zeitalters offen. Daneben aber gibt er sich fast naiv fortschrittsgläubig, empfängt Astronauten, begeistert sich an der Weltraumfahrt und sanktioniert die erste Herzverpflanzung, indem er den Stararzt Barnard empfängt.

Er will mehr, als er erreichen kann, und erreicht doch zugleich weniger als sein Vorgänger. Er hat größere Konflikte auszuhalten als Johannes, die er freilich mit verursacht hat. Der rätselhafte Papst ist ein Papst im Widerstreit geworden. Wie in den turbulenten Zeiten des Mittelalters, als die Katholiken sich mit Gegenpäpsten bekriegten, steht er zwischen den Fronten, was unter Johannes oder unter Pius undenkbar erschien.

Katholische Gruppen haben schon öfter seinen Rücktritt gefordert. Der deutsche Katholikentag in Essen hat in einer umstrittenen Resolution die Revision der Ehe-Enzyklika verlangt. Gegen ihn haben Konservative auf dem Petersplatz nächtliche Lieder zur Erhaltung der lateinischen Liturgie gesunden. Er ist geschmäht, er ist aber auch von progressiven Priestergruppen schlicht mit »Bruder Paul« angesprochen worden. Diese inneren Konflikte des Papstes ziehen gerade sensible Menschen an.

Ernst Günter Hansing, Schüler des Franzosen Fernand Léger, hat nach Adenauer und de Gaulle auch den Papst beobachtet, skizziert und in einem großen Gemälde interpretiert. In einem Brief schrieb er einmal: »Wie kann ich diesen Papst, der sich fast zu überfordern scheint, anders darstellen als einen bittenden, armen Menschen, inmitten all der berechtigten und unberechtigten Spannungen, denen er ausgesetzt ist. Ich muß bekennen, daß ich den Dichter Hans-Henny Jahnn, Adenauer, Kardinal Frings, de Gaulle und auch den Papst in Situationen skizzieren und erleben durfte, in denen sie sich als einsam gewordene Menschen – von vielen verspottet – behaupten mußten.«

Don Quichotte

Auch an dieser schmerzhaften Erkenntnis läßt Montini seine Zuhörer teilnehmen. Weder von Pius XI. noch von Pius XII., noch von Johannes XXIII. wäre der Satz vorstellbar, den er am Vorabend seiner bisher längsten und gefährlichsten Weltreise nach Asien und Australien ausrief. Es ging dabei um das Mißverhältnis zwischen der Welt, den Erwartungen der Katholiken und ihm, Paul VI. »David und Goliath? Andere werden sagen Don Quichotte.« Wie der Ritter von der traurigen Gestalt rennt er gegen die Windmühlenflügel dieser Zeit an. Er ist zu sensibel, als daß er nicht wüßte, wie er mit seinen Versuchen, sich gegen den Strom der Zeit zu stellen, auch für viele Katholiken nicht mehr als Zeichen der Einheit, sondern als Zeichen des

Widerspruchs empfunden wird. Er spürt, daß die vorgeblich papsttreuen Hosianna-Rufer für Zölibat und gegen Pille ihn im nächsten Atemzug schmähen, sobald sie seine sozialen Reden für das Recht auf Fortschritt hören. Linke und Rechte unter den Katholiken klatschen nie ungeteilt Beifall.
Kein anderer Papst hat jemals öffentlich gezweifelt, ob Gott noch mit ihm sei – dies wurde von all seinen Vorgängern als selbstverständlich vorausgesetzt. Am Vorabend der gleichen Weltreise fragte er: »Christus, bist Du da? Mit uns? In dieser so weiten, so konfusen Welt?«
Nicht umsonst sucht er immer wieder Trost bei Blaise Pascal: Dort steht ein Wort, das auch über dem bisherigen Pontifikat Pauls VI. stehen könnte: »Die Könige verfügen über ihr Reich, die Päpste aber können nicht über ihres verfügen.«

Unser Name ist Petrus

Bei aller menschlichen Zerrissenheit und intellektuellen Differenziertheit steht Paul VI. in einer festen Tradition. An einem nämlich läßt er niemals einen Zweifel: Auch er versteht sich wie früher der Kaiser als »Mehrer seines Reichs«. Paul hält entschieden fest an der Ausformung und Übersteigerung des römischen Papstamtes, wie es sich im Laufe zweier Jahrtausende herausbildete. Küngs theologische Rebellion »Unfehlbar? Eine Anfrage« birgt für Paul keine Frage. Für ihn ist das Papsttum, wie für alle Apologeten des heutigen Primats, eine göttliche Stiftung. Dieses Amt wird durch eine ununterbrochene Reihe von Päpsten direkt auf Jesus Christus zurückgeführt. Vor allen anderen Angaben bringt das Päpstliche Jahrbuch die Liste der Päpste, angefangen vom Apostelfürsten Petrus bis hin zu Paul VI. Einzig zu Petrus gibt das Jahrbuch eine längere Notiz. Es wird erläutert, er stamme von Bethsaida in Gailiäa, sei Fürst der Apostel und habe von Jesus Christus die höchste päpstliche Gewalt erhalten, um sie seinen Nachfolgern weiterzugeben. Er habe zunächst in Antiochien residiert, dann gemäß dem

Chronographen des Jahres 354 für 25 Jahre in Rom; seine Amtsführung sei im Jahr 64 oder 67 durch das Martyrium beendet worden.

Diese kurze historische Notiz – Grundlage der päpstlichen Ansprüche – überspringt mit bewundernswerter Souveränität alle Schwierigkeiten. Auch in katholischen Fachkreisen ist heute so ziemlich alles strittig, was da behauptet wird. Kaum ein katholischer Exeget von Rang und Namen behauptet noch, das Felsenwort bei Mt. 16, 18 (Du bist Petrus, der Fels, und auf diesen Felsen will ich meine Kirche bauen) stamme von Jesus selbst. Die Meinung setzt sich immer mehr durch, daß dieses Wort in gewissen juden-christlichen Gemeinden aufkam, andere Gemeinden es aber lange Zeit nicht kannten. Wie unwahrscheinlich dieses Wort in Jesu Munde ist, wird auch dadurch deutlich, daß immer mehr Exegeten davon überzeugt sind, Jesus habe keine organisierte Kirche gegründet. Um so weniger habe er Petrus als ihr Oberhaupt eingesetzt. Doch selbst wenn man Petrus einen gewissen Vorrang in den urchristlichen Gemeinden zugestehe, bedeute dies nicht, daß er darin Nachfolger haben mußte.

Aber nicht nur die Bibel, auch die geschichtliche Tradition macht der vatikanischen Position Schwierigkeiten. Während es höchstwahrscheinlich, aber historisch nicht absolut erwiesen ist, daß Petrus in Rom war, widerspricht es den geschichtlichen Tatsachen, daß er der Begründer und Leiter der dortigen christlichen Gemeinde war. Sie bestand schon vor seiner Ankunft.

Das päpstliche Jahrbuch weiß die Reihe der Päpste nach Petrus fortzusetzen und erwähnt Linus, Kletus, Klemens. Für ihre Existenz gibt es keine historisch greifbaren Zeugnisse.

Eine oberste Gewalt des Papstes über die Kirche war den Christen anfänglich nicht bekannt. Sie wurde auch nicht ausgeübt. Erst im Laufe der Jahrhunderte konnten die Bischöfe von Rom ihre Stellung festigen. Dabei kamen ihnen vor allem zwei Tatsachen zugute: Rom war Hauptstadt des römischen Reiches und besaß nach der Überzeugung der Christen gleich zwei Apostelgräber, ein Vorzug vor allen anderen Patriarchaten. Im Westen

festigte sich seine Macht weiter, nachdem im 11. Jahrhundert die selbstbewußten »autokephalen« Kirchen des Ostens sich endgültig von Rom getrennt hatten. Im 12. und 13. Jahrhundert, auf dem Gipfel seiner Macht, verfügte das Papsttum über Kaiser und Könige. Erst damals wurde die Grundlage für sein heutiges Selbstverständnis gelegt. Der Ausbau der Herrschaft beruhte zum Teil auch auf Fälschungen, zum Beispiel auf der um 750 entstandenen Konstantinischen Schenkung – in ihr anerkennt Kaiser Konstantin der Große (288–337) den Vorrang Roms über alle Kirchen und gesteht dem Papst die Herrschaft über die Stadt und alle abendländischen Provinzen zu – und den pseudo-isidorischen Dekretalien (vier kirchenrechtliche Fälschungen aus dem 9. Jahrhundert zur Stärkung der Papst- und Bischofsgewalt). Außerdem leisteten die berühmtesten Theologen Schützenhilfe, darunter Thomas von Aquin, der sich für seine Doktrin vom Papstamt auf weitere Fälschungen berief.
Nachdem die Gewalt der Päpste über einen großen Teil der westlichen Christenheit in der Reformation verlorengegangen und ihre weltliche Macht Stück um Stück dahingeschwunden war, steigerte sich das Papsttum im Katholizismus zu der bisher absolutesten innerkirchlichen Stellung. Auf dem Ersten Vatikanischen Konzil (1869–1870) wurde nicht nur sein Jurisdiktionsprimat definiert, sondern auch die Unfehlbarkeit in lehramtlichen Entscheidungen über Fragen des Glaubens und der Sitten dogmatisiert. Der Papst wurde zum unumschränkten Herrscher der Kirche, die Bischöfe zu seinen Statthaltern.
Rom fiel dieser Sieg, für den es jahrhundertelang gearbeitet hatte, nicht in den Schoß. Bei diesem Konzil wurden die ärmeren und von Rom sehr abhängigen Bischöfe der Missionsgebiete und Italiens massiv unter Druck gesetzt. Kardinal Barnabò, der damalige Präfekt des Missionsministeriums der Kurie, zitierte selbst unierte Patriarchen, die nicht für die Unfehlbarkeit des Papstes eintraten, zu sich und bedrohte sie mit Absetzung. Der damalige Papst Pius IX. (wenige Jahre vorher hatte er im »Syllabus« die Überzeugungen der liberalen Bewegung, darunter die Gewissensfreiheit, verurteilt) ließ keinen Zweifel daran,

daß wirkliche Katholiken an die Unfehlbarkeit glauben müssen. Gleichsam als Generalprobe hatte er schon am 8. Dezember 1854 die Unbefleckte Empfängnis Mariens als Dogma proklamiert. Nur diejenigen Oberhirten, welche für die Unfehlbarkeit eintraten, konnten mit seiner Gunst rechnen. Dennoch wandte sich ein Viertel aller Bischöfe gegen die Lehre, vor allem aus biblischen und historischen Gründen. Es kam zu tumultartigen Szenen im Konzil, beispielsweise als der österreichisch-kroatische Bischof Strossmayer, einer der Führer der Minderheit, behauptete, auch unter den Protestanten gebe es eine Menge Menschen, die Jesus lieben, und er die Möglichkeit, dogmatische Probleme durch die Mehrheit der Bischöfe zu entscheiden, in Frage stellte. Die Mehrheit begrub ihn unter ihrem Lärm. Manche schrien: »Er ist Luzifer, anathema, anathema!« Wieder andere: »Er ist ein zweiter Luther, laßt ihn hinausjagen!« Alle jedoch riefen laut: »Herunter, herunter!« Nicht viel besser erging es Bischof Maret, dem Dekan der Theologischen Fakultät Paris, als er am 3. Juni 1870 dem Konzil zu bedenken gab, daß die Macht, welche die Natur, die Rechte und die Grenzen einer anderen Macht festlege, dieser letzteren stets überlegen sei, das Konzil sich also durch die Definition der päpstlichen Unfehlbarkeit als über dem Papst stehend erweise. Seine Argumente gingen im Protest der Mehrheit der Bischöfe unter, der amtierende Konzilspräsident entzog ihm das Wort mit der Begründung, seine Rede könne nicht toleriert werden.

Trotz des hartnäckigen Widerstandes vor allem vieler deutscher, österreichischer und französischer Bischöfe – 88 stimmten noch am 13. Juli 1870 gegen die päpstliche Unfehlbarkeit, fast so viele reisten unter Protest aus Rom ab – wurde am 18. Juli 1870 die Unfehlbarkeit des Papstes zum Dogma erhoben. Mit Blitzen und Donnerrollen senkte sich zum Zeitpunkt der Definition ein gewaltiges Gewitter auf St. Peter, für die einen göttliche Bestätigung, für die anderen der Ausdruck des göttlichen Zorns. Ein Teil der katholischen Professoren fügte sich nicht: Es entstand die altkatholische Kirche.

Trotz der inneren Widersprüche ist die Unfehlbarkeitsdefinition längst wirksam geworden. Die absolute Stellung des Papstes ist wie nie zuvor zementiert. Das hat sich auch durch das Zweite Vatikanische Konzil nicht geändert. Die Beschlüsse der ersten Kirchenversammlung von 1870 sind bestätigt worden. Sie zählen für die römische Kurie mehr als die oft vagen Formulierungen des Zweiten Vatikanums. Wie unsicher Rom mit diesem hundertjährigen Besitztum noch heute ist, zeigen die gereizten Reaktionen auf Küngs Buch »Unfehlbar?«. Unterbewußt weiß selbst der Vatikan, auf welch schwachen historischen und theologischen Fundamenten seine Ansprüche beruhen.

Hamlet wird zum Täter

Es ist Pauls zäher Wille, von der einmal errungenen päpstlichen Macht nicht das geringste Vorrecht aufzugeben. Obwohl er auf dem Zweiten Vatikanischen Konzil und in der nachfolgenden Zeit viel von der Kollegialität der Bischöfe sprach, gab es bis heute kaum kollegiale Beschlüsse. Montini hat das Bischofskollegium stets als eine Stütze der päpstlichen Macht und Herrschaft, nie als deren Gegengewicht aufgefaßt. Diese Konzeption offenbarte sich am deutlichsten auf den bisher drei Tagungen der Bischofssynode. Diese ist bisher ein bloßes Organ der Beratung und kann nur Gegenstände behandeln, welche ihr vom Papst vorgelegt werden. Der Papst behält sich die volle Freiheit vor, dem Rat der Synode zu folgen oder ihn abzulehnen. Da die Vorbereitungen der Bischofssynode in der römischen Kurie getroffen werden, gibt es genügend Möglichkeiten der Manipulation.

Nach wie vor vermag niemand den Papst an einem autokratischen Vorgehen in Fragen der Glaubenslehre, der Moral und der Kirchenregierung zu hindern. Paul fühlt sich darin durch seine Kritiker nicht verunsichert. Gemäß seiner Auffassung gehört es zu den unumstößlichen Verfassungsprinzipien der katholischen Kirche, daß der Papst »als höchster Hirte der Kirche ... seine Vollmacht jederzeit nach Gutdünken ausüben kann«

(Note zur Kirchenkonstitution des Zweiten Vatikanums, die auf päpstliches Geheiß akzeptiert werden mußte).
Die doktrinelle Sicherheit dürfte Montini nicht zuletzt der Tatsache verdanken, daß er sich nur recht wenig mit der wechselreichen Geschichte der Kirche auseinandergesetzt hat. In seinen Reden stellt er das Papsttum so dar, als sei es, von Äußerlichkeiten abgesehen, stets gleich geblieben. Die riesigen historischen Bestände im Archiv und in der Bibliothek des Vatikans haben ihn nie interessiert. Er wurde während den vielen Jahren seiner Tätigkeit an der römischen Kurie kaum je in diesen weltberühmten Räumen gesehen.
Die historische Unbekümmertheit verleitete ihn am 26. Juni 1968 zur offiziellen Erklärung vor über zwanzigtausend Pilgern, es stehe wissenschaftlich fest, daß die Gebeine des Heiligen Petrus, des ersten Papstes, auf dem Gräberfeld unter dem Petersdom gefunden worden seien. Paul VI. folgte darin den Forschungsergebnissen seiner Jugendfreundin Margherita Guarducci. Sie konnte allerdings nur den Papst, nicht ihre Fachkollegen, darunter den verstorbenen Leiter der Ausgrabungen unter St. Peter, Professor Engelbert Kirschbaum, überzeugen. Enrico Josi, ehemaliger Rektor des päpstlichen archäologischen Instituts, meinte nach dieser Verlautbarung Montinis: »Man weiß nicht, ob es die Knochen eines Mannes oder einer Frau sind, aber es müssen wohl die des Heiligen Petrus sein.« Nachträglich stellte sich heraus, daß das angebliche Knochenpaket des Apostelfürsten mit dem eines gewöhnlichen Sterblichen verwechselt worden war. Der Vatikan wich vor der Kritik der archäologischen Fachwelt zurück. Die Reliquien, für welche schon kostbare Gefäße vorbereitet waren, um sie zur Verehrung der Gläubigen auszustellen, verschwanden wieder in der Versenkung.
Dieses unbekümmert ungeschichtliche Denken zeigt sich auch in dogmatischen Verlautbarungen. In seinem am 30. Juni 1968 zum Ende des »Glaubensjahres« abgelegten »Credo« wiederholt er alle umstrittenen theologischen Themen in traditionellen Formulierungen. An den Formeln der Christologie, der

Erbsünden- und Abendmahlslehre soll unbedingt festgehalten werden, mögen diese auch aus einem philosophischen Denken stammen, das längst nicht mehr lebendig ist.

Die Hartnäckigkeit in der Verteidigung dieser überkommenen Lehrpositionen ist begreiflich. Nach dem Selbstverständnis der römisch-katholischen Kirche sind sie mit dem Anspruch der Unfehlbarkeit festgelegt worden. Das ganze Lehrgebäude würde zusammenstürzen, gäbe der Papst auch nur in einem einzigen Punkt einen Irrtum zu. Paul sieht hier überall Gefahren. Deshalb beschwört er Lehramt und Tradition.

Der anfängliche Eindruck, Montini sei ein Hamlet, ein stets zögernder Mensch, hat sich auf doktrinellem Gebiet nicht bestätigt. Auch bei disziplinären und moralischen Fragen, die damit zusammenhängen, hält er das Heft in der Hand. Hamlet hätte es nicht auf sich genommen, fast die gesamte Kirche zu schockieren, etwa durch sein Verbot der empfängnisverhütenden Pille, womit er sich nicht nur gegen seine eigenen theologischen Fachleute, sondern auch gegen die Mehrheit der von ihm selbst eingesetzten Kardinalskommission entschied. Es ging ihm dabei nicht um die Geburtenkontrolle, sondern um die Ungebrochenheit des Lehramtes, die er bei einem positiven Entscheid bedroht sah. Mit der Einschärfung des Zölibatsgesetzes – auch das ein Disziplinierungsmittel zur Erhaltung der kirchlichen Macht – handelte er sich den Zorn eines großen Teils des Klerus ein. Das Amt, welches Zeichen der Einheit sein soll, wurde zum Zeichen des Widerspruchs.

Für die Situation der Kirche ist der *Papst* Paul ausschlaggebender als der *Mensch* Montini. Mag Montini auch in hohem Maß ein Suchender sein, seine Unsicherheit zeigt er nicht mehr, sobald die überkommene katholische Lehre auf dem Spiele steht. Hier verlangt er Unterwerfung unter die Autorität und Gehorsam. Der Papst kann zwar nicht übersehen, wie immer mehr Menschen diese Autorität ablehnen und die Traditionen der katholischen Kirche aufgeben, aber die Gründe dafür sucht er zum kleinsten Teil bei der eigenen Kirche, er sieht sie vor allem bei den neuzeitlich denkenden Menschen. Trotz aller Sympathie

für die modernen Errungenschaften überschüttet er die Welt mit Warnungen. Es ertönen Lamentationen über die Verderbnis der heutigen Zeit, über den Sittenzerfall, den Relativismus und Materialismus der heutigen Menschheit.
Da Paul VI. der Papst ist, erhöht sich der Zwiespalt, der den Menschen Montini prägt, wird er unheilbar.
Als moderner Papst wollte Montini die Kirche modernisieren. Sein Reformwerk blieb jedoch in den Anfängen stecken. Einige Retouchen waren möglich, die fundamentalen Strukturen des kirchlichen Gebäudes blieben unberührbar, tabu. Die Liturgie konnte geändert werden, vor jede Änderung der kirchlichen Lehre, des kirchlichen Systems trat ein absolutes päpstliches Halt. Neue Formen verbanden sich so mit altem Inhalt und führten zu einem Mischstil, der oft viel unerträglicher wirkt als die frühere Einheitlichkeit. Konnte Montini als Papst viel anders handeln?
Zehn Jahre nach dem Konzil steht fest, daß die Modernisierung der Kirche vorläufig nicht gelungen ist. Das Experiment, neuen Wein in alte Schläuche zu gießen, vor dem schon Jesus gewarnt hatte, mißglückte. Es wäre darum gegangen, das Papstamt auf biblische und historisch haltbare Dimensionen zurückzuführen. Der Papst hätte sich selbst entthronen müssen. Doch das wollte Montini nicht; noch weniger will es die Kurie.

Zusammenspiel mit der Kurie

Der Papst ist für den Apparat der Kurie lebensnotwendig. Die kurialen Ansprüche finden in seiner Person ihren sichtbaren Ausdruck. Allerdings transzendieren sie dabei die bürokratische Ebene und gelangen in den Bereich des Heiligen und Unnahbaren, da der Papst Heiliger Vater, Statthalter Christi, Stellvertreter Gottes ist. Auch Paul VI. läßt sich »Süßer Jesus auf Erden« nennen, ein Ausdruck der Heiligen Katharina von Siena.
Die Faszination dieser Vatergestalt schlägt Millionen Menschen in ihren Bann. Sie brauchen einen Vermittler zu den göttlichen

Kräften, einen, der in einem sakralen, für sie unzugänglichen Bereich lebt. Sie suchen jemanden, dessen Worte über jeden Zweifel erhaben sind und jede Unsicherheit und Diskussion beenden. Sie glauben, nicht leben zu können, ohne diesen fraglos festen Punkt zu besitzen. Auch Paul VI. hat diesen sakralen Bereich des Papsttums nicht verlassen. Er hat sich zwar viel mehr als seine Vorgänger unter die Menschen begeben, ist sogar für kurze Augenblicke ins Gedränge geraten, aber auf den Titel »Stellvertreter Christi« wollte er nicht verzichten trotz eines entsprechenden Vorschlags der päpstlichen Theologenkommission. Er läßt sich zwar nicht mehr zu den Audienzen auf der Sedia Gestatoria tragen, aber er hat seine heiligen Gewänder nicht abgelegt. Ein Papst im Straßenanzug ist nach wie vor undenkbar, die Vorstellung eines Papstes in Badehosen, der irgendwo am Strand Ferien macht, wirkt auf seine Anhänger fast blasphemisch, genauso wie ein Papst mit Frau und Kindern sie irremachen würde.

Der Mythos des Papsttums wird von der Kurie im eigenen Interesse bewußt gepflegt. Der Heilige Vater soll möglichst vom Streit der Tagesmeinungen ferngehalten werden. Die Schmutzarbeiten wie Strafen und Verurteilungen übernehmen andere für ihn, vor allem das Staatssekretariat und die Glaubenskongregation. Um den Papst von der Kritik abzuschirmen, verschweigt man meist seine für solche unpopulären und harten Maßnahmen notwendige Zustimmung.

Die Kurie weiß wohl darum, daß ihr Wort nur dann gilt, wenn auch das des Papstes im Ansehen steht. Ihr größter Sieg war das Unfehlbarkeitsdogma von 1870. Seither fällt auf alle nichtdogmatischen Äußerungen des Papstes und der Kurie etwas von diesem Glanz ab. Wenn auch der Wunsch des Konzilstheologen und Berichterstatters des Ersten Vatikanischen Konzils, Ward, jeden Morgen eine unfehlbare Erklärung des Papstes in der Zeitung lesen zu können, nicht in Erfüllung ging, so bedeutet doch ein Wort aus seinem Munde immer noch vielen viel. Nicht verwunderlich, daß die Versuchung zum Mißbrauch dieses päpstlichen Orakels groß ist.

Um sehr materielle Interessen ging es einem amerikanischen Modisteninstitut, welches unter der Flaute der Hutfabrikation litt. Durch geschickte Manöver gelang es ihrem Werbefachmann, Guido Orlando, Papst Pius XII. dazu zu bewegen, allen katholischen Frauen der Welt erneut das Gebot des Apostels Paulus einzuschärfen, das Gotteshaus nicht ohne Kopfbedekkung zu betreten.

Heute geht es meist darum, theologische Interessen im Kampf der verschiedenen innerkirchlichen Gruppen durchzusetzen. Das Verfahren ist einfacher geworden, da der Bedarf an päpstlichen Reden und Ansprachen in der letzten Zeit stark gestiegen ist. Obwohl Paul VI. viele Reden, vor allem für die Mittwochsaudienz, selbst schreibt, bleiben doch immer noch genug Gelegenheiten für die Kurialen, ihre Lieblingsgedanken in die Redeentwürfe für den Papst einzuflechten. Allein auf der Fernostreise wurden 55 Reden gehalten. Nicht selten gelingt es ihnen, ihre eigenen Worte in den Mund des Heiligen Vaters zu legen. Damit haben sie an der Aura päpstlicher Unfehlbarkeit Anteil.

So stützen sich Papst und Kurie gegenseitig. Ihr Zusammenspiel war bisher so wirkungsvoll, daß sie alle politischen, kulturellen und sozialen Umwälzungen überstanden haben. Papsttum und Kurie sind eine Macht, mit der nach wie vor zu rechnen ist. Die Politiker der verschiedensten Richtungen beweisen in ihrer Einschätzung meist größeren Realismus als viele progressive Katholiken.

Wenn Jesus käme

Was ist der Vatikan? Ein Staat, ein theokratisches Fürstentum, Rest einer archaischen Welt, eine der größten Finanzmächte, Regierungszentrale einer Weltkirche, Herz der katholischen Christenheit, Nachfolger im römischen Weltherrschaftsanspruch? – Von allem hat der Vatikan etwas: Geistliches und Weltliches vermischen sich auf vielfältige Weise. Der Geist des alten heidnischen Rom steigt immer wieder aus dem Gräberfeld, über dem der Vatikan erbaut ist. Er vermittelt nicht nur jahrtausendealte Weisheit, Erfahrung und ein Gefühl der Größe, er gebiert auch stets neu den Willen zu weltweiter Herrschaft.

Auch wenn diese im Zeichen Jesu Christi als Dienst an der gesamten Menschheit aufgefaßt wird, so bleibt sie doch Herrschaft. Auf sie hin ist alles ausgerichtet. Von Rom aus ergeht die Heilslehre an die gesamte Welt, urbi et orbi, an die Stadt und den Erdkreis. In ihrem Dienst stehen die materiellen und geistigen Schätze, steht der große Apparat, der auf die entferntesten Provinzen hinausgreift. Alle Versprechungen und Ansprüche kristallisieren sich in der Person des Heiligen Vaters, Stellvertreter Christi und Diener der Diener Gottes zugleich.

Die päpstlichen Titel und der häufige Gebrauch des Wortes »heilig« deuten auf ein ungebrochenes Selbstbewußtsein. Dennoch geht die Angst um im Vatikan, denn er steht und fällt mit der von ihm verkündeten Lehre. Zwar ist der Papstthron schon mehrfach in seiner langen Geschichte durch Stürme innerhalb und außerhalb der Kirche erschüttert worden. Heute jedoch verlassen ihn viele stillschweigend und ohne Kampf. Die innere Auszehrung, bedingt durch die Krise der Institution und des Glaubens, wirkt wie eine schleichende Krankheit. Sie hat Priester und Laien gleichermaßen erfaßt. Die Führer selbst sind

verunsichert und reagieren nervös. Sie versuchen, die alte Lehre aufrechtzuerhalten.
Ist der Vatikan christlich? Was würde wohl geschehen, wenn Jesus seinen Stellvertreter im Vatikan besuchte? Käme der heilige Zorn über ihn wie damals im Tempel zu Jerusalem? Würde die »Heilige Glaubenskongregation« den Prozeß gegen ihn eröffnen? Kehrte er wirklich in sein eigenes Haus zurück? Aber welchen Platz böte man ihm an?